宁波市教育局与社科院基地课题
"公共物品供给中公私合作制的风险分担机制研究——以浙江省为例"
（NZKT201309）成果

RESEARCH ON
THE RISK SHARING MECHANISM OF
PUBLIC-PRIVATE PARTNERSHIP
IN PUBLIC GOODS SUPPLYING

公共物品供给中公私合作制的
风险分担机制研究

杨　阳　谢京华◎著

ZHEJIANG UNIVERSITY PRESS
浙江大学出版社
·杭州·

图书在版编目(CIP)数据

公共物品供给中公私合作制的风险分担机制研究／
杨阳,谢京华著.—杭州:浙江大学出版社,2023.4
ISBN 978-7-308-23473-3

Ⅰ.①公… Ⅱ.①杨… ②谢… Ⅲ.①公共物品－供给制－研
究－中国 Ⅳ.①F20

中国国家版本馆 CIP 数据核字(2023)第 007138 号

公共物品供给中公私合作制的风险分担机制研究
GONGGONG WUPIN GONGJI ZHONG GONGSI HEZUO ZHI DE FENGXIAN JIZHI YANJIU
杨 阳 谢京华 著

策划编辑	吴伟伟	
责任编辑	丁沛岚	
责任校对	陈 翩	
封面设计	雷建军	
出版发行	浙江大学出版社	
	(杭州市天目山路 148 号 邮政编码 310007)	
	(网址:http://www.zjupress.com)	
排 版	杭州星云光电图文制作有限公司	
印 刷	广东虎彩云印刷有限公司绍兴分公司	
开 本	710mm×1000mm 1/16	
印 张	14.75	
字 数	250 千	
版 印 次	2023 年 4 月第 1 版 2023 年 4 月第 1 次印刷	
书 号	ISBN 978-7-308-23473-3	
定 价	78.00 元	

前　　言

公私合作制是公共物品供给的重要实现路径。经过国内国际多年来的研究、实践，理论界已经形成了非常丰富的研究成果。但是通过对公私合作制已有理论成果和典型案例的系统梳理和研究，可以发现公私合作制研究中存在一个重大的系统性缺陷，导致现有理论研究和管理实践中对公私合作制本质认知的错误和模式应用的扭曲。特别是在公私合作制项目的风险管理中，风险分担的机制设计存在严重的认知不足和风险错配。

本书立足"空间、时间、密度"三维分析视角，遵循理论研究的"问题提出—概念界定—模式提炼—机制刻画—系统仿真"五阶段顺序，对公共物品供给中公私合作制的若干重大理论问题进行了深入剖析，并通过对浙江省公私合作制实践典型案例的解析，提出公私合作制的浙江模式。

本书内容共分为十章，结构上分为三个部分。

第一部分为第一章至第三章，主要阐释公私合作制风险分担的基本概念、理论回顾、思想与实践。这部分主要就公私合作制风险分担的基础理论进行系统的回顾和深入的探讨，为在实践中明确公私合作制风险分担的方向奠定了基础。

第二部分为第四章至第六章，主要介绍了浙江省公私合作制发展的现状，对国内外公私合作制风险分担实践进行了案例整理，对浙江省某市公私合作制项目的审计信息进行了定量的风险分担机制分析，并在此基础上提出了风险分担机制的优化思路。

第三部分为第七章至第十章，主要对浙江省三个典型的公私合作制风险分担项目进行了案例分析,并在此基础上提出了在公私合作制风险分担的实践中提炼浙江模式的总体思路和具体路径。

本书在编写过程中得到了浙江省各地市相关部门的大力支持,提出了很多有益的建议,在此由衷地表示感谢。

本书只是搭建了一个初步的研究框架,仍有许多不完善之处,敬请各位读者批评指正。

目　　录

第一章　公共物品与公私合作制

第一节　公共物品的概念内涵与外延

一、公共物品

始于阿尔弗雷德·马歇尔(Alfred Marshall)的新古典经济学为私人物品(private goods)的生产与消费提供了全面的理论解释,在他们的论述中,完美的市场机制可使消费者和生产者在竞争性市场上通过消费者效用最大化和生产者利润最大化而获得交换均衡和生产均衡。然而,现实经济中,除了这些私人物品,还有其他大量的非私人物品存在,这些物品可以在同一时间内被不同的消费者所消费。这些物品一旦被供应,一般也不能排除消费者的消费,例如,一国的国防、公共体育设施、法律、公共卫生预防体系等。这些物品具有不同于私人物品的特点,因而被称为公共物品(public goods)。新古典经济学对现实生活中这些大量存在的公共物品很少涉及。

事实上,从人类发展的历史来看,公共物品的产生要比国家的出现早得多。公共物品是人类社会共同需要的产物,早在 1739 年,著名的苏格兰哲学家大卫·休谟(David Hume)就在《人性论》(1739)中提到过这样的现象:两个邻居可能达成协议,共同在一块草地上排水,但同样的协议不可能在1000 个人之间达成,因为每个人都想把负担转嫁到别人身上。他的意思是,有些服务对个人可能并没有好处,但对集体来说却是必要的,也只有通过集体行动才能实现。为此,他给公共物品下了一个直观的定义:公共物品是那些不会对任何人产生突出的利益,但对整个社会来讲必不可少的物品。因此公共物品的生产必须通过集体行动(collective action)来实现,按照通俗的说法就是大家的事大家办。其后,亚当·斯密(Adam Smith)在《国富论》(1776)中指出,除了市场这只看不见的手要发挥基本作用之外,君主也必须提供某些服务,这些服务有三:第一,保护社会,使其不受其他外来独立社会的侵犯,也就是建立国防;第二,尽可能地保护社会上的个人不受社会上其他人的侵害或压迫,即设立司法机关;第三,建立并维持某些公共事业及某些公共设施,这种事业与设施在由社会统一经营时,其利润通常能够补偿所费而有余,但若由个人或少数人经营,必不能补偿其所费。斯密和休谟得出的结论是一致的,那就是政府必须提供某些服务。但他们对此的解释是不同的:休谟是从人的自利本性出发来解释的;而斯密却强调,大部分公共服务是否必须由君主来提供,取决于个人能否充分提供它们,只有个人不能充分提供这些公共服务时,君主才必须提供。后来,约翰·斯图亚特·穆勒(John Stuart Mill)在《政治经济学原理及其在社会哲学上的应用》(1848)中对为什么必须由政府提供某些服务做了进一步的论证。他举了灯塔的例子来说明,认为像灯塔这样的物品,个人不可能主动建造,原因在于,这类物品的建造者和提供者很难对使用者收费以补偿建造费用并获利,只能,由政府采用收税的办法建造和提供。也就是说,收费困难的物品或服务,应该由政府提供。将这一思想抽象化和确定化后,现代经济学使用公共物品在消费中的经济特征来区分其与私人物品的差别。作为纯粹的公共物品,其最基本的特征是非竞争性(non-rivalry),即任何人都可按既定的法律程序消费该物品,且不影响其他人同时对它的消费;公共物品的另一个特征是消费的非排他性(non-exclusion),即任何人都可以在现实的消费中,不付任何代价地享受国防、治安、行政管理等服务以及城市绿化等。但也有些在消费中具有非竞争性的物品,对消费者却要收取一定费用,如水电费、(不拥挤的)车船机票以及很多国家和地区的教育、公路甚至一些消防等,这些物品也属于公共物品。如果我们把这种收费看成一种"入场券"的话,那么,当进入这一领域后,这些物品也具有相对意义上的非排他性。

上述学者都从公共物品特性的不同方面和角度提出了公共物品这一概念,然而,他们的定义还是比较零散的,缺乏精确性和系统性。给出有关私人物品和公共物品比较精确的分析性定义的还是保罗·A.萨缪尔森(Paul

A. Samuelson)。1954年,他在《经济学与统计学评论》上发表了《公共支出的纯理论》一文,提出了公共物品的严格定义,他认为公共物品的特征是:任何人消费这种物品不会导致他人对该物品消费的减少。萨缪尔森是从"非竞争性"来定义公共物品的。他还以苹果为例阐述了私人物品和公共物品的区别,认为所谓的私人物品,是指使用或消费上具有个人排他性的物品。该类物品在特定的时空条件下只能为某一特定的主体所使用,正如"一双鞋不能同时穿在两个人的脚上""一辆汽车不能同时朝两个方向行驶"。私人物品的消费是对抗性的,"我吃一只苹果的同时就意味着排斥了他人吃这只苹果"。就私人物品而言,生产者能够决定谁可以获得这一产品,谁为此付了价款,谁就能消费这一产品。即私人物品的生产者可以排斥那些不愿为此支付费用的人获得这一产品。与私人物品相对应的便是公共物品,公共物品就是在使用和消费上不具有排他性的物品。"每个人对该产品的消费不会造成其他人消费的减少"。现实中,还有不少物品无法满足萨缪尔森定义中的条件,这些物品一开始具备非竞争性,随着使用者增加,拥挤现象必然会出现,非竞争性也就不存在了。张五常认为,"public goods"一词本身就是不准确的,他强调"公共物品"不是"共用品",更不是"公共财产",公共物品的唯一特征是边际费用等于零。实际上张五常与萨缪尔森的定义并没有实质上的区别,萨缪尔森是从消费的角度提出定义,强调的是纯公共物品的不可分性;而张五常是从生产或供给的角度提出定义,强调的是私人供给公共物品的困难。随着公共物品这一概念的提出以及20世纪五六十年代学术界对政府职能、国家财政等有关"公共物品"的关注,这一概念成为影响日益广泛的公共财政理论或公共经济学的基础,同时也是以布坎南(Buchanan)为代表的公共选择学派的理论核心,其在经济学理论中的地位日渐重要(张福梅,2019)。

二、公共物品的分类

尽管"公共物品"这一概念已经成为经济学理论中的基础性概念,得到了经济学家们的广泛关注,但已有文献对这一概念的理解却存在着很大的分歧,对如何划分或区分现实经济生活中的公共物品的分歧又直接导致了对公共物品有效提供方式的不同观点。

（一）萨缪尔森的"两极法"

萨缪尔森在《公共支出的纯理论》一文里首先将物品分为"私人消费品"（private consumption goods）和"集体消费品"（collective consumption goods）两类，需要指出的是，萨缪尔森在这里并没有使用"公共物品"（public goods）一词。按照萨缪尔森的表述，"私人消费品"指的是"该物品的消费总量等于所有消费者的消费之和"，与此相对应，"集体消费品"则指的是"每个人对此类物品的消费不会减少任何其他消费者的消费"。也就是说，任何一个消费者所可能消费的数量都与该物品的消费总量相等，公共物品对于不同的消费者来说是共同享有的，是不可分的（Samuelson，1954）。

一年之后，萨缪尔森又发表了《公共支出理论的图解》，用图形的形式对其理论进一步加以阐述。这次萨缪尔森使用了"公共消费品"（public consumption good）一词。在这篇文章中，"私人消费品"被定义为"像面包那样，其总量可以在两个以上的人之间进行分配的物品，如果一个人多吃一片就会有其他人少吃一片"；"公共消费品"指的是"露天马戏表演和国防之类的，可以提供给每个人，而由个人根据自己的偏好来选择是否消费的物品"，公共消费品与私人消费品的区别在于其总量和个人消费量之间是相等而不是相加关系。对比其对集体消费的定义，萨缪尔森将公共物品明确定义为具有消费性的非竞争性的物品，这是物品本身所具有的一种技术特性。也就是说，任何一个消费者所可能消费的数量都与该物品的消费总量相等。

学者们对萨缪尔森的"公共物品—私人物品二分法"提出了批评，认为这两者只是两种极端情况，在这两者之间还存在着大量的中间状态，即"非纯公共物品"（nonpure public goods）或者"混合物品"（mixed goods），萨缪尔森将所有物品分为两类未免过于简单。对此，萨缪尔森认为，自己关于公共物品的理论只是限于基础理论层面上的讨论，并未要求其具有现实可操作性。包括政府活动在内的很多经济活动的确是处于私人物品和公共物品之间的中间状态，但是对这些中间状态的"混合物品"的理论研究也应该从极端情况的讨论开始。

（二）马斯格雷夫的"四分法"

理查德·阿贝尔·马斯格雷夫（Richard Abel Musgrave）在萨缪尔森的基础上对公共物品问题做了进一步研究，提出了"优效物品"（merit goods）

这一概念,将现实世界的物品分为公共物品、私人物品、混合物品和优效物品四类。他提出两个矢量,每个矢量有三种可能性,根据矢量和可能性间的组合来判定是什么物品,详见表1.1。

表 1.1　马斯格雷夫的物品划分方法

正外部性程度	消费者主权实现程度		
	全部	部分	零
完全	纯公共物品	优效物品	优效物品
部分	混合物品	优效物品	优效物品
零	纯私人物品	优效物品	优效物品

但对优效物品究竟属于公共物品还是属于私人物品的归属问题上,马斯格雷夫的观点一直在反反复复。他将"优效物品"定义为"一种极其重要的物品,当权威机构对该物品在市场机制下的消费水平不满意时,它甚至可以在违背消费者个人意愿的情况下对该物品的消费进行干预"。私人物品是指那些通过自由竞争的市场机制可以达到最优配置状态的物品,这类物品是传统经济学理论讨论的重点,而公共物品和优效物品则属于例外的"非私人物品"(nonprivate goods),这一类物品无法由市场机制来实现最优配置,通常情况下是通过政治体系来提供的,从这个意义上说,"非私人物品"也可以被称为"政治性经济物品"(political economic goods)。马斯格雷夫的贡献在于,在非私人物品中做了"公共物品"和"优效物品"的区分。两者的区别在于供给者是否尊重消费者的个人意愿和消费偏好,前者是政府在尊重个人偏好的前提下提供的,而之所以需要由政府来提供则是由于公共物品本身技术上的特性使得市场无法提供最优数量;但优效物品则是政府根本不考虑甚至违背消费者个人偏好而强加于个人消费的政治经济物品。

马斯格雷夫提出的"优效物品"完全是一个伦理和主观价值判断层次上的概念,目的在于说明有必要对个人消费者的消费进行干预。以获得让"权威机构"满意的结果。

(三)布坎南的"俱乐部物品"

布坎南根据物品不可分的程度和不可分的范围对物品进行了归类。如何来理解可分和不可分,布坎南在其所著的《公共物品的供给与需求》里做了解释。简单地说,也就是如果一个物品的总量等于各个私人消费量之和,那它就是"纯私人物品";如果一个物品的总量等于每个消费者个人消费的量,那它就是"纯公共物品"。按照可分和不可分的相对重要性,所有的物品和服务均可在这两极之间排列。这样,根据物品不可分的程度和不可分的范围这两个独特性,即可对物品进行归类,如图1.1所示。

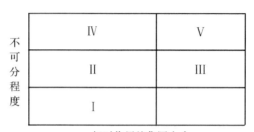

图 1.1 布坎南的"俱乐部物品"的划分方法

横坐标表示相互作用的集团大小,纵坐标表示不可分的程度。基于这一方法,他把物品分为四类。

Ⅰ类:纯私人物品,这时的不可分程度为零,集团大小也为零,显然这是一种理想状况。

Ⅴ类:纯公共物品,这时的不可分程度非常大,集团也很大,这也是一种理想状况。

Ⅱ类:部分可分,但在有限的人群中又具有公共性。对某个集团来说,若总供给量一定,一个人的消费会减少其他人的消费。这种非私有性是针对有限数量人而言的,一旦集团大小超过了极限,这种公共性就消失。典型的例子是灭火器的外部性,把灭火器给邻居不会减少灭火器保护我免受火灾的概率到零,邻居拥有灭火器也可继续减少火灾对我的威胁。然而一旦灭火器被拿到离我几里之外的地方,灭火器带给我的效用就不复存在了,这时,这种交易类似于私人物品的交易。

Ⅲ类:包括部分可分的物品和服务,但这里的公共性相对的是很多人。这种类别指的是很强的外部性,这类物品既具有公共性又具有私人性,但这种公共性或不可分性是针对人数众多的集团而言的。一个例子就是预防传染病的接种,注射疫苗以预防疾病给我带来了私人利益,但也给集团中其他潜在易感人群带来了某种利益,毕竟降低了他们被感染的概率。

Ⅳ类：包括那些具有完全不可分性的物品和服务，但这里的不可分性仅针对有限大小的集团。只要集团的人数很少，个人的消费数量就不会增减，但是超出一定范围，这种纯公共性就不再存在，而在独立的集团之间，这种公共性根本就不存在。典型例子就是类似俱乐部的制度安排（club-like arrangements），这种安排包含一些物品和服务的消费章程。例如，游泳池的全体会员都可享用同一个泳池，但非会员不能享用。

（四）韦埃克对公共物品的界定

韦埃克（Ver Eecke，1999）针对前人对公共物品特征的阐述，对这些特点加以精练和总结，认为满足下述两个特点的物品就可视为公共物品：其一，共用品存在获利机会；其二，获利机会实现困难。公共物品这一概念的意义在于它表明经济活动中存在采取集体行动以获益的机会，同时这种机会又因为种种原因而难以实现。也就是说，公共物品可以理解为是一种难以实现的集体获益机会。"公共物品"的存在表明原子式的自发行为所产生的结果绝不是最优的，在这之中存在着很大的改进余地。这种集体获益机会的实现程度和实现途径，则反映了不同的经济制度、伦理、文化、习俗等方面的差别。

（五）宪政意义上的公共物品

马摩罗（Marmolo，1999）采用宪政经济学的分析方法，提出了一个宪政意义上的公共物品理论。他认为，物品的供给决策有两个层次：第一个决策层次是全体消费者在宪政层次上对物品的供给方式进行决策。公共物品对应于政府供给，私人物品则对应于市场供给。因此，物品供给方式的决策也就同时决定了物品的"公共性"。换言之，所谓"公共"和"私人"只是指不同的供给方式，而与物品本身的特性无关。只有物品的"公共供给"和"私人供给"，而无所谓"公共物品"和"私人物品"的区分。第二个决策层次也称"后宪政层次"，传统经济学所论述的效率问题正是对应于这一层次，消费者效用的最大化和生产者利润的最大化则是这一层次的核心问题。

马摩罗认为物品是由市场还是由政府来提供是全体消费者进行宪政决策的结果，政府和市场不存在谁先谁后的次序，两者处于平等的地位。政府应该是一个"生产性政府"，政府和市场各有不同的分工，分别提供公共物品和私人物品，在各自的领域中发挥各自的作用。

(六)其他几种对公共物品的理解

哈罗德·德姆塞茨(Harold Demsetz)明确区分了"公共物品"和"集体物品"这两个概念。他认为公共物品是指具有消费的非竞争性的物品,其中包含了排他性和非排他性两类;而集体物品则是同时具有消费非竞争性和非排他性的物品。奥尔森没有区分公共物品和集体物品这两个概念,而是将它们作为同义词。与德姆塞茨相反,奥尔森对公共物品的理解侧重于物品消费的非排他性。

三、公共物品的供给

对于公共物品而言,未来的生产者会通过不生产这种物品来排除消费者的消费。在他们开始生产之前,他们需要从不同的消费者那里获得关于公共物品不同消费量的支付,当假定自利会导致未来的某些消费者隐藏他们的偏好,使得消费者之间难以达成协议或拒绝提供公共物品,因为他们预期"搭便车"的收益超过贡献公共物品的收益时,就会出现公共物品的供给难题。由于存在隐藏偏好、缔约艰难和"搭便车"等问题,即使企业家相信消费者的收益之和要大于边际成本,他们也没有足够的激励去生产公共物品。这意味着,市场制度不能形成足够的激励去评价将成为纯公共物品生产要素的东西。

同时,隐藏偏好和谈判艰难的可能性也会减少生产私人物品的激励。不同之处在于私人物品的情形中,私人物品的生产者会面临很多消费者。这样,他们有积极性去寻找减少隐藏信息和谈判艰难的途径。例如,采用一视同仁的"要么接受要么放弃"的价格。公共物品的生产者也有动力去找到旨在帮助消费者解决隐藏偏好、缔约艰难和"搭便车"等问题的解。然而,消费者自己必须通过多边的形式解决他们的问题,生产者的手段是有限的。

基于公共物品的公共选择假定,集体成员相信,一些公共物品和要素不会被发现,以及一些被发现的公共物品的生产量不能达到集体需要的数量。这时,集体成员可能会选择通过政府这一组织形式来提供这种激励。

长期以来,公共物品消费中的拥挤与分配不公现象没有很好地得到解决,做好公共物品供求平衡工作也是很艰巨的。其中,突出的困难之一就是缺乏像市场机制那样自发的调节工具来均衡地反映"公私"两种物品的实际组合过程。在市场经济体制条件下,私人物品可以通过价格机制调节供求的变化走势来间接近似地反映其内部边际替代率的总体变化情况。

对于那些在一段时间内市场疲软的物品会逐渐自然淘汰,其生产要素也会相应地转移到短线产品中去,实现了生产的边际转换过程。而对于公共物品来说,这种转移过程的周期要相对长得多。此外,二者的转换方式也有很大差别,私人物品是"水平"汇总转换,而公共物品则是"垂直"汇总转换。换句话说,私人物品的供求涨落是一种部分、渐进的"量变"过程,而公共物品则是整体、一次性的"质变"过程。可见,一般来说,在一段时期内具有一定间隔期的不同时点上的"公私"物品组合都是不同的,是经常变化的。

第二节　公共物品的低效供给问题

首先,理论上,只要消费者愿意支付一定价格,就能实现公共物品的最优供给。但是,由于在公共物品的均衡格局中,消费者的需求曲线是虚拟的,而消费者如果没有现成的市场价格体系做参照物,很难准确地描述出自己的真实需求曲线。价格在公共物品配置中所起的作用与在私人物品中不同。在私人物品中,价格作为一种配置的机制决定了谁将消费多少。但对公共物品而言则情况并非如此,因为每个人消费相同数量的公共物品,价格机制在这里不起作用,这种情况下,价格机制的唯一功能便是如何决定在使用者中分摊公共物品的成本。

其次,即使消费者知道自己的真实需求曲线,也有积极性隐瞒其真实偏好。因为公共物品的消费是不可分的,每个人都认为自己的需求对公共物品的总需求或总供给只有轻微的影响,所以具备积极性使每个人都这么做,从而大大降低了每个人的应缴利益。例如,他会虚报自己的真实需求,把需求压低或者干脆报告说自己没有需求,不在乎国防是否安全、治安是否良好、路灯是否存在、道路是否平坦,因为他知道,即使自己不付费,如果有其他人出资提供公共物品,自己也同样能够享受等量的公共物品,即使自己出资了,对公共物品的供给也是微不足道的。如果每个人都这样考虑的话,许多被低估的边际利益汇总起来,就在很大程度上降低了公共物品的总需求水平,使公共物品的供给小于最优供给,每个人便成了搭便车者,不能真正反映他们对公共物品的真正偏好,最终导致公共物品的无效率供给。

再次,即使消费者非常自觉,坚决不"搭便车",能够自觉地表达自己的真实需求,当消费者比较少时,很容易达成协议,但是当公共物品涉及众多消费者时,并且某些公共物品如国防甚至需要部分消费者付出生命的代价时,要消费者达成协议是很困难甚至是不可能的。原因有二:第一,很难进行总量计算;第二,由于人数众多增加了谈判成本,使协议难以达成。

最后,政府可以利用强制力进行征税来解决"搭便车"问题,或解决消费者因交易成本过高而无法达成协议的问题。但是政府依然无法解决消费者真实偏好正确显示问题。

对于公共物品的低效供给问题,有三个理论及其模型是重要的研究基础。

一、公共地悲剧

古希腊哲学家亚里士多德曾指出:"凡是属于最多数人的公共事物常常是最少受人照顾的事物,人们关心着自己的东西,而忽视公共的事物。"霍布斯(Hobbes)关于在自然状态中的人的故事是公共地悲剧的一个原型:人们寻求自己的利益,最后互相残杀。斯科特·戈登(Scott Gordon)在《渔业:公共财产研究的经济理论》中明确阐述了类似的逻辑:"属于所有人的财产就是不属于任何人的财产……如果有人愚笨地想等到合适的时间再来享用这些财富,那么到那时他们就会发现,这些财富已经被人取走了……因为如果他们今天放弃捕捞,就不能保证这些鱼明天还在那里等他。"(Gordon,1954)

1968年,加勒特·哈丁(Garrett Hardin)在《科学》杂志上发表了文章,比较系统地论述了公共地悲剧问题。哈丁假设有一个"对所有人开放"的牧场,每个理性的放牧人都从自己的牲畜中得到直接利益,但当有人在牧场上过度放牧时,每个放牧人会因公共牧场退化而承受延期成本。因此,每个放牧人都有增加越来越多的牲畜的动力,因为他可从自己的牲畜上得到直接利益,承担的只是过度放牧造成的损失的一部分(Hardin,1968)。

假设有两个放牧人,共同拥有一片草地,每个放牧人都有放牧自由,用 g_1 和 g_2 表示各自饲养数量,$G=g_1+g_2$,为总数量;v 为每只羊的价值,$v=v(G)$,$\frac{\partial v}{\partial G}<0$,$\frac{\partial^2 v}{\partial G^2}<0$,这意味着每增加一只羊不会对其他羊的价值有太大

的不利影响。但是随着放养量的持续增加,每只羊由于可以分配到的饲草量下降,其价值也会快速下降。再假定 $v=-\frac{1}{2}G^2+a$,完全满足上述的基本条件。这里,每个放牧人的问题是选择饲养量 g 以实现自身利润最大化的目标。假设购买一只小羊的价格为 c,那么这两个放牧人的利润函数即为

$$p_1=g_1v-g_1c=g_1\left(-\frac{1}{2}G^2+a\right)-g_1c$$

$$p_2=g_2v-g_2c=g_2\left(-\frac{1}{2}G^2+a\right)-g_2c$$

最优化的一阶求导条件是

$$\frac{\partial p_1}{\partial g_1}=-\frac{1}{2}G^2-g_1G+a-c=0$$

$$\frac{\partial p_2}{\partial g_2}=-\frac{1}{2}G^2-g_2G+a-c=0$$

两式相加并简化,得到

$$-2G^2+2(a-c)=0$$

这样纳什均衡下的总的羊群饲养量为

$$G_{\text{nash}}^2=a-c$$

而社会最优的目标是最大化的社会最优总剩余价值,表达式为

$$\text{Max}(Gv-Gc)=G\left(-\frac{1}{2}G^2+a\right)-Gc$$

$$=-\frac{1}{2}G^3+aG-Gc$$

最优化的一阶求导结果为

$$\frac{\text{d}(\text{Max})}{\text{d}G}=-\frac{3}{2}G^2+a-c=0$$

$$G_{\text{social}}^2=\frac{2(a-c)}{3}$$

将纳什均衡的总饲养量与社会最优总饲养量加以比较,结果显示 $G_{\text{nash}}>G_{\text{social}}$,这一结果说明公共草场被过度使用和消耗了。

公共地模型的分析说明了当一种公共物品不具有排他性但具备竞争性时,每个人都自由地利用这一物品,因为任何人都不可能被排除在使用这种公共物品之外,追求个人收益最大化的理性经济人就有积极性滥用任何不

用付费或少付费,或者不用在提供公共物品方面付出相应努力就可以免费得到的物品。在自愿选择的规则下滥用公共物品就会导致对公共物品的超额消费,而超额消费会导致公共物品的退化。这种超额消费最终会使公共物品实际供给小于社会最优供给,从而减少个人的消费效用。因此,公共资源滥用的动机不能被有效控制,那么公共物品就会从初始供求均衡状态变为供不应求的失衡状态,公共物品被低效提供了。

公共土地如果只是指一些牧区或渔场,公共地悲剧受到的关注就会存在局限性。但事实上,公共地悲剧被用来描述很多问题,如饥荒、酸雨问题、城市犯罪、现代经济中公共部门与私人部门的关系、国际合作问题等。

二、囚徒困境博弈

哈丁的模型常常被转化为囚徒困境博弈,假定使用公共牧地的放牧人为博弈的局中人。对这块草地来说,它可供养的羊的数量是有限的,在这个限度内,羊经过一个季度的放养都能达到膘肥体壮。假设这个数量为 G,这样合作博弈是每个放牧人放养 $G/2$ 的数量,背信策略则是每个放牧人尽可能多地放养羊,只要出售这些羊能够获利,详见表1.2。

表 1.2 合作囚徒困境博弈

放牧人甲	收益	
	放牧人乙合作	放牧人乙背信
合作	10,10	−1,11
背信	−1,11	0,0

表1.2中,当放牧人甲、乙合作时,他们的收益各为10;当一方合作一方背信时,合作的一方收益为−1,背信的一方获得的收益为11。因此,当两者的博弈次数为1次时,两者的占优策略皆为"背信",则在通过背信获得11收益的预期下,纳什均衡的结果是他们都只能获得零收益。也就是说,在一次博弈中,两个理性的参与者的博弈均衡结局是帕累托最劣(Pareto-inferior)。

囚徒困境博弈的决策逻辑和结果表明,在没有外部干预的情况下,理性经济人基于合作和背信的收益预期,最终都会选择收益最大化的背信决策,而非收益最小化的合作决策。因此,基于理性经济人个体理性的局限,从全社会的角度来看,全社会既不能达到合作的收益最大化目标,也不能避免背信的收益最小化结果。而基于个体有限理性的最优决策预期（双方的收益都为 10），只能是理论上存在的假定标准，在实际中不会实现。

将囚徒困境博弈的理性逻辑应用于公共物品的供给决策，其结果与公共地悲剧相同。假定公共物品供给的决策由两个经济人实施，在一次或有限次决策中，理性经济人都会以"自己背信，对方合作"的假设预期来进行决策，希望通过背信获得超额收益，即便对方不选择合作策略，己方至多不获利，不会亏损。因此，公共物品的供给决策在囚徒困境博弈的理性逻辑下，是不会产生能够实现公共物品最优供给的决策结果的，反而会加剧全社会背信的不良风气，加剧公共物品供求的不平衡，侵蚀社会经济增长的基础。

三、集体行动的逻辑

曼瑟尔·奥尔森（Mancur Olson）在《集体行动逻辑》（1965）一书中做了个与囚徒困境博弈密切相关的考察。以往的群体理论认为，具有共同利益的个人会自愿地为促进他们的共同利益而行动。奥尔森对这种只要存在着一种与群体有关的利益，就足以激发集体行动去获取这一利益的假定进行了反驳。他指出："除非一个群体中人数相当少，或者除非存在着强制或其他某种特别手段，促使个人为他们的共同利益行动，否则理性的、寻求自身利益的个人将不会为实现他们共同的或群体的利益而采取行动。"（奥尔森，1995）

奥尔森建立了简单的数学模型来说明他的思想。假设在一个集团中，个人能够分享到的收益取决于集团的人数以及与集团中的其他人相比他能够从总收益中获益的多少。集团总收益取决于获得集体物品的比率或水平（T），以及集团的规模（S_g）。集团的规模不仅取决于集团中的人数，也取决于某一集体物品对集团中每个人的价值。这可用一个财产所有者游说降低财产税的例子来简单说明。集团总收益取决于集团的规模，即对所有集团财产的总估价，以及纳税折扣比率或水平，集团中个人获得的收益取决于他占集团收益的份额（F_i）。

设集团收益为 V_g（$V_g = S_g T$），个人收益为 V_i，其占有的份额为 F_i，则有 $F_i = V_i / V_g$。一个集团做什么取决于集团中的个人做什么，而个人做什么又取决于他们采取其他行为的相对好处。个人是否贡献集体物品主要考虑其净收益 A_i（$A_i = V_i - C$）随 T 的变化量，这里 C 代表个人付出的成本。这样个人的最优选择也就是：

$$A_i = V_i - C$$

其一阶条件为

$$\frac{\mathrm{d}A_i}{\mathrm{d}T} = \frac{\mathrm{d}V_i}{\mathrm{d}T} - \frac{\mathrm{d}C}{\mathrm{d}T} = 0$$

由于 $V_i = F_i S_g T = F_i V_g$，$F_i$ 在这里是常数，将其代入一阶化条件，可得

$$F_i \left(\frac{\mathrm{d}V_g}{\mathrm{d}T} \right) - \frac{\mathrm{d}C}{\mathrm{d}T} = 0$$

从而

$$F_i \left(\frac{\mathrm{d}V_g}{\mathrm{d}T} \right) = \frac{\mathrm{d}C}{\mathrm{d}T}$$

这意味着当集团收益率乘以个人得到的集团收益的份额等于集体物品总成本的增加率时，个人得到的集体物品数量最优。换句话说，集团收益率 $\left(\frac{\mathrm{d}V_g}{\mathrm{d}T} \right)$ 必须超过成本增加率 $\left(\frac{\mathrm{d}C}{\mathrm{d}T} \right)$，其倍数等于集团收益超过个人收益的倍数 $\left(\frac{1}{F_i} = \frac{V_g}{V_i} \right)$。这只是个人净收益达到最大化的最优条件或必要条件，至于个人是否会提供任何集体物品，还要看个人的收益和成本相比较的情况，若 $V_i > C$，则个人的收益超过成本，集体物品会被提供。

概括起来，提供集体物品的条件为：集团从集体物品获得的收益以提供该物品总成本 $\frac{1}{F_i}$ 的比率增加[即 $\frac{\mathrm{d}V_g}{\mathrm{d}T} = \frac{1}{F_i} \left(\frac{\mathrm{d}C}{\mathrm{d}T} \right)$]，集团总收益与物品成本之比要大于集团总收益与个人收益之比（即 $\frac{V_g}{C} > \frac{V_g}{V_i}$）。根据条件，乍看起来每个成员都会受到激励提供更多的集体物品，直到 $F_i \left(\frac{\mathrm{d}V_g}{\mathrm{d}T} \right) = \frac{\mathrm{d}C}{\mathrm{d}T}$，而且 $\sum F_i = 1$，个体成员独立行动提供的集体物品的总和就是集团的最优量，而且集团中的每个人会承担总成本的一定份额 F_i。这样，提供集体物品的负担就能以正确的方式加以分配，即以相同的比例分配成本和收益。

但事实上，现实中集体物品的供给远没有达到最优水平，对负担的分配也不一定是根据其收益来进行的。进一步分析集团中集体物品的提供条件，可以发现：

第一，由于现实中集体物品具有非排他性的特点，集体物品一旦被某个人提供，就不能阻止其他人消费它。这意味着一旦集团中的个人可以获得

具有最大 F_i 值的集体物品,他就不会受到独立的激励去提供任何集体物品。在其他条件相同时,集团中个体数量越多,F_i 就越小,最优条件就难以实现,故而集团中个体数越大,其集体物品的提供量就越难以达到最优水平。显然,成员数目多的集团效率一般要低于成员数目少的集团。

第二,因为集团中的 F_i 不仅取决于集团的大小,还取决于个体成员的规模 S_i,即他从一定水平的集体物品供给中获益的程度。例如,富人从财产税减免中获得的利益显然要比穷人多,因而其 F_i 也较大些,因此,富人有积极性提供更多的集体物品,这样,会逼近集体物品的最优条件。由此可以看出,当一个集团成员间的规模分布不均时(如贫富不均),其偏离最优水平的倾向要小于成员规模分布均匀的同类集团。

第三,在公共物品的成本分担上,由于集体物品的特性,具有较大份额的成员付出的成本不一定与其获得的收益成正比,在具有共同利益的集团中,可能存在着"少数"剥削"多数"的倾向。

从以上分析可以看出,当集团不是很大时,不用靠强制或任何集体物品以外的正面的诱因,集团就会自己提供集体物品。因为小集团中的每个成员会发现他从集体物品中获得的个人收益超过了提供集体物品的成本,即使有些成员承担了集体物品的所有成本,他们得到的利益也比不提供集体物品时多。然而,即使是小集团,集体物品的提供一般也不会达到最优水平。这是由于"搭便车"现象同样也存在于小集团中。

综合以上三个基本理论模型,可以看出公共物品供给低效问题是有限的个体理性与公共物品供求平衡的认知匹配问题。要想解决公共物品低效供给问题,就必须由有限的个体理性转轨到开放的公共理性。

第三节　公共物品采用公私合作制的原因

一、供求平衡错配的困境

公共物品供求均衡是理论上的平衡状态,实际运营中会出现时间、空间、密度三个维度的供求失衡。在公共经济问题研究中,普遍存在着一种思想倾向,即公共物品供求失衡,能够通过调整市场价格来解决。如果从私人经济理性转换到公共经济理性的视角,这种思想倾向是不合理的。以时间维度的供求失衡为例,公私合作的交通项目——收费公路,在节假日一般会执行国家重大节假日 7 座以下乘用车免费政策,所以此时的交通流量一般会达到全年的最高峰,但是由于执行免费政策,所以实际上没有收入。而在非重大节日,交通流量无法达到最高通行量,通行费的收入达不到预期的峰值水平。因此,通过调整收费公路的收费标准来实现公共物品供求平衡目标,在逻辑自洽的过程中存在重大的环节缺失。

究其原因,是公共物品的供给是在政治市场而非经济市场实现的。政治市场决定了公共物品的供给数量、质量和价格。理论上,一个拥有完全信息的政府可以按照公共物品需求准确确定公共物品的供给,从而实现公共物品供求的最优均衡。但在现实世界中,任何政府都是由理性局限的个体经济人组成的,因此其对公共物品的供给决策与公共物品需求总会存在错位,即相对于理论均衡水平的波动,即要么供过于求,要么供不应求。同时,公共物品的供给从形态上而言,都具有大规模的资本投入、长时间的运营管理、高频度的供求交互等特征。因此,提供公共物品的项目一旦投资建设,很难在短期内做出规模、结构和质量上的改变。

本书将这一现象称为公共物品供求平衡困境。公共物品供求平衡困境的成因根据供给主体的类型差异,存在不同的供求力量间制衡机制。下面将从政府供给模式、私人供给模式和混合供给模式中的供求力量间制衡机制来解释公共物品供求平衡困境产生的原因。

二、政府供给模式

政府供给模式是指公共物品的供给由政府独立完成的模式。政府承担供给公共物品的职能,意味着公共物品供给的决策过程和全过程管理都在政府的控制之下。政府供给模式给了政府在公共物品供给中的主导优势,但是也会因为政府特定的利益导向,使得公共物品供给与需求的匹配关系出现异化,导致公共物品供求失衡。

以政府的利益导向作为工具解释政府供给公共物品模式特点的经济学理论中,最为经典的是尼斯坎南模型。尼斯坎南(Niskanen)在 1971 年出版的《官僚制与代议制政府》中提出,官僚们关注职位、声誉、权力和管制,这些与官僚的预算规模大小成正比,所以官僚们的目的不是经济市场中的经济主体追求的效用或利润最大化,而是政治市场中的选票最大化,也可以理解为预算规模的最大化。尼斯坎南并未给出官僚公共物品供给决策的内在机制,即政治市场与经济市场在决定供给公共物品上的机制差异和主次顺序。事实上,政府官员在决策公共物品供给时的参照标准是总成本等于总收益,而不是边际成本等于边际收益,这必然会导致公共物品的总供给相对于总需求会出现过剩的问题。官僚追求预算最大化,是因为只有预算最大化,才能实现产出最大化,产出最大化使得过剩的公共物品供给匹配既定规模的公共物品需求时,选民会达到满意程度的最大化,从而将选票投向决策公共物品供给的政党或官僚,使得官僚最终达到选票最大化的目的。官员决策公共物品供给时的逻辑链条可以表述为:选票最大化—预算最大化—产出最大化(见图1.2)。因此,政府供给公共物品模式形成了公共物品在政府大包大揽模式下,存在供给过剩、产能和资源浪费、公众为浪费付费的低效供给困境(马骏等,2005)。

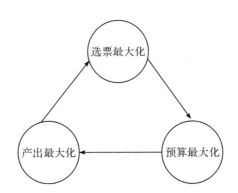

图 1.2　尼斯坎南模型的公共物品供给逻辑闭环

三、私人供给模式

相较于政府供给模式,私人供给模式在人类历史上是长期存在的普遍现象。真正意义上的政府供给模式,只存在于强势政府,或者特定的历史时期,或者是纯公共物品的领域。相对而言,私人供给模式的特征是,私人部门经过政府的授权垄断公共物品供给,通过公共物品供求来获取经济利益。

私人通过政府特许授权而垄断某种公共物品的供给时,其决策公共物品供给的参照标准是边际收益等于边际成本,使公共物品总供给与总需求的匹配关系处于最优状态。但是,私人一旦获得了垄断地位,在利润最大化诉求下,会通过产能、渠道、质量、价格、服务等多元化手段操纵市场供求,从而人为创造私人垄断格局下的市场供求均衡,导致垄断下的市场供求与实际的市场供求出现错位。逻辑上,私人垄断倾向于通过大规模产能布局压制竞争者,通过供给不足制造市场需求方的恐慌情绪,通过渠道控制、饥饿营销获取市场定价权,通过质量和服务标准控制实现价格歧视,最终实现以尽可能少的产量卖出最高的价格,从而实现利润最大化,也可以简称为少产高价策略下的利润最大化。私人供给模式导致公共物品低效供给的本质是公众为人为的短缺付出高额的成本。

私人供给模式中也有基于利他主义或慈善导向的公共物品供给模式,但本书认为真正意义上的公共物品供给是不可能依靠利他主义或慈善导向来实现最优均衡的。基于利他主义或慈善导向的公共物品供给模式只能算是私有供给模式的有益补充。

四、混合供给模式

混合供给模式是公私合作制模式的一种表称。公私合作制模式的本质是政府通过社会资本参与公共物品供给,实现对公共物品投资的增信,从而解决公共物品供求平衡的两难问题:一是政府大包大揽模式下的预算软约束、供给超需求、运营低效率和违约高风险;二是私人特许垄断模式下的利润最大化、恶意性控市(低价倾销和高价惜售)、短期行为和风险转嫁。

因此,公私合作制是一种融合政府部门和私人部门的折中模式。当不能单纯依靠政府和私人力量来实现公共物品供求均衡目标时,将二者有机地融合是一个有效的破解困境的途径。但这种理解是合理的吗?或者说是深入公私合作制的本质层面的理解吗?

那么就需要在理论层面回答三个关键问题:一是公私合作制的目标定位是什么?答案是公共物品供求均衡,可通过供给侧的调控来实现目标。二是公私合作制的参与主体有哪些?答案是政府、社会资本与公众。相对于政府供给模式和私人供给模式的两主体而言,公私合作制实现了参与主体的扩围。三是公私合作制的供求力量间能够相互制衡吗?答案是相对于政府供给模式和私人供给模式的供求力量不对等,公私合作制的供求力量间出现了能够相互制衡的结构特征。

对于公私合作制供求力量间能够相互制衡的结构特征,本书提出主体间互动关系的理论解释。该理论有两个核心的概念:一是两主体间双向对流结构;二是三主体间三角环流结构。

从主体互动的结构特征角度来看,两主体间双向对流结构的优点是结构简单、互动直接,缺点是一旦出现制衡能力的失衡,拥有竞争优势的一方会倾轧弱势的一方,而弱势的一方会采取不合作的策略降低损害的程度,最终导致两主体的利益取向和行为模式背向而行。因此,当出现主体间制衡能力失衡时,两主体间双向对流结构会逐步被削弱,甚至瓦解。以政府供给模式和私人供给模式为例(见图1.3和图1.4),当两主体供给模式的供求力量制衡失败,不论是政府供给模式还是私人供给模式,都必然会导致公共物品供求错配。在私人供给模式的双向对流结构中,公众无法制衡私人部门少产高价的行为,为规避风险和损失必然会采取不合作的策略,导致私人供给模式的低效甚至失败。在政府供给模式的双向对流结构中,公众也同样会因为无法制衡政府部门超产浪费转嫁成本的行为,而采取不合作的策略,导致政府供给模式的低效甚至失败。

图 1.3　私人供给模式的两主体双向对流结构

图 1.4　政府供给模式的两主体双向对流结构

而从主体互动的结构特征角度来看,三主体间三角环流结构的缺点是结构复杂、互动间接,优点是一旦出现任意两主体间制衡能力的失衡,拥有竞争优势的一方倾轧弱势的一方时,弱势的一方会采取联合第三方的策略重新建构主体间力量的制衡关系,以达到减少损失的目的,最终引导三主体的利益取向和行为模式保持稳定的相向而行(见图1.5)。混合模式表面上是两个双向对流结构的简单融合,本质上则是复杂的三角环流模式的重构。

政府、私人和公众形成三角环流两两制衡的空间结构,当出现双向对流的供求力量间制衡失灵时,三角环流结构可以有效地实现再平衡,从而使得公共物品的供求平衡始终处于匹配、稳定的状态。

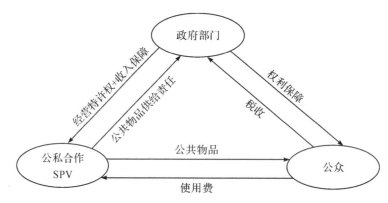

图 1.5 公私合作制供给模式的三主体三角环流结构

第二章 公私合作制风险管理的理论回顾

第一节 政府供给理论

一、政府提供公共物品的动机和原因

对公共物品而言,未来的生产者会通过不生产这种物品来排除消费者的消费。在开始生产之前,他们需要从不同的消费者那里获得关于公共物品不同消费量的费用。自利会导致未来的某些消费者隐藏他们的偏好,使得消费者之间难以达成协议或拒绝提供公共物品,因为当他们预期"搭便车"的收益超过贡献公共物品的收益时,就会出现公共物品的供给难题。由于存在隐藏偏好、缔约艰难和"搭便车"问题,即使企业家相信消费者的收益之和大于边际成本,他们也没有足够的激励去生产公共物品。这意味着,市场制度不能形成足够的激励去评价将成为纯公共物品生产要素的东西。

同时,隐藏偏好和缔约困难的可能性也会减少生产私人物品的激励。不同之处在于私人物品的生产者会面临很多消费者,因此他有积极性去寻找减少隐藏偏好和缔约困难的途径,如采用一视同仁的"要么接受要么放弃"的价格。公共物品的生产者也有动力去找到旨在帮助消费者解决隐藏偏好、缔约困难和"搭便车"问题的解。然而,消费者自己必须通过多边的形式解决自己的问题,毕竟生产者的手段是有限的。

基于公共物品的公共选择,假定集体成员相信一些公共物品和要素不会被发现以及一些被发现的公共物品的生产量不能达到集体需要的数量,

除非评价人和生产者有特殊的激励这样做。这时,集体成员可能会选择通过政府这种组织形式来提供这种激励。

（一）改进交易效率和生产效率

一方面,公共物品的非竞争性和非排他性以及由此导致的"搭便车"现象,使得仅靠人们自愿或市场提供,常常使公共物品供应不足,无法满足人们的正常需要;另一方面,达成和实施市场交易的交易费用可能太高,阻止了个人向市场寻求足够的公共物品。这种情况下,个人更愿意通过政府或加入一个政府单位,通过政府强制征税来为公共物品的生产提供充足的资金,通过政府的强制来解决市场交易过高的成本,以节约交易成本。以个人所消费的安全为例,假定有一个推崇自由至上的不属于任何政府管辖的人,他选择不加入任何地方政府,这样他可能会从其独立性中获得某些收益(比如自由),但也要为此付出选择独立的机会成本。为使自己的利益最大化,他面临两种选择:其一,采取自愿的方式,通过协商与他人缔约,达成联合生产和安全消费的协议;其二,选择政府来为其提供安全服务,并自愿接受政府管辖。具体采取何种方式,取决于两个方案的成本—收益比较。假如他能以每月100元的价格(包括寻找合作伙伴的成本、谈判成本、协议执行成本以及雇用保安的工资等)与他人达成一项保护自己人身和财产安全的契约,并且预期的月收益是50元,那么他一个月的净收益为-50元;假如选择政府为其提供公共安全服务,并分担公共安全生产的成本,由于由政府集中提供安全服务要比个人分散提供效率更高,并且公共安全的生产与消费存在着规模经济,那么,他所支付的成本就会大大降低,比如可能变为50元,这样他的净收益就为0元,也就是说他加入政府或者说由政府提供公共安全这种公共物品是有效率的。同时,个人消费者也获得了效率,因为这时个人支付消费品的价格(花费的成本)等于其从消费品中获得的收益。

（二）公共物品政府供给的不可替代性

公共物品通常分为三类:一是由于物品本身的技术特点而产生的公共物品;二是由于市场不完全而非物品或服务本身的性质所产生的公共物品;三是由于社会成员的"特定平均主义倾向"而非物品或市场的某些特性所产生的公共物品。由此导致现实生活中的公共物品大体上可以分为三大类:第一类是实物性的公共物品,如环保设施、城市公交、抗防工程、铁路、机器、土地、国防等;第二类是精神上的公共物品,如制度(包括社会体制、教育体制、卫生体制、科技体制等)、理想、文化、信息等;第三类是源自人们"特定平均主义倾向"的公共物品,如自由、公平、公正等。这些公共物品在整合组织过程中的作用是巨大的。从国家的角度看,有些公共物品的提供对国家的存续有着生死攸关的意义。比如制度的提供、民族精神的维护、意识形态的巩固等。奥尔森(1995)指出:"几乎任一政府都能为其公民带来经济上的利益,因为它的法律和规定是所有文明的经济活动的前提。但是除了爱国主义的力量、意识形态的感召、共同文化的维系和法律制度的不可或缺,现代史中没有哪一个大国能够靠自愿的集资或捐款来供养自己。"因此,国家需要通过征税来为民众提供这些公共物品。

对国防和治安这些特殊的公共物品来说,即使考虑到未来的科技发展,我们也难以设想能够确定个人的收益,并将其分解成可以购买的单位,竞争性地出售给不同的个人。也就是说,这些物品的技术属性决定了无法将任何人排除在消费者之外。除了这种极端情况,更为一般的情况是,公共物品的出现,不是因为不能排除不付费的使用者,而是因为排除的成本极高。由于物品的技术特点而产生的公共物品尤其是纯公共物品,私人组织有可能供应不足,这时需要政府介入。

高效率市场往往以信息充裕、调整及时、竞争充分和交易成本适度为先决条件。缺乏其中任何一点都可能导致私人市场无法令人满意地运转,从而促使辅助性公共物品来补充市场。信息是为补充市场不完全性而产生的一种重要的公共物品。随着社会的专业化和分工的发展,交易环节和链条会不断增多,交易费用会越来越高,对旨在降低交易费用的规则和秩序等公共物品的需求也会越来越多。再培训计划、公共就业服务是公共物品,因为它们有助于使市场不完全造成的刚性问题减弱到社会能够容忍的程度。在这类公共物品的供应上,政府应发挥积极的作用。

随着社会发展水平的提高,社会公众对自由、公平、公正、安全等社会环境因素的关注会不断增强,从而不断扩大对能够改善社会平均福利水平的物品或服务的需求。例如,失业率、犯罪率、贫困者的保障以及收入和财富分配的格局等,是现代社会共同关注的对象。

(三)公共物品的内在特性决定了必须由政府介入

公共物品的内在特性之一是其需求收入弹性大于1。恩格尔定律指出,随着家庭收入水平的增加,收入中用于生活必需品等生理需要的支出比例会越来越小,而用于非生活必需品等精神开支的比例会越来越大。换言之,随着社会经济发展水平的提高,人们对公共物品这种非生活必需品的数量和质量的需求越来越高,因为公共物品的收入弹性一般来说要大于1。此外,随着社会发展水平的提高,私人物品的社会边际福利递减,公共物品的社会边际福利递增,公共物品对生产可能性曲线的移动效应大于私人物品,越来越多的资源会用于生产和提供愈益多样化的公共物品。因此,人们生活水平的提高使其消费结构中医疗保健、文体设施、交通运输、社会保险、公共安全、自由、公正等公共物品的需求份额相对于私人物品的份额有所增加。

公共物品的内在特性之二是公共物品尤其是公共基础设施类公共物品(如公路、街道、机场、给排水、电力、电信等)对国家经济发展具有重要的基础性作用,这种公共物品的供给不足,会对经济建设产生制约作用。因此,需要政府干预扩大公共投资来促进、拉动经济增长,这样,政府提供的这种基础设施类公共物品会越来越多。目前,在西方国家中存在着一种趋势,即政府提供的公共物品越来越多。一方面,我们可以用日益增长的社会需求来解释这一点;另一方面,也是由于历届政府都希望依靠这些公共物品来维持自身的稳定,通过公共物品(国家基础设施)的数量和质量来促进社会和经济发展。德国学者瓦格纳(Wagner)在考察了几个国家的公共支出情况之后提出了"瓦格纳定理",认为进入工业化以后,经济中的公共部门在数量上和比例上将具有一种内在的扩大趋势,公共支出将不断膨胀(Wagner,1958)。类似地,萨缪尔森也指出,社会发展程度越高,公共物品所占比重越大。

(四)组织的存续性

政府提供公共物品也是政府本身的内在需要。政府作为一种组织,其存续离不开提供公共物品这个前提条件。也就是说,组织必须提供公共物品,不提供公共物品的组织是不可能存续下去的。日本著名学者占部都美在《现代管理论》中认为:"组织一旦建立,组织的存续就成了组织的最终目的。"组织存续的首要条件是要有成员。个人加入组织的主要原因之一是组织能够提供公共物品。奥尔森曾经说过:"组织的实质之一就是它提供了不可分的、普遍的利益。一般来说,提供公共或集体物品是组织的基本功能。

一个国家首先是一个为其成员——公民提供公共物品的组织,其他类型的组织也类似地为其成员提供集体物品。"正是由于组织能够提供公共物品,组织对个人来说,才有一定的吸引力。个人加入某个组织的直接收益是可以享受某些公共物品。个人为了一定的公共物品加入组织,组织则通过提供一定的公共物品来吸纳组织成员,使自己得以存续。因此,从根本上说,公共物品是将个人与组织联系起来的纽带,是组织持续存在的基石。若组织无法使成员"获得一些什么",即不能向成员提供必要的公共物品,它就会失去对个人的吸引力,就不会有个人愿意加入该组织。没有成员,自然就谈不上组织的存续。正如奥尔森所说的:"不增进其成员利益的组织往往会消亡,因此这一因素肯定大大限制了不为其成员服务的组织的数量。"同样,这也大大限制了不为组织成员提供公共物品的组织的数量。

二、尼斯坎南官僚预算最大化模型

1971年,尼斯坎南发表了《官僚机构与代议制政府》一文,提出了官僚预算最大化理论,即官僚是追求总预算规模最大化。此后,尼斯坎南于1975年和1991年对这一理论进行了修改与完善。

以政治经济学为分析途径,以微观经济学的理性经济人假设作为理念前提和分析的逻辑起点,一般认为个人是效用最大化的追求者。官僚就像经济市场中的消费者和厂商一样,也是理性自利的,追求预期收益的最大化。官僚机构和官僚个人的行为动机和出发点,既不是最大化作为普遍福利的公共利益,也不是最大化政治家确定的国家利益,而是最大化官僚机构和官僚自身的利益。

在特定的制度环境下,他们追求自我效用的最大化。他们提供公共物品和服务的程度,要看某一物品和服务与官僚机构和官僚自我利益实现的关联程度。官僚的效用函数,主要包括以下变量:薪金、津贴、声誉、权力、恩惠、机关产出、进行改变的容易度、管理官僚机构的容易度等。在这些变量中,除了最后两个变量外,都是与机关预算呈正相关的单调函数。

官僚为了扩大自己的权力,提高自己的薪金、福利津贴和公共声誉,就必然趋向于扩大机关预算的规模。进一步看,上级官僚为了获得其下属的支持与合作,也会追求机关预算的最大化,因为预算规模越大,可以提供给下属的升迁机会和工作保障就会越多。预算规模越大,官僚的自我效用最大,追求预算最大化因此成为官僚机构运转目的和基本的官僚行为取向。

（一）原始模型

根据尼斯坎南的观点,对官僚机构来说,有三个至关重要的因素:①官僚机构自身的性质;②官僚机构与周围环境的关系;③官僚的动机。

官僚机构是非营利性机构,运营经费来自资助人的拨款。在通常情况下,官僚机构中级别较高的官僚,掌握着一份独立的、与其地位相当的预算。官僚机构的环境由官僚机构与其资助人者之间的关系支配。官僚机构的目标追求预算最大化。

根据一项研究总结（Blais et al,1991）,尼斯坎南模型有两个基本假设。

第一个假设是官僚们试图最大化他们的预算。根据尼斯坎南的观点,下列这些因素会进入官僚们的效用函数:薪金、津贴、声誉、权力、恩惠、产出、进行改变的容易度、管理官僚机构的容易度。他认为,除了最后两个之外,其余因素都是预算的正的单调函数。因此,预算越大,官僚们的效用就越大。而且,为了生存下来,官僚机构也必须最大化他们的预算。

第二个假设是官僚机构在最大化自身预算时大多数情况下会成功。尼斯坎南认为,官僚机构与资助人之间的关系是一种双边垄断的关系。在这种关系中,官僚机构以公共物品和服务向资助人交换预算拨款。然而,在资助人与官僚机构之间存在着信息不对称。尼斯坎南认为,"在大多数条件下,相对的刺激与可得到的信息给予官僚机构绝对支配性的垄断权力"。存在信息不对称主要出于两个原因:①资助人缺乏充足的动机去运用他的潜在权力。正如尼斯坎南所认为的那样,政治家主要关心的是他们能否连任,而这"很少与组织产生的纯收益相联系起来"。②资助人对官僚机构的生产过程缺少必要的知识与信息。基于以上假设,尼斯坎南建立了他的官僚预算最大化模型,但是他自己并没有提供相应的、足够的经验证据来支持这个模型的基本假设与结论。

（二）修正的模型

在1974年,米格（Migue）和毕朗哥（Belanger）对尼斯坎南的模型进行了修正。他们认为,官僚们最关心的是管理的自由裁量,从而只有自由裁量的预算——收入超过最低成本的部分——才是官僚真正想最大化的。然而,他们承认,自由裁量的预算依赖于总预算。尼斯坎南（Niskanen,1975）也认为,官僚的效用可能是自由裁量的预算和产出(总预算)的函数。

在 1991 年,尼斯坎南再次建议对他的理论模型进行一些改动:首先,他认为,"我先前关于官僚机构致力于最大化他们的预算的假设,应该被完全放弃,而接受他们致力于最大化自由裁量的预算的假设"。因此,追求盈余最大化的官僚机构是一个常例,而追求产出(总预算)最大化的官僚机构反而是一个特例。换言之,他先前的官僚预算最大化理论,不再是一个普遍适用的理论,只对特殊情况下的官僚行为有解释力。其次,他也放弃了以前的另一个假设,即政治资助人是"一个没有偏见的立法机构的样本但是在评估官僚机构的提议时他们是消极的"。尼斯坎南意识到,国会委员会和其他预算审核机构不是消极的。而且,预算审查过程中政治资助人通常会设法诱导出额外的信息,并且,在官僚机构与资助人之间常常会有各种各样的讨价还价。正如米勒(Miller)和摩伊(Moe)进一步指出的那样,政治资助人通常具备一些能影响到预算结果的娴熟的讨价还价技巧(Miller et al. ,1983)。在 Romer 等(1979)研究的基础之上,尼斯坎南(Niskanen,1991)进一步探讨了预算讨价还价的范围。不过,他还是保留了理论的基本框架,尼斯坎南坚持认为,他的官僚行为理论的核心要素在经过反思后仍然成立。

三、尼斯坎南官僚预算最大化模型经验研究

1975 年,尼斯坎南注意到,其官僚预算最大化理论中关于过度供给的假设一直没有得到直接的检验。通过运用"官僚整合"这个变量,尼斯坎南提供了一个关于官僚机构拨款的时间序列检验。他发现,在有些情况下,官僚机构联合起来就可以获得比它们分离时更多的预算,并将这一发现视为预算规模增加将导致官僚机构的权力和产出增加的证据。

总结在过去几十年中积累起来的关于尼斯坎南模型的经验研究,主要有以下五个发现。

(一)预算规模和官僚机构的福利

尼斯坎南模型最中心的假设就是官僚机构能够在增长的预算中获益。荣格(Young,1991)总结了这个领域的经验研究,分析了预算规模与官僚的职业生涯之间的联系,并质疑了尼斯坎南模型的这个假设:在一个扩张速度比常规性增长快的官僚机构中,官僚能够获得更高的薪金增长和更快的职位提升。许多经验研究都没有发现能够支持"官僚的报酬将随着机构增长

而增加"这一假设的证据。与尼斯坎南模型相关的另一个假设是预算的增长可能会给官僚们提供更多的晋升机会。然而,许多经验研究的成果都不支持这个假设。这些经验研究表明,在官僚机构的高层,职务的提升主要依赖于政治家的批准(Kiewiet,1991)。

（二）官僚机构的策略

尼斯坎南模型假设官僚机构采纳的策略通常基于预算最大化的考量。林恩(Lynn,1991)通过个案研究获得的定性证据来分析和确定官僚在多大程度上寻求预算最大化。他发现,"在特定的、经常面临的环境中,官僚们的确在寻求将他们能够实施控制的自由裁量的资源最大化。偶尔地,他们也会寻求他们的预算最大化。然而,很难确定一个预算最大化行为将会出现的前提条件。"官僚,最起码是那些管理复杂组织的官僚,将会在一系列具有不同的成本和收益的战略中选择那些能使他们的效用最大化的策略。"林恩的研究意味着,只是在偶然的情况下,官僚们才会选择预算最大化策略。

（三）强有力的官僚机构和立法机构失败

尼斯坎南模型还假设官僚机构不仅追求预算最大化,而且具有足够的权力来实现这个目的。一些经验研究对官僚机构在预算博弈中的权力进行了检验。沃肯(Aucoin,1991)着眼于预算的过程,尤其是政治家们为了控制官僚机构而建立的各种预算约束程序。他总结了政治家们为约束支出所做的各种制度努力。这些预算约束包括:①加强政府中心机构审查、控制和重组公共支出的能力;②在预算过程中使得约束生效的各种方法;③在公共部门里改革管理制度,使管理效率成为公共管理者的行为准则。他认为,在将预算约束的焦点从中心机构转移到各个支出部门的同时,实际上伴随着政治控制的增加和各种使得预算约束生效的手段的运用。他最后得出结论:在预算过程中,官僚只是处于附属地位的官员,他们在预算决策中的影响力是微小的,而且随着权力的集中变得更加微小,权力集中正是限制开支的各种努力的成果。

（四）官僚行为和预算结果

尼斯坎南模型认为官僚的预算最大化行为对预算结果有着非常大的影响。这一推理主要基于下面的三个假设:过度供给假设、无效率性假设、公共部门增长假设。

1. 过度供给假设

在尼斯坎南模型中,预算最大化的官僚倾向于过度供给政府的产出。但是,与这个假设相关的经验研究所得出的结论却是很模糊的。关于官僚主义和公共支出之间的关系的经验研究都证实了这个假设。其他的经验研究也证明强势的官僚机构比弱势的官僚机构更易获得更高的预算和更多的人员编制,从而支持了尼斯坎南的这个假设。然而,其他的经验研究却表明尼斯坎南这一假设是存在问题的(Kiewiee,1991)。

2. 无效率性假设

尼斯坎南(1975)引用了几个研究来证明在提供相同的服务时政府要比私人企业花费更高的生产成本,如消防服务、航空服务、电力服务。自此,官僚机构的无效率已经成为学术界和一般大众坚信的"常理"。然而,在经验研究中同样存在与这个假设相反的情况。即使被尼斯坎南引用来支持他的理论的那些证据中同样也可以找到这样的证据。

3. 公共部门增长假设

尼斯坎南模型假定政府支出超过了中位投票者偏好的水平。汤塞(Dunsire et al.,1991)研究了英国保守党政府致力于减少国家干预这一案例。根据 1975—1985 年英国公共支出、雇佣和薪资的数据,他运用尼斯坎南模型来解释政策产出,并得出以下结论:①公共服务导向的官僚机构模型比预算最大化官僚模型能更好地解释这一个时期的官僚行为;②没有证据表明保守党政府对追求预算最大化的官僚进行了奖励。

(五)自由裁量的预算

目前,关于修正了的尼斯坎南模型的检验仍然很少。巴特尔(Bartle)和克洛斯科(Korosec)运用美国城市经理外包公共服务决策的数据检验了这个假设。他们指出,如果尼斯坎南模型是有效的,那么城市经理应该会避免把一些事务以合同的形式外包,因为这将会使他们的自由裁量预算暴露,也会使他们难以利用这种预算最大化个人效用。他们的回归分析结果证明,即使是修正后的尼斯坎南模型,也缺乏经验事实的支持。他们的研究倾向于支持尼斯坎南模型的最大化假设,即所谓的职业主义官僚模型。职业主义官僚模型主张城市经理会选择最有效率的方式来供给服务。当然,他们研究的局限性在于该模型只能解释城市经理的行为(Bartle et al.,1996)。

尼斯坎南模型应用经济学、社会学和政治学的系统思想,阐释了政府供给公共物品模式出现低效问题的原因,并将这一原因拔高至公共经济理性的高度,其结论表明政府只要从自身角度出发去履行公共物品供给责任,就必然会因为其理性视角、立场定位、利益取向和行为模式的本质属性,使得短期内公共物品供给出现供过于求和资源浪费,进而导致长期内公共物品供求结构的失衡。

第二节　私人供给理论

一、市场提供的可能性和效率性

（一）非纯公共物品的存在及其对公共物品概念的拓展

萨缪尔森根据古典经济学理论将物品划分为"私人物品"和"公共物品"。但是,将物品笼统地划分为公共物品和私人物品两大类显然过于简单和理想化。1965 年,布坎南指出纯粹的私人物品与纯粹的公共物品都不存在拥挤现象,而在这两极之间还存在一些公共物品,其消费超过一定界限就会发生拥挤现象,拥挤是在有限的消费容量和无限的消费规模之间的冲突。这种介于纯粹私人物品和纯粹公共物品（即指萨缪尔森定义的公共物品）之间的产品和服务就是非纯公共物品（也称为俱乐部物品）。德姆塞茨(Demsetz)进一步探讨了公共物品的"俱乐部"属性,指出俱乐部物品在大多数条件下可以由私人提供(Demsetz,1970)。显然,俱乐部理论拓展了公共物品提供方式的选择空间,政府与市场之间的界限不再清晰明了。换言之,公共物品既可由政府提供亦可由市场提供。通常情况下,纯粹公共物品由政府直接提供,而俱乐部物品则可由私人提供。

俱乐部物品与纯粹公共物品既存在一致性又有自身的特殊性。在俱乐部成员中,俱乐部物品具有纯粹公共物品的非排他性与非竞争性,而在俱乐部成员之外,俱乐部物品具有排他性,如考虑到物品的产权变更,纯粹公共物品就会成为俱乐部物品。例如,通过某桥时,如果大桥要收过桥费,那么只有交纳过桥费的人才可以通过大桥,在这里,没有交纳过桥费的人就没有过桥权,无法享受大桥的服务。

这样,纯粹公共物品与俱乐部物品之间的界限不再泾渭分明。单个成员对俱乐部物品的消费不会影响或减少其他成员对这一物品的消费,因而俱乐部物品又接近于公共物品;但是俱乐部产品的消费规模边界是清晰明了的,只限于全体会员。一旦过多的会员加入,消费"拥挤"就会发生,效率就会下降,因此可以设计一种收费制度来排斥非俱乐部成员享用公共物品。而由于可以通过收费来弥补这种非纯公共物品的成本,因此,也就可以通过市场来提供这种公共物品。

实际上,在俱乐部物品的消费上存在着戈尔丁(Goldin,1977)的所谓"选择性进入"。"选择性进入"指消费者只有在满足一定的约束条件如付费后,才可以进行消费,如在音乐厅中举办的音乐会、高尔夫球场等。而纯公共物品,如国防等是"平等进入",指公共物品可由任何人来消费。戈尔丁认为福利经济学忽视了公共物品供给方式上的"选择性进入"。没有什么物品或服务是由其内在性质决定它是公共物品或不是。产品和服务采取何种供给方式取决于排他性技术和个人偏好的多样化。若公共物品不能通过市场手段被充分地供给消费者,那是因为把不付费者排除在外的技术还没有产生或者在经济上不可行。戈尔丁的分析为探讨公共物品的私人供给问题,尤其是为解决准公共物品的"拥挤性"问题指明了方向。

另外,从制度安排的角度来说,俱乐部成员的偏好或趣味都是相同的,因而每个会员对俱乐部产品的评价程度也是一样的。评价相同意味着没有"逃票"的动机。只要某个会员的利益得不到满足,他会离开俱乐部而转向能满足其偏好的其他俱乐部。这种制度的产权安排就是俱乐部产权制度,一些职业足球俱乐部、高尔夫球俱乐部等组织就属于这种制度安排。总之,通过"改造"后的公共物品在符合一定的条件下完全可以引入市场机制并实现高效配置。

(二)技术创新和科学进步

随着技术的进步,某些传统意义上的纯公共物品的公共性会发生改变。例如,电视节目曾被认为是典型的纯公共物品,因为在电视台信号接收范围内,消费不具有排他性,只要人们购买了特定的接收装置,就能不付费地接收电视台的信号,增加一个人的消费也不会影响其他消费者观看节目。但是,随着技术的发展,出现了加密的电视台、人造卫星和录像带,使对电视节目收费成为可能。还有,公路过去也是典型的公共物品,但是随着科技的进步,出现了可以拍下汽车牌照的照相机、电子计算机、电子收费机等系统,使对城市公路征收使用费(排他)成为可能。

非排他性和非竞争性都不是绝对的。只要技术水平发生了变化,非排他性可以转化为排他性。以灯塔为例,假定有人发明了一种干扰装置,该装置能使未购买某种特殊接收器的船只无法获得灯塔的信号,那么这时灯塔的服务将具有排他性。这些技术的变化,使某些传统意义上的公共物品的公共性发生了变化,使市场提供变为可能。

(三)环境变化

如果条件或环境发生了变化,非竞争性也可能转化为竞争性。例如,图书馆的阅览室会随着人数的增加而变得拥挤,新增加一个读者可能减少其他读者的消费质量。消防和垃圾清理在城市里是公共物品,但在乡村里就会变成私人物品。家庭的防盗系统和家庭灭火器,也会部分地取代警察和消防这两类公共物品。此外,通过拥有私人保镖、游泳池和花园,富有的人也能将某些公共物品变为私人物品。

(四)制度变迁和制度设计水平提高

一个国家经济体制的变化可能使公共物品变为私人物品。如在计划经济体制下,住房、养老、医疗均是由国家提供的公共物品,但随着计划经济体制向市场经济体制的转轨,住房基本上已变成私人物品了;个人也需要负担一部分养老和医疗费用,不再像从前一样是百分之百免费的公共物品了。

从制度设计的角度来看,制度设计水平的提高可以改变公共物品的公共性。例如,公共工程特许权(如 BOT)的出现,使私人投资兴建的公共设施可以合法地对使用者收费,从而使公共物品变成具有排他性的物品。如我国第一座运用民营资本以 BOT 形式建造的泉州刺桐大桥,它的物品性质取决于政府的制度安排。当政府不收过桥费而无偿供车辆通过时,刺桐大桥是纯粹公共物品。当政府确定收费标准,只有交纳过桥费者才能成为刺桐大桥俱乐部成员,此时刺桐大桥便成为俱乐部物品,这意味着纯粹公共物品和俱乐部物品相互转化的可能。在纯粹公共物品与俱乐部物品的转化过程中,政府的作用至关重要。因为政府确定收费制度而使刺桐大桥成为俱乐部物品,亦因为政府出让 30 年的所有权与经营权而使刺桐大桥的私人提供与生产成为可能.

此外,无论是过去还是现在,公共广播都是典型的纯公共物品,但是,通过适当的制度设计可以由市场来提供广播节目。在美国,绝大部分的广播和电视节目都是由商业化的私人广播公司提供的。与此相反,在欧洲和日本,广播是由公共公司来提供的,其经营依靠电视许可证费用、财政拨款以及广告来维持。20 世纪 80 年代以后,商业化的广播公司也在这些国家飞速发展起来,在几乎所有的西方国家,市场在提供广播服务上起着很大作用。为什么私人公司愿意提供广播这种公共物品呢?Anderson(2000)对此做了分析,广播和电视可以被看成一种由两个代理人消费的公共物品,第一个代理人是从节目中获得直接收益的观众或听众,第二个代理人是可以通过做广告与潜在顾客接触从而获得间接收益的广告客户。广告的损害价值意味着广告客户对广播的"消费"给观众造成了外部性,然而,广告客户可以被排他,通过向广告客户收费,广播公司能够获得收入,因此广播也可以由市场来提供。

(五)交易成本与市场有效提供的自发性

交易成本是指在两个以上当事人之间达成和实施协议或合约所涉及的费用,包括获取和评价信息、确立谈判立场、确定谈判对象、商定和监督履约的费用。如果各当事人在交易中得失很大,涉及的人数较多,这些费用就可能很高,但是如果谈判成本比较低,且收益仅限于某个社区成员或集体成员的话,人们就有可能通过协商和谈判达成一致意见,通过市场的方式来获得公共物品。例如,某个小区内的治安和卫生可以视为该小区的公共物品,小区居民可能自己出钱聘请保安公司或清洁公司来提供安全和卫生服务。这是因为,小区居民人数一般较少,容易达成协议来共同支付这些公共物品的费用,并且这种小集团的人们大都互相认识,这样,集团压力(舆论等)会保证每一个人都会按时交纳其应该出资的那部分,而较少出现"搭便车"现象。即使小区中某一成员因为"免费搭车"享受了短期利益,但他会失去其他成员的信任而有损于自己的长期利益。出于这一考虑,小区成员"免费搭车"的动机就会大大减弱。

二、私人供给模式的重要思辨

(一)公共物品供给决策的决定问题

公共物品供给决策是政治市场还是经济市场做出的？在回答这个问题时，很容易被公共物品供求现象所迷惑。大多数准公共物品，特别是基础设施服务、社会事业服务等给公众的印象与普通的私人物品没有太大的区别，都需要付费购买。因此，公众甚至是政府官员也会形成认识误区，认为公共物品供给决策的制定者可以在政治市场和经济市场自由转化。

事实上，经济市场只能提供公共物品供给的技术手段和要素供给，无法真正影响到公共物品供给决策的政治程序和决策走向。政治市场通过政治家和选民的选举机制和官僚体系的治理机制，决定公共物品供给决策。因此，公共物品的政府供给或私人供给，抑或混合供给，都是政治市场决策范围内的选项。公共物品供给决策会受到价格、成本、利润等经济指标的影响。

基于以上的逻辑，公共物品供给职能交由私人部门来完成，意味着政府部门自身不具有实现公共物品供给的能力，授权私人部门承担公共物品供给职能是退而求其次的次优决策。政府采取这一私人供给模式时，必须监督私人部门不会滥用政府的特许授权。

(二)公共物品定价决策的决定问题

公共物品供给决策的评价标准，不能用私有经济的评价标准——财务绩效的单一标准来衡量。因为基本要素的定价不是由经济市场决定的，而是由政治市场决定的。经济市场只能被动接受政治市场的定价，而非反向的定价逻辑。因此，政治市场的定价机制与经济市场的定价机制之间必须有连接和转换机制。

政治市场的定价机制有三种基本模式：一是固定定价模式，即在项目规划时确定公共物品供需匹配的基准价格，基准价格确定后在规定的时间区间内不再调整；二是溢价定价模式，即规定一个随经济增长率、物价指数、资产增值率等调价参数同向的增长率，定期在基准价格基础上调整实际价格；三是资产定价模式，即将特定领域的公共物品如基础设施或特许权力当作长期可以增值的资产,在资产增值达到一定幅度后,通过资本市场的流动性转化机制,比如资产证券化,实现资本增值收益的回收。资产定价模式中公共物品名义定价与资产定价同时并存,但名义价格会追随资产价格的变化做出调整。

不论何种定价机制,私人部门如果不能获得平均利润率,其投资意愿就会受到抑制,继而退出公共物品供给主体地位。但政治市场的定价机制在灵活性上无法与经济市场的需求相匹配,造成了私人部门在公共物品供给中的行为存在强烈的机会主义倾向,会将风险转嫁给政府和公众。

(三)公共物品供给的私有垄断问题

私人通过政府特许授权而垄断某种公共物品的供给时,其公共物品供给最优均衡的参照标准是边际收益等于边际成本,公共物品总供给与总需求的匹配关系会处于最优状态。但是,私人企业一旦获得了垄断地位,在利润最大化诉求的驱使下,会通过产能、渠道、质量、价格、服务等多元化手段操纵市场供求,从而人为创造私人企业垄断格局下的市场供求均衡,导致垄断下的市场供求与实际的市场供求出现错位。逻辑上,私人垄断倾向于通过大规模产能布局压制竞争者,通过供给不足制造市场需求方的恐慌情绪,通过渠道控制、饥饿营销获取市场定价权,通过质量和服务标准控制实现价格歧视,最终以尽可能少的产量卖出最高的价格,实现利润最大化目标,即少产高价策略下的利润最大化。

第三节　混合供给理论

政府大包大揽模式会导致公共物品供给过剩,私人特许授权模式会导致公共物品供给不足,两种公共物品供给模式各有优劣,因此,采取混合模式可以取长补短、兼容并蓄。混合模式能否成功,关键取决于运行机制的设计和优化与公共物品供求均衡的匹配程度。混合供给模式的理论基础就是在这一逻辑上逐步发展起来的。

一、公私合作供给模式的诞生与发展[①]

(一)英国的公私合作发展

1992年,在"私人主动融资"(PFI)的名义下,英国保守党政府开始引入私人资本来管理公共设施,有时也对过去由政府直接负责的投资项目委托私人企业来运营管理。1997年,英国工党政府上台执政后,一改此前对保守党政府发起的"私人主动融资"政策的批评,重新发起私人部门参与提供公共基础设施与服务的项目计划,并且开始加速推进公共部门与私人部门之间的合作。英国政府在公私合作委员会与政府商务办公室成立后,极大地加快了公私合作合约的签订进程,这一方面是由于地方政府从公共项目中可以获得部分股权,另一方面是由于私人企业向公共部门提供大量贷款。为了降低私人企业对公共项目投标的成本,英国政府出台有关模式化的公私合作合约。根据签订的公私合作合约的数量与价值两个指标来衡量,在欧洲,英国公私合作的发展居于绝对主导地位,以1999年的统计数据为例,英国占据全欧洲公私合作合约价值总量的40%,同期的德国为8%,西班牙为4%,意大利、法国和荷兰合计为9%。

英国公私合作主要集中在政府信息技术项目、教育、医疗保健与医院设施兴建、自来水供给、道路修建、监狱兴建与管理、伦敦地铁再开发,以及国防部资产转移等领域内应用,据估计,这些项目资金的总值大约有225亿英镑。

关于公私合作的成本与收益问题,最早由英国政府发现并关注。以英国国家审计署(National Audit Office, NAO)为例,这个负责监督政府公共支出是否达到廉洁与效率标准的机构,曾在对英国最大的一项医院开发项目提出严重批评。英国国家审计署发现该项目的公私合作合约中有关资金节约的数额被国家医疗保健服务信托机构严重地高估。但是,总体来看,1992—2009年的18年间,英国各地采用公私合作供给地方公共物品与服务的项目占全欧洲的67.1%,项目价值总量占全欧洲的52.5%。

从英国公私合作的发展历史来看,1990—2009年,英国公私合作制项目的数量从1995年开始迅速增加,2004年达到顶峰,但是,从2001年开始,英

---

① 本部分资料来自1998年英国财政部报告。

国公私合作制项目的数量开始呈现下降趋势。2008 年,美国金融危机开始蔓延并威胁到各国实体经济,私人部门参与供给的公私合作受到严重影响,英国公私合作的市场份额加速下降,到 2008 年,英国公私合作制项目的市场份额降到欧盟的 50％。根据公私合作制项目在国民经济各部门的分布状态,按照数量指标,教育部门占总量的 35％,最重要的医疗保健部门占 34％且保持上升趋势,一般公共服务部门占 14％且保持稳定态势,交通部门比重下降到 4％,而国防部和公共治安部门的比重一直呈下降趋势;按照价值量指标,交通部门占总价值量的 17％,教育部门占 27％,医疗保健部门占 25％。

从总体上看,1990—2009 年的 20 年时间,欧盟国家共签署了 1300 项公私合作合约,这些合约价值总计超过 2500 亿欧元,从 2007 年开始,大约有价值 700 亿欧元的 369 项新增项目已经进入融资关闭阶段。

2007 年美国次级债券市场的崩盘,导致欧盟国家公私合作制项目的数量与价值容量第一次出现停滞,然后,开始出现迅速衰落。依据数量和价值量两个指标衡量欧盟国家的公私合作水平,从数量指标看,西班牙占10.1％,拥有欧盟内部第二大公私合作市场;法国、德国、意大利与葡萄牙各自占总量的 2％～5％。从价值量指标看,西班牙公私合作的价值量在欧盟国家中排第二;葡萄牙排第三,而且公私合作市场价值的重要性逐渐提高;法国、希腊与德国的价值量合计约占全欧盟的 15％;匈牙利是所有新近加入欧盟国家中,公私合作市场价值量最大的国家,其公私合作制项目主要是一些省域之间的高速公路项目。

（二）爱尔兰的公私合作发展

爱尔兰政府于 1999 年 6 月根据私人咨询公司 Farrell Grant Sparks1998年制定的公私合作发展潜力报告,开始引进私人资本参与地方公共物品与服务供给的首批试点工作。

从那时开始,爱尔兰央地政府在自来水供给、社会住宅计划、道路修建、轻轨运输与教育部门试点实行公私合作并迅速扩展,2004 年政府预算报告将爱尔兰公私合作制项目价值量从 2004 年占总资本投资的 3％提高到 2008年的 15％。

对爱尔兰政府而言,引进公私合作制项目模式的首要目的是解决地方公共物品与服务供给的财政赤字问题,而且要实现比传统的单一公共采购更加迅速的供给效率。在财政赤字问题的困扰下,爱尔兰政府对公共项目投资乏力,来自欧盟其他国家对爱尔兰基础设施项目投资也在逐年减少。财政赤字恶化了外商投资环境,且削弱了爱尔兰的经济竞争力,危及经济发展步伐。爱尔兰公私合作的核心集中在公共交通部门、住宅、教育与城市水处理,以及根据《欧盟公共采购指令》所设计的垃圾处理基础设施。有人这样评价,爱尔兰政府自从在地方公共基础设施与服务供给领域里引入公私合作,就与过去公共部门供给的递送缓慢、管理低效与成本超支等现象彻底告别了。

(三)德国与奥地利的公私合作发展

这两个国家的公共部门与私人部门形成的伙伴关系至少可以追溯到 19 世纪,如奥地利部分铁路网络的设计与兴建就是通过公私合作实现供给的;到了 20 世纪 80 年代,德国的核心城市开发项目开始大量使用公私合作模式。即便如此,也有人指出,德国和奥地利在近 20 年的公私合作运动中只能,算是后来者。尽管德、奥两国已经使用公私合作开发了几个大项目,如重型货车公路收费公路系统,但是,利用公私合作的投融资总量非常有限。直到最近几年,德国的公私合作才达到比较重要的水平。对公共基础设施类公私合作制项目的调查数据显示,2004—2005 年,德国公私合作合约数量相较之前几年呈现倍增发展趋势,其中,城市基础设施投资份额大约有 30 亿欧元,相当于全国社会固定资产投资总额的 2%~3%。在奥地利,绝大多数公私合作的公共部门合伙人,由地方市政当局主导。

Schaffhauser-Linzatti 认为,截至 2004 年,奥地利 185 项公私合作制项目中的 58% 涉及地方政府,而中央政府和州政府作为公私合作的公共部门合伙人,各占总项目的 21%。在奥地利,公私合作双方属于典型的"社会伙伴关系",社区参与各种类型的公私合作,包括能源、医疗、自来水、垃圾处理与城市开发等领域,这种结构安排主要反映了奥地利实施宪法的能力。

二、经济学理论与公私合作制

(一)委托—代理理论与公私合作制

委托—代理理论(principal-agent theory)是 1932 年由美国经济学家伯力(Berle)和米恩斯(Means)提出的。他们发现,当时美国大型企业的股东兼具企业所有者和企业经营管理者的双重身份,而这种双重身份对企业而言存在严重的弊端,因此,他们倡导将企业的所有权与经营权分离,企业所有者保留剩余索取权,而企业经营者拥有管理权(控制权)。两权分离是现代企业制度发展演进的起点,由此产生的代理成本问题,使得委托人必须高度关注怎样才能以最小的成本激励代理人为了委托人的利益和目标努力工作,这就构成了委托—代理理论。

委托—代理理论在实践中与公私合作供给地方公共物品具有密切相关性。从前述可知,为了提高公共物品供给效率、提高服务质量、缩减公共财政开支并迎合社会大众的公共利益诉求,加上政府必须规避因自身缺乏专业管理知识、缺乏风险管理能力而可能产生的政治合法性危机,原来由政府垄断的地方公共物品与服务的供给通过订立合约,以特许经营权形式转移给私人部门经营管理,由政府(委托人)具体分担公私合作制项目的政治风险、法律风险,由项目发起方和项目经营方——私人企业或非营利组织(代理人)负责分担技术风险、建设风险、运营风险和财务风险等,政府重视授权后的监督激励机制设置,以此鞭策私人部门按照公共利益和公共目标行事。政府与私人部门间的委托—代理关系以及监督激励机制的设计是通过合约中的具体条款来实现的,包括提供公共物品的价格、数量、质量标准、提供的及时性、特殊条款以及绩效评估的工具等。

(二)交易成本理论与公私合作制

新制度经济学不同于古典和新古典经济学理论的一个突出特征,就是坚持认为交易是有成本的。交易成本(transaction costs)概念最早由科斯(Coase)提出,威廉姆森(Williamson)是这一理论的集大成者,他在代表作《市场与层级制:分权与反托拉斯含义》(1975)、《资本主义经济制度》(1985)两本书中,提出了如下基本假设:①交易作为基本单位,应该承认经济组织在其中所起的重要作用;②由于不同交易形式的交易特征各异,因此,需要根据不同的治理结构来选择不同的交易形式,以节约交易成本。公共物品作为一种可以交易的物品,究竟是选择政府垄断供给,市场自由竞争供给,还是公私合作供给的制度与结构安排,就是要追问哪种治理结构安排更符合成本效益法则,并予以确定。

威廉姆森认为在交易过程中,人为因素和环境因素相互作用,可能会导致市场失灵,有以下六个因素会导致交易成本出现和上升:①有限理性

(bounded rationality)。有限理性指行为主体处理信息的能力有限,再加之知识的有限性、对未来预期的能力有限、客观环境的不确定性等因素普遍存在。公私合作作为政府供给和市场供给之外的体制机制,事实上增加了供给的主体,同时增加了交易过程中涉及交易的相关信息和内容,客观上较政府供给和市场供给方式延伸了交易流程,因而公私合作的实行面临着提高事前搜集信息的成本、协商和谈判的成本以及决策成本等风险,这是公私合作因交易行为主体的有限理性而增加的交易成本。②机会主义行为(opportunism)。机会主义行为是指在公私合作中,合约一方可能通过不正当手段增加私利,如私人供应商可能基于利润最大化目标在供给公共物品与服务的流程中做出损害公共利益或集体利益的行为。为了预防这种机会主义行为,就会在公私合作中产生或增加交易成本,如资产专用性情况下发生的事前确认成本,以及为了公平分配劳动报酬而发生的测量劳动效率的成本。③不确定性与复杂性(uncertainty and complexity)。外部环境(如国际国内金融环境、法律法规环境等)处于不断变化中,发达国家内外部各种不确定性因素不断增加,这些不确定因素(环境不确定或双方投机行为不确定)相互交织构成履行公私合作各种模式的复杂性,不确定性与复杂性对公私合作合约订立前后的交易成本增加带来重大影响。④少量交易(small numbers bargaining)。如果是充分竞争的市场环境,众多的买方和卖方之间因信息的对称性而很少发生机会主义行为,但是,公共物品与服务采用公私合作供给,尤其是地方公共物品的供给不可避免地关涉少量交易的问题,因为客观上公共物品具有网络化和集约化布置与供给的特性,不可能存在普遍的或大量的供应商的竞争市场。在公私合作的公、私部门双方数量较少时(即一个公共部门与几个私人部门间存在交易关系),交易一方对另一方会形成依赖关系。在垄断竞争或垄断的市场环境下,就表现为卖方拥有信息和提供交易标的的优势,因此,买方往往会付出较大的交易成本。⑤信息非对称(information asymmetric)。公私合作中的公共部门往往被描述为具有先天的有限理性,而私人部门则先天地具有做出机会主义行为的动机,加上交易双方行为的不确定性,这些都会带来信息非对称性。⑥交易氛围(atmosphere)。公私合作在具体的、地方市场交易环境与行政文化作用下,必然在不同地域间形成差异性的交易氛围,双方互信与双方猜忌的交易环境会直接带来交易成本的变化,前者交易成本低,后者交易成本高。

（三）公共选择理论与公私合作制

公共选择理论的代表学者包括塔洛克（Tullock）、唐斯（Downs）、尼斯坎南、布坎南、穆勒等。一般而言，该学派认为公共选择理论就是运用经济学研究方法对非市场决策行为进行研究。但是，必须注意的是公共选择的研究方法论都直接来自经济学领域。并且，与经济学一样，公共选择的基本行为假设也是基于政治学界所熟知的内容：人是自利的、理性的效用最大化者。因此，公共选择理论被称为"新政治经济学""政治的经济学"，作为新制度经济学的一个重要分支，它与交易成本理论和委托—代理理论一样，也是政治学和经济学的交叉学科，同样将制度作为经济世界的内生变量，对经济与政治的运转起着根本性作用。

公共选择理论与公私合作的关系是通过公共物品供给过程中，不同集团（集体）每一个体成员为了实现个体利益最大化或集体利益最大化所展开的利益交换或利益竞争而演绎的。从公共选择理论对政府的观感而言，多数学者认为政府面对外部环境变迁会表现得消极或被动，政治家、官僚在决定公共政策时，与私人市场一样斤斤计较个人得失，尤其是当公共物品问题关系到公共机构规模与财政预算时，作为社会一员的政府及其成员未必会为保障公共利益而牺牲小集团利益或个人利益。因此，他们主张减少政府职能，认为政府的职能就是矫治市场失灵和提供市场无法提供的公共物品，如不得已需由政府提供特定公共服务时，最好也要通过"准市场机制"（quasi-market mechanisms），如"用者付费"原则，来调和供需关系，以实现高效率的资源配置。

（四）民营化理论与公私合作制

民营化这一术语最早始于 1968 年德鲁克（Drucker）提出的"reprivatization"一词。也有学者从词源学的角度出发，认为"民营化"最早是以动词"privatise"的形态出现在 1961 年版的《韦氏第三版新国际英语大辞典》（*Webster's Third New English Dictionary*）中，辞典中将其解释为"将某物由政府控制或公共所有改变为由私人控制或拥有所有权"。

回顾民营化理论文献，可以发现，从 20 世纪 80 年代初迄今，学术界与实务界对于民营化的含义和用法显现出令人困惑的混乱景象和莫衷一是的评论。在萨瓦斯（Savas）之前研究民营化的一些美国学者，将民营化理解为公共服务的签约外包(contracting for services)。然而,在欧洲国家,尤其是英国,学者们严格地限定民营化一词的含义,将民营化等同于"非国有化"或"去国有化"(denationalization)。由于美国的国有企业和事业单位比例历来较低,因此,美国学界通常将民营化研究的重点放在原本由公共部门所负责的公共服务的签约外包上。但是,对于一些自由论者来说,签约外包式的民营化并非真正的民营化,因为在公共服务的签约外包过程中,政府仍然在其中充当重要角色,至少这种形式的民营化不是充分的"非国有化"。

萨瓦斯根据美国国情,认为如把民营化与"非国有化"等同起来,则无法适用于美国的情况,"非国有化"是对民营化的不充分的描述,以美国为例,"非国有化"在语义上排除了"非市有化"(demunicipalization)和"非州有化"(destatification),虽然,从逻辑上看,"非市有化"和"非州有化"由于在政府科层体系上隶属于联邦政府,因此,将这两者等同于"国有化"或视为"国有化"的一部分也是说得通的,但是,在美国的特殊国情下,"国有化"的内容更多地指向国有企业,而"市有化""州有化"语境下的"民营化"则是特指将焦点置于辖区内的公共服务转移私人企业经营,如市政环保、道路清洁、垃圾搜集等服务。

关于民营化理论与公私合作关系的争议由来已久。学界在研究民营化理论与公私合作的关系时产生了两种截然不同的观点。一种观点认为两者系出同源,只是源于意识形态和避免引起民间和反对党的争议而采取的替代性词语;另一种观点则认为两者是不同的。英国学者斯蒂芬·奥斯本(Stephen Osborne)通过研究认为,不能简单地将公私合作视作民营化的同义语,这两个概念之间存在明显的差异,主包括以下七点。第一,制度安排不同。民营化体现为一种委托—代理关系,而公私合作则是基于相互信任和合作而形成的伙伴关系。第二,关注的目标各异。民营化的主旨是提高效率,追求更快捷、更廉价地提供服务;而公私合作除了关注效率外,更重视协同效应和服务的质量。第三,成功的要素有别。民营化取决于问题的明确、期望的产出、精确定义的项目与公平的程序等在内的各种要素,公私合作依赖于为了主体间的互动与量身定制的制度安排而形成的相互交织的目标及建立的程序。第四,管理模式不同。民营化是一种既定项目规范下的项目管理类型,而公私合作是一种应对行动主体间的共同目标和面向过程关系的流程管理。第五,关系的原理不同。定义民营化的潜在关系的原理是合约的透明度,而在公共主体与私人主体间的关系方面,公私合作的主要驱动力是信任。第六,对象存在差别。民营化通常指向业已存在的国有企业、公共资源、公共资产和公共服务;公私合作既可以指已经存在的国有企业、由政府委托外包的公共物品与服务等,也可以指新建的公共基础设施,或进入一项新兴的尚未开发的公共服务领域,如新建技术开发区或受政府委托开发一项尖端技术。第七,资源配置方式不同。从资源配置的方式来看,只要是打破了传统的公有制、计划体制的所有制和管理体制的形式就可以被认为是民营,它不但包括私有、私营,也包括一切摆脱传统的国有、国营等国家直接受益的形式,如国有租赁经营、国有承包经营、股份合作制、股份租赁制、混合所有制、委托或托管经营等多种经营方式,以及非全民所有制的集体所有集体经营、集体所有个人经营等经营方式,这些都可以称作民营化;而公私合作经营必然表现出私人部门一方由本企业或新创设企业以及多种类型企业组成特种目的公司(special purpose vehicles,SPV)等经营形态、经营形式。

第三章 公私合作制风险分担的思想与实践

第一节 公私合作制的风险类型

一、公私合作制风险类型划分的依据

公私合作制的风险观念不能简单套用私人物品供求均衡的经济理性逻辑，要透过公私合作制项目中市场化产品或服务的表象，看到公共物品或服务的本质，要把财务风险、运营风险和政策风险三类风险有机地统一为一个整体。特别是要高度重视公私合作制隐含的政策风险，把政府治理的终极目标定位在政策有效的区间范围。

风险的分类有两个层次：一是形而上层次的风险，主要表现为真假公私合作制项目的风险，其主要的风险来源是虚假社会资本。二是形而下层次的风险，主要表现为财务绩效风险和运营绩效风险。这也是最常为公众所认知的形而下的风险类型，可以凭借私人理性去理解和认识这些，不需要具备公共经济理性的思辨能力即可达到理解和认识的目的。

项目评价标准多样，包括成本收益分析和物有所值分析。其中，成本收益分析因为公私合作制项目的唯一性而无法确定有效的参照标准，因此难以落地实施；故而退而求其次，选择物有所值标准。而物有所值标准具有很强的主观性，要想提高其决策的客观性、科学性水平，就必须让社会公众广泛地参与公私合作制项目的绩效评价。这里所指的社会公众按照三分法和五分法进行分类，前者可分为官、商、民，后者可分为官、商、学、民、外。

二、公私合作制的三大类风险

(一)政策风险

公私合作制的项目从公共物品供给的角度而言,应当是政府承担的责任,但是由于政府的财政能力和运营能力存在硬约束,所以即便公共物品供给项目有良好的盈利预期和刚性需求,政府也有可能无力单独承担供给职能。由于公私合作制项目的本质是政府职能的泛化,具有天然的自然垄断性,因此,公共政策的调整与变化对公私合作制项目依靠的特许垄断经营权影响极其重大。特许垄断的盈利机制包含公共物品的需求规模、公共物品的定价、特许经营时间范围、项目资产的多种经营等内容。政策风险主要有三个来源:一是上级政府的政策调整风险;二是区域间政府的政策调整风险;三是代际间政府的政策调整风险。

(二)市场风险

市场风险是指公私合作制项目的公共物品的供给与市场需求的匹配关系出现错配的风险。在供给既定的情况下,公共物品的需求会随着多种影响因素的波动而出现供求失衡的问题。典型的影响因素,如城市化的推进导致人口的迁徙,科技进步导致需求品质的提升,价格的波动导致需求的时间调整,作息时间的设定导致的波峰波谷需求等。由于公私合作制项目的供给生产能力或承载能力的上限是刚性的,因此需求的规模、结构和密度出现了溢出现象。

(三)经营风险

公私合作制项目在经营管理过程中,存在运营管理的失败风险。理论上讲,公私合作制项目的经营应当是 SPV 独立经营管理,政府和社会资本作为投资人按照股权获得投资收益,但不干预 SPV 的经营决策。但在实践中,存在两种大股东影响 SPV 经营决策的利益冲突。从政府角度而言,当公私合作制项目经营绩效好、实际收入高于项目预期时,政府就会产生侵夺 SPV 经营决策权的利益冲动,在 SPV 的治理结构中就会通过特定的手段排挤社会资本,从而对社会资本造成经营风险;从社会资本角度而言,当公私合作制项目经营绩效差、实际收入低于项目预期时,社会资本就会产生退出 SPV 经营管理的利益冲动,就会通过转让股权、增加股东、稀释股本等方式规避损失,从而对政府造成经营风险。

第二节　真假公私合作制之辨

公私合作制(public-private partnership,PPP)从 2014 年开始在我国悄然兴起,于 2015—2016 年获得蓬勃发展,但在近两年,大批项目被清理出库,发展进入停滞期,其根本原因在于公私合作制泛化,并逐渐异化为新形势下的政府负债工具,这与通过公私合作降低政府负债的初衷背道而驰。

2019 年 3 月 7 日,财政部颁布了《财政部关于推进政府和社会资本合作规范发展的实施意见》(财金〔2019〕10 号)(以下简称 10 号文),首次提出了规范的公私合作制的正负面清单,区分了公私合作制与地方隐性债务的界限,对公私合作制的实践具有直接的指导意义。

寒冬之际,10 号文的出台恰逢其时,引导公私合作制走向规范。10 号文之后,"真公私合作制"继续推广,"假公私合作制"无所遁形。真假公私合作制及其与地方政府负债究竟是何种关系? 这是 10 号文的真义,也是本章探讨的主题。

一、我国公私合作制发展历程

(一)起始发展期

公私合作制作为政府供给公共物品的方式源自英国,我国于 20 世纪 90 年代引入公私合作制概念。1995—2003 年,国家推广公私合作制以吸引外商投资,以广西来宾 B 电厂、成都自来水六厂等 BOT 项目为代表,这是公私合作制的最初形态;2004 年,六部委颁布《市政公用事业特许经营管理办法》,开始在供水、燃气等领域进行特许经营,公私合作制进入行政特许经营时代。

(二)高速发展期

2014 年 5 月,财政部公私合作制工作领导小组正式设立,国家发改委也推出了 80 个示范项目,范围涉及市政交通、医疗、养老、环保等传统基础设施、公共服务领域,项目模式不局限于特许经营,还包括购买服务、股权合作等。从操作模式到项目领域,公私合作制步入了全面发展阶段。2014 年以来,财政部、发改委合计出台 100 多个相关文件鼓励公私合作制的发展,这种力度前所未见。实践中,各地公私合作制项目也纷纷上马,至 2017 年,公私合作制项目进入空前快速发展时期。

(三)寒冬期

2017 年 11 月,财政部颁布《关于规范政府和社会资本综合信息平台项目库管理的通知》(以下简称《项目库管理通知》),此后先后有近 5000 个项目被要求退出项目库,实践中大量项目停滞、中断,甚至放弃采用公私合作制模式,公私合作制进入发展的寒冬。

公私合作制从蓬勃发展到步入寒冬,其中原因很多,例如土地审批、国资审批等前期准备工作不足,再如公私合作制项目识别不准、项目选取不合适、交易模式设计不当等,但最根本的原因是公私合作制正异化为新形式的政府负债。

二、公私合作制与地方政府负债

(一)我国公私合作制兴起的一大动因是降低地方政府负债

2014 年,政府鼓励和推广公私合作制的一大动因是一些地方政府债台高筑,一度超过了国际通行的政府债务警戒线。这些债务主要来自地方政府平台向公私合作制项目机构举借,用来进行基础设施建设,进行地方开发。政府通过平台举债"大干快上",刺激投资需求,导致地方政府债务高企,积重难返,仅靠地方财政收入已经无力偿还,部分地区债务违约现象发酵。

与此同时,社会对基础设施和公共服务的需求日益增加,但政府却入不敷出,在这一背景下,经济层面,国家提出了供给侧结构性改革,在政府供给领域,推广政府与社会资本合作(公私合作制),借用民间资本为社会提供基础设施和公共服务,使社会资本获得合理回报,同时提高供给的效率,取之于民,用之于民。

(二)我国公私合作制因异化为新形式的政府负债工具而遭遇寒冬

何谓地方政府负债? 根据《政府会计准则第 8 号——负债》第二条、第三条规定,政府负债需要符合两个特征:已经确定的应由政府承担支付责任的债务;政府承担的金额能够可靠地计量。

根据《地方政府性债务风险分类处置指南》,地方政府负债表现形式详见表3.1。

表 3.1　地方政府负债的表现形式

表现形式	备注
地方政府债券	一般债券以一般公共预算偿还,专项债券以政府性基金或专项收入偿还
银行贷款	银信、银证资金
建设-移交(BT)类债务	政府在3~5年内,对建设项目承担回购的责任。回购价款包括投资额、投资额建设期利息、投资额回购期利息、固定投资回报
融资平台债务	向融资平台公司等债务单位举借的应由政府偿还的企业债权债务
信托类债务	地方政府或其部门举借
个人借款类债务	地方政府或其部门举借个人借款类债务
担保类债务	政府为融资平台公司承担担保责任的债务

2018年《中华人民共和国预算法》规定,地方政府建设投资资金可以在国务院确定的限额内,通过发行地方政府债券举借债务的方式筹措,除此之外,地方政府及其所属部门不得以任何方式举借债务,也不得为任何单位和个人的债务以任何方式提供担保。另据2012年《关于制止地方政府违法违规行为的通知》,除法律和国务院另有规定外,地方各级政府及所属机关事业单位、社会团体等不得以委托单位建设并承担逐年回购(BT)责任等方式举借政府性债务。

至此,合法的地方政府举债的方式被限定在发行政府债券的范围内。在BT被禁止之后,在工程建设领域推广的模式就是公私合作制,但受到固有观念的影响,也因为公私合作制保障机制尚不成熟,社会资本在与政府合作时,担心投资风险的发生,因而要求政府进行保底承诺,给予固定收益,降低获利风险。在这种情况下,政府为了推广公私合作制只能做出妥协,在协议条款中加入政府承诺回购、承诺固定回报的内容,公私合作制彻底演化为时间拉长版的BT,成为新形式的政府负债工具。

(三)形成隐性政府负债的公私合作制是"假公私合作制"

公私合作制的操作模式分为特许经营、购买服务、股权合作。公私合作制的项目类型则可分为经营性项目、准经营性项目、非经营性项目。经营性项目完全依靠项目经营收益覆盖成本,准经营性项目依靠经营收益和可行性缺口补助覆盖成本,非经营性项目依靠政府购买服务覆盖成本。因此,公私合作制项目中有可能构成政府负债的是政府负有支出责任的非经营性项目和准经营性项目。

根据 10 号文、《项目库管理通知》《关于进一步规范地方政府举债行为的通知》《财政部关于进一步加强政府和社会资本合作示范项目规范管理的通知》,归纳得出公私合作制构成政府隐性负债的表现形式,详见表 3.2。

表 3.2　构成地方政府隐性负债的"假公私合作制"的表现形式

表现形式	备注
回购	公私合作制协议中约定政府方或其指定的主体回购社会资本的投资本金
承诺收益	向社会资本承诺最低投资回报或提供收益差额补足,包括承诺给予固定回报、建设期利息、回购期利息
提供担保	为社会资本或项目公司的融资提供任何形式的担保,包括出具担保函、承诺函、安慰函
承担社会资本方的资金损失风险	真公私合作制项目政府只应承担政策、法律风险,社会资本承担项目投资、建设、运营风险
固化政府支出责任	未严格按照绩效考核付费,或参与绩效考核的比例过低

以上形式的共同特点,一是政府确需承担支付责任,二是政府承担的支付责任是固定的,这符合上述"政府负债"的定义。因此,构成政府负债的公私合作制项目是违法、违规的项目,是国家明令禁止的"假公私合作制"项目。

三、公私合作制真假辨析的要点

（一）不构成政府负债的公私合作制项目也不一定就是"真公私合作制"

前已论及,构成政府负债的公私合作制是"假公私合作制",那么不构成政府负债的公私合作制是否就等同于真公私合作制?这一观点也难以成立,因为国家清理公私合作制,除了清理构成政府负债的公私合作制项目,也清理不规范、不合适的公私合作制项目,而这些也属于"假公私合作制"之列。

根据财政部下发的《项目库管理通知》以来的文件,除了构成政府负债的原因被列为"不规范项目"从而要求停工或出库的"假公私合作制",还有如下几种:①泛化运用的。即不适合采用公私合作制的项目而套用了公私合作制模式。②未纳入预算管理的。公私合作制项目应当纳入预算管理,从预算安排中平滑支出。③超过10%的财政红线的。公私合作制项目的年度财政支出不得超过当地一般公共预算的10%。④准备工作不足的。如未履行立项审批手续,未履行国有资产评估、审批手续,未通过物有所值研究和财政承受能力论证。⑤不规范运作的。包括未按规定转型的平台公司作为社会资本方的;未落实债权的;未按时足额缴纳社会资本金等。⑥未按规定进行信息公开的。⑦未按规定建立绩效考核付费机制的。

因此,"真公私合作制"一定是全面规范的公私合作制,不构成地方政府负债只是其最低要求,规范的公私合作制在项目识别、项目准备、项目采购、项目执行、合同条款等方面均有规范化的要求。

(二)"真公私合作制"的基本点

根据前面对公私合作制发展脉络、公私合作制与地方政府负债的关系,以及对国家公私合作制政策文件的梳理,可归纳出公私合作制项目的正负面清单,从公私合作制的运作流程方面得出真公私合作制应当具有的基本点,详见表3.3。

表3.3 "真公私合作制"的衡量标准体系

运作阶段	正面清单	负面清单
项目识别	政府负有提供之责的公共领域(交通、水利、市政、农业、环保、保障安居、社会事业等)	不属于公共服务的,如商业地产、招商引资
		不适宜由社会资本参与的,涉及国家安全或重大公共利益的
		仅涉及工程建设,不涉及运营内容的
		项目期限10年以下的
项目准备	通过物有所值和财政承受能力论证	未通过两个论证,或两个论证程序不合规的
	履行工程建设的审批程序	未经项目立项审批、国有资产审批评估的
	充分做好融资、项目资本金的准备	融资方式不可行、未落实资本金的合法来源、以债务性融资工具充当资本金的

续表

运作阶段	正面清单	负面清单
项目采购	采用竞争性方式选择（公开招投标、邀标、竞争性磋商、竞争性谈判）	表面竞争、实为内定的；设置歧视性条款，影响公平参与的
	社会资本为：国有企业、民营企业、外商企业、外商投资企业，其中鼓励民营企业参与	未按照规定转型的当地国有融资平台公司、融资平台公司参股或实际控制的国有企业
交易模式	纳入项目库，通过预算安排支出	无预算直接支出的
	不能形成政府负债	对社会资本投资进行回购的；承诺最低收益的；提供担保的；承担社会资本资金损失的；固化政府支出的
绩效考核	进行全面、真实的绩效考核，建设阶段也要进行绩效考核	建设成本不参与绩效考核或实际与绩效考核结果挂钩部分占比不足30%的
财政支出	合作期内连续、平滑支付	导致某一时期财政支付压力激增的
	公私合作制项目通过财政支出的金额在当地政府一般公共预算的10%以内；新上政府付费项目，公私合作制年度财政支出责任占比不超过5%	突破年度一般公共预算10%的上限的；公私合作制项目支出已占一般公共预算5%，仍然上马政府付费型公私合作制项目的
信息披露	应纳入公私合作制综合信息平台项目库，及时披露信息	未纳入项目库的；未及时披露项目信息的

（三）根据真公私合作制的特点，真公私合作制不构成地方政府负债

前已述及，政府负债具有数额的确定性、偿还时间的明确性和资金用途的非特定性等特点。而在真公私合作制模式下，政府并非直接向社会资本方举借债务，而是通过向社会资本方购买服务的方式提供公共服务和产品，该项债务是政府在衡量财政支付能力后，纳入预算的支出，这与政府举债未纳入预算安排有本质区别。另外政府付费模式之下政府支付金额由项目的可用性、使用量，根据绩效考核确定，支付金额具有不确定性，与政府负债要求支付金额确定明显不符。因而，真公私合作制不构成地方政府负债。

公私合作制近年的兴起，起始于政府负债的高企，终结于同政府负债的

区分。10 号文出台以后,公私合作制正负面清单确定,真假公私合作制的界限得以明晰,真公私合作制不构成地方政府负债,公私合作制进入规范发展的新时期,寒冬过后,真公私合作制时代已经来临。

第三节　公私合作制项目财政承受能力

开展政府和社会资本合作(公私合作制)项目财政承受能力论证(以下简称"财承")是保障项目合同履行、防控中长期财政风险的关键。总体来看,财承 10% 的限额有力控制了各地公私合作制项目的数量、规模,但部分市县支出责任已超出限额,需引起警惕,现专报如下:

一、公私合作制项目财政支出责任总体情况[①]

根据 2018 年 1 月末财承报告,经对财政部公私合作制项目库 6400 个、总投资约 10 万亿元的入库项目进行分析,2015—2045 年,需要从一般公共预算中安排的支出责任总额为 9.9 万亿元,年均支出 3194 亿元。其中,已落地项目 2921 个,总投资 4.9 万亿元,涉及支出责任 4.7 万亿元,占支出责任总额的 47.5%,年均支出 1581 亿元。

从地区分布看,中西部地区支出压力较大(见图 3.1)。2015—2045 年,支出责任总额排在前 5 位的是湖南(8047 亿元)、河南(7086 亿元)、四川(6906 亿元)、内蒙古(6241 亿元)和云南(5896 亿元),年均支出分别为 260 亿元、229 亿元、223 亿元、201 亿元和 190 亿元,分别占 2017 年本省一般公共预算支出的 3.8%、3.1%、2.6%、4.4% 和 3.3%。

从时间分布看,各年度支出呈先增后减趋势(见图 3.2)。现有项目存量 2024 年支出责任总额将达到峰值,为 5891 亿元,其后逐年下降。2017 年支出责任总额为 2101 亿元,约占当年地方一般公共预算支出(17.3 万亿元)的 1.2%。

---

① 本部分数据来自财政部金融司。

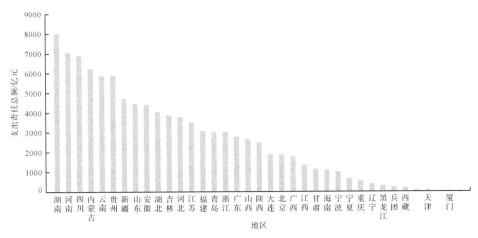

图 3.1　2015—2045 年各地区支出责任总额

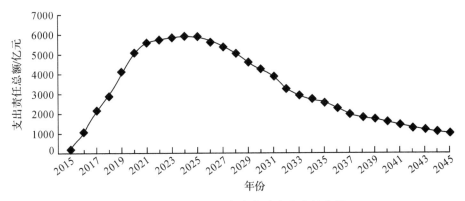

图 3.2　2015—2045 年各年度支出责任总额

　　需要说明两点:一是截至 2018 年 1 月末,财政部项目库入库项目共 7446 个,投资额 11.3 万亿元,其中有 1046 个项目无财承报告或报告信息不完整,未纳入统计范畴,涉及投资额 1.3 万亿元;二是统计对象中包括已落地项目和未落地项目,其中已落地项目支出责任占比不足一半,已落地项目中已开工建设并实际发生支出的项目共 1219 个,涉及投资额 1.7 万亿元,占比仅两成。

二、部分市县支出责任突破了 10%限额

　　鉴于不同项目财承报告所预测的当地一般公共预算支出增长率存在差异,为增强数据可比性,我们分别选取当地全部公私合作制项目预测增长率

中的最小值、平均值和最大值,对各地全部公私合作制项目年度支出责任占当年一般公共预算支出的比例(以下简称"支出占比")进行了修正,对应保守、一般、乐观三种情景。

从地区分布看,在保守、一般、乐观三种情景下,6400 个项目涉及的1920 个地区(含省、市、县三级)中,有七成以上地区的年度最大支出占比处于 7%以下的安全区间。三种情景下,年度最大支出占比超过 10%限额的市县,分别为 253 个、152 个和 104 个,主要分布在四川、湖南、河南、内蒙古、贵州等地。其中,2018 年当年支出占比超限额的市县,三种情境下分别为70 个、36 个和 23 个。

从时间分布看,在保守情景下,2020 年超限额地区数量最多,为 186 个;在一般情景和乐观情景下,2019 年超限额地区数量最多,均为 66 个。

三、要进一步提高财承的合理性和准确性

部分财承报告质量不高、信息不完整,一定程度上影响了财承的合理性、准确性。一是一些项目从一般公共预算以外渠道列支。292 个项目拟从政府性基金预算、车购税补助、国开行贷款、农发行贷款等非一般公共预算渠道安排支出,共计 1.1 万亿元。个别项目支出责任甚至全部从政府性基金预算列支,有以此规避 10%限额约束之嫌。二是一些财承报告质量不高。有的报告数据来源不明、计算方法错误,同质化严重,测算准确性存疑。一些报告未对本地区全部项目的支出责任进行汇总统计,所用一般公共预算支出预测增长率口径不一致。三是部分项目支出责任信息不完整、更新不及时。入库项目中尚有 1046 个项目无财承报告或报告不完整,一些项目存在财政支出数据少报、漏报等情况,部分地区未根据合同签订和履行情况对项目实际支出数据进行更新。

下一步,我们将坚守规范运作的底线,严控财政承受能力 10%的红线,重点做好以下工作:一是完善财政承受能力论证制度。优化支出测算公式,细化参数取值方法,确保支出责任统计范围全覆盖;对报告缺失或信息不全的项目,将予以清退。二是加快建立公私合作制项目财政支出责任监测预警体系。完善项目库功能,实现支出责任数据的多点录入、实时更新和自动提取;对支出占比为 7%~10%的地区进行风险提示,对超过 10%限额的地区暂停新项目入库。三是加大监督管理力度。严格财承报告审核,认真做

好项目支出责任汇总,确保数据准确填报、及时更新;加强咨询机构库管理,对编制财承报告存在重大失误的咨询机构予以及时清退。

第四节　公私合作制风险分担观点争鸣

风险分担,就是定义和划分与将来可能的损失或收益有关的责任并且寻求在不同假设环境下当项目没有按计划进展时,相关责任的分配问题。作为风险管理策略的一部分,风险分担方式通常是通过合同文件来定义的。在传统项目采购过程中,项目发起方通常都希望通过合约方式将大部分的风险责任转移给承包方。因此合同又可以看作承包者承担工作责任的价格与其接受一些可控、不可控风险的意愿之间的平衡手段。政府采购项目时其偏好是这些项目风险如何被分担,而私营部门则会在评价他们承担这些风险的能力之后提出一个报价。合同双方是否可以清楚地认识风险并且愿意承担风险将影响到他们对风险的应对措施。风险分担不合理引起的额外花费或成本可以理解为合约方的行为反应,例如附加了高风险溢价的投标价格或者交付质量低下的产品服务。由此看来,最优的风险分配并不是将所有风险都转移给私营方,而是寻求一种方案实现政府方和私营方的总管理成本最小化。

一般的工程合同中,合约方的风险分担应该完成两类目标:一方面,由于一些行动不可能立即被观察到,当合同中又没有直接规定时,可以对合约方采取有效行动起到激励作用;另一方面,对项目的风险提供保险。在合同中,风险分担的目标应该包括:①为降低项目长期成本提供激励;②为在预算内按时完工提供激励;③为提高服务质量和创造收益提供激励;④为作为风险规避方的政府或私人起到保护作用。

一、基于公私合作制项目实施视角的风险分担机制设计

柯永建(2010)以典型失败项目作为研究的参照样本,采用调研问卷和专家访谈的方法构建了含 37 个风险因素的层级分析模型,其中包括 14 个

国家级风险、7 个市场级风险和 16 个项目级风险(见图 3.3)。

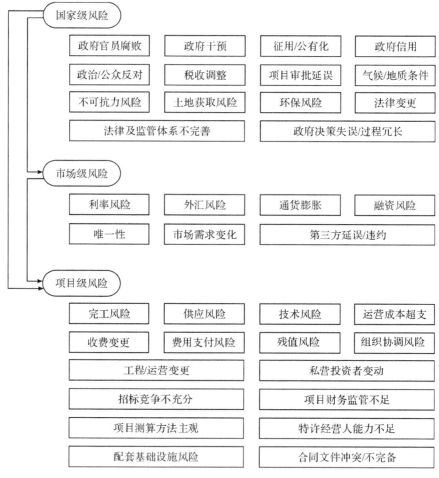

图 3.3 风险因素的层级分析

柯永建通过对已有文献的公私合作制项目风险分担方案的统计归类,建立了对 37 个风险因素的分担方案比较分析模型。其本质是采用政府部门和研究机构的历史研究观点对风险分担方案定标。目前对大多数风险并没有统一的分担建议,各参考文献对市场需求变化、通货膨胀、利率、汇兑风险等因素的分担存在看法差异,没有明确的风险分担方案。通过比较还可以发现:项目公司应承担项目融资、建设、采购、经营和维护等风险(项目公司应再将相关风险分别转移给承包商、供应商、运营商或银行等);政府应承担公共政策、法律变更等风险;不可抗力风险由双方共同承担。经过对风险体系的多次专家访谈和有偏矫正,提出了具体的公私合作制项目的风险分担方案,以期实现风险公平分担的目标,详见表3.4。

表 3.4　风险因素的归属层级及公平分担

风险因素	归属层级	风险分担	色标
政府官员腐败	国家	政府	红色
政府干预	国家	政府	红色
征用/公有化	国家	政府	红色
政府信用	国家	政府	红色
第三方延误违约	市场	共担	蓝色
政治/公众反对	国家	共担	蓝色
法律及监管体系不完善	国家	政府	红色
法律变更	国家	政府	红色
利率风险	市场	共担	蓝色
外汇风险	市场	共担	蓝色
通货膨胀	市场	共担	蓝色
政府决策失误过程冗长	国家	政府	红色
土地获取风险	国家	政府	红色
项目审批延误	国家	政府	红色
合同文件冲突不完备	项目	共担	蓝色
融资风险	市场	私营	绿色
工程运营变更	项目	私营	绿色
完工风险	项目	私营	绿色
供应风险	项目	私营	绿色
技术风险	项目	私营	绿色
气候地质条件	国家	共担	蓝色
运营成本超支	项目	私营	绿色
市场竞争(唯一性)	市场	政府	红色
市场需求变化	市场	共担	蓝色
收费变更	项目	共担	蓝色

续表

风险因素	归属层级	公平分担	色标
费用支付风险	项目	共担	蓝色
配套基础设施风险	项目	政府	红色
残值风险	项目	私营	绿色
招标竞争不充分	项目	政府	红色
特许经营人能力不足	项目	私营	绿色
不可抗力风险	国家	共担	蓝色
组织协调风险	项目	私营	绿色
税收调整	国家	共担	蓝色
环保风险	国家	共担	蓝色
私营投资者变动	项目	私营	绿色
项目测算方法主观	项目	共担	蓝色
项目财务监管不足	项目	共担	蓝色

从 37 个风险因素的统计来看,由政府承担的风险因素有 12 个,由社会资本承担的风险因素有 10 个,由政府和社会资本共同承担的风险因素有 15 个。其中,对争议较多的几个风险因素采取风险共担的方式。比如:

利率风险采取共担方式,该风险对私营投资者的影响是通过财务费用来作用的,可以在价格调整公式上对利率变化加以调整。私营投资者可以通过相应的金融工具来规避利率风险,比政府更有控制力,因此与以往的项目稍微不同,柯永建建议设置一个界限值,当利率变化大于该界限值时,调价公式才起作用。

汇率风险也采取共担方式,在使用外资情况下,特许经营权授予方应明确项目公司、建设承包商和运营维护承包商在中国境内开立、使用外汇账户,向境外账户汇出资金等事宜和条件。与利率风险类似,柯永建(2010)建议双方设置一个界限值,当汇率变化大于该界限值时,可以通过调价公式来调整价格收费,从而实现双方共同承担重大的汇率变化。

通货膨胀也采取共担方式。通货膨胀对项目的直接影响是项目成本增加,通常可以在调价公式设置相应的调整系数。以北京第十水厂的定价结构为例,运营水价的固定部分从第四个运营年 1 月 1 日起调整,此后每两年调整一次,每次调整后的固定部分水价适用于随后的两个运营年度。调价公式的主要参考依据是中国综合物价指数,如果综合物价指数大于 10％,则按 10％计算。

市场需求变化风险也采取共担方式。柯永建建议设置一个界限值,当市场需求减少超过界限值,政府部门可以通过调整收费或等方式给予私营投资者全部或部分补偿;当市场需求增加超过界限值,私营投资者按照事先约定返回全部或部分收益,从而实现双方对该风险的共担。此外,对于水业项目,建议双方约定水方有年限或取或付义务,或取或付水平对应的水费一般情况下应满足私营投资者支付运营成本和偿还本息的要求。

总体而言,柯永建提出的公私合作制项目的风险分担机制设计在价值理念上偏重于对社会资本的保护和支持。主要的风险因素在分担机制设计上以政府分担和共同分担为主,社会资本主要承担公私合作制项目在建造、运营中的技术性风险。

二、基于公私合作制项目理论视角的风险分担机制设计

目前已有的研究成果在公私合作制理论层面形成了三大风险分担机制模式,分别是财政兜底分担模式、社会资本分担模式和系统协同分担模式。

(一)财政兜底分担模式

政府在公私合作制项目的融资、投资、建设、运营、移交五个阶段采取不同的财政体制手段,依托社会资本的力量,充分发挥杠杆作用,实现公私合作制在公共物品有效供给中的作用。但在风险分担机制设计的本质上,完全以政府财政对风险兜底,一味要求政府财政承担无限责任,风险最终还是归集到政府财政。没有发挥出社会资本参与公私合作制的体制机制优势。财政部在公私合作制项目申报中特别强调了财政承受能力 10％的红线,就是针对部分入库公私合作制项目在风险分担机制设计中突破了财政能力的边界,为后续项目的实施带来隐患。当然,财政兜底分担模式的成因有很多,主要有三个:一是政府立项的公私合作制项目本身的公共物品属性,不适用于公私合作制;二是政府通过财政兜底的方式对公私合作制项目施加额外的影响;三是公私合作制项目招引社会资本的吸引力不足。

(二)社会资本分担模式

这种模式多见于以中微观视角研究公私合作制项目的规划、建设、运营

过程中风险问题的成果文献,因其在技术层面与参与公私合作制项目的市场主体发生密切关系,因此可以借助经济竞争优势,强制性地以技术理由将风险分摊给参与公私合作制项目的市场主体,多见于工期长、技术高、风险大的大型基础设施建设项目。这种观点表面上看,具有一定的合理性,承担具体公私合作制项目的市场主体具体承担了融资、建造、运营等职能,一旦在所管理的环节发生风险事件,应当承担相应的风险责任。但从公私合作制项目的整体来看,这种社会资本分担模式存在重大的逻辑缺陷,容易造成风险分担错配的决策失误。究其原因,在于将公私合作制项目的风险简单归一为技术风险,从唯技术论的角度进行风险分担结构的设计。

(三)系统协同分担模式

政府、社会资本和公众三个核心参与主体都应当参与到公私合作制项目的风险分担机制设计中。

三、基于公私合作制项目审计视角的风险分担机制设计

从单个公私合作制项目融资角度来看,要充分反映公私合作制项目融资所受各种风险源的影响,一般需要考虑 10 个方面的风险,具体包括公私合作制项目的政治风险、金融风险、不可抗力风险、法律风险、技术(建设)风险、道德风险、财务风险、市场风险、管理风险、行业风险等(贾丽丽等,2018)。其中,不可控风险包括政治风险、金融风险、不可抗力风险、法律风险、技术(建设)风险,在公私合作制项目风险管理中可以不纳入风险评价范围。但基于对 6 个参与主体在公私合作制项目业务中互动关系的考虑,公私合作制项目风险管理必须涵盖的风险包括道德风险、财务风险、市场风险、行业风险和管理风险。

(一)道德风险的测度指标

道德风险是与公私合作制项目 SPV 内部控制相关的风险。风险管理中主要聚焦于道德失范导致的三类资源结构错配现象。一是金额总量结构错配率,反映出公私合作制项目 SPV 实际金额与规划金额的差距。错配率趋近于 0,则道德风险越小;反之,则道德风险越大。二是资金的期限结构错配率,反映出公私合作制项目 SPV 资金期限与投向期限之间的匹配关系。短贷长投的比重越大,错配率就越高,则道德风险越大;反之,则道德风险越

小。三是公私合作制项目收益结构错配率,反映出公私合作制项目实际收入变动趋势与收益返还的匹配关系。前盈后亏和前亏后盈的收益匹配机构都会造成风险加剧的重要影响因素。具体指标如下:

总量结构错配率＝实际金额/规划资金需求金额

期限结构错配率＝短贷长投担保金额/规划资金需求金额

收益结构错配率＝收入返利失配金额/规划资金需求金额

（二）财务风险的测度指标

财务风险是与公私合作制项目 SPV 资金运营过程中财务状况相关的风险,主要来自 SPV 自身财务状况的不确定性所带来的风险。公私合作制项目 SPV 自有资本是反映投入公私合作制项目发起方投入资本规模的关键性指标,自有资本率越高,财务风险就越低;公私合作制项目在经营过程中获取的经营性现金流覆盖当期债务比率,反映了其经营性现金流承担当期债务和风险补偿的能力,覆盖率越高,则财务风险越低;SPV 经营收入中使用者付费维持较高比例也是有效降低财务风险的手段,因此,与之相对应的政府采购占 SPV 总收入比重可以反映这一状况。因此,财务风险指标主要用资本收益率、风险准备金覆盖率和政府补贴收入占全部收入比重衡量等。

（三）市场风险的测度指标

市场风险是公私合作制项目 SPV 后所面临的市场风险因素。其中,公私合作制项目对应的运营业务的经营利润率水平,利润率越高,说明承担市场风险的能力越强,反之则越弱;公私合作制项目业务收益率与银行贷款利率的利差越大,市场风险越小,反之则越大;公私合作制项目 SPV 的担保费率覆盖率应当在项目的中长期中大于警戒水平,覆盖率越高,风险承受能力越强,反之则越弱。具体的指标为经营利润率、经营利润率与银行贷款利率差、担保费率覆盖率等。

（四）行业风险的测度指标

行业性风险是考察公私合作制项目所处行业竞争对公私合作制项目履约的冲击。区域人口规模异常波动可看作公私合作制项目所处行业内比较大的冲击事件,可以用统计人口占预期人口的比重,反映公私合作制项目所处行业的成长性风险;区域内同质公私合作制项目溢出倍数,是实际项目数与区域可承载同质公私合作制项目上限数量之比,这一指标反映了区域可承载同质公私合作制项目的放大倍数,放大倍数超出合理水平就会有较大的竞争性风险;公私合作制项目跨行业经营倍数,反映公私合作制项目跨行业经营的风险影响,跨行业经营范围越广,行业风险就越大。具体的指标为区域人口规模异动比率、同质竞争项目放大倍率、公私合作制项目跨行业经营倍数等。

(五)管理风险的测度指标

公私合作制项目通过增信机制放大融资功能,其日常业务运营的管理水平与其他金融业态相比没有本质上的差别。因此,如果公私合作制项目SPV在业务管理过程中出现问题或存在不足,都会诱发严重的管理风险。从公私合作制项目业务运营的情况来看,风险源主要来源于人力资源、学历结构和业务能力三个方面,具体可以用人员配备充足率、本科学历及以上员工比重、专业技术人员比重三个指标来表示。具体指标,如人员配备充足率、本科学历及以上员工比重、专业技术人员比重等,基于上述五类风险衡量指标体系,可以定性定量研究公私合作制项目风险传导和触发机制,全面描述公私合作制项目风险特征,为风险分担机制的优化提供理论支持和决策参考。

第四章 浙江省公私合作制的实践与面临的挑战

第一节 全国公私合作制的实践

按照国务院有关部署,为贯彻落实《政府投资条例》《企业投资项目核准和备案管理条例》《关于依法依规加强 PPP 项目投资和建设管理的通知》等文件要求,规范有序推广政府和社会资本合作(PPP),进一步加强 PPP 项目信息监测,更好地利用 PPP 大数据服务各方需求,国家发展改革委依托全国投资项目在线审批监管平台,建立了全国 PPP 项目信息监测服务平台。[①]

全国 PPP 项目信息监测服务平台有三方面特点:

第一,平台赋码。项目单位依托全国投资项目在线审批监管平台,领取项目代码,并据此办理后续审批手续、报送项目信息。

第二,实时更新。基于"一项目一代码",与负有项目监督管理职责的部门实现信息共享,项目前期手续办理等信息可实时更新,无须事后申报。

第三,属地管理。按照"放管服"改革要求,依据投资项目审批管理权限,原则上由项目实施主体所在地同级发展改革部门审核项目信息。

全国 PPP 项目信息监测服务平台包括中央平台和地方平台两个部分。中央平台可以查看分地区、分行业,以及重点推进项目等方面的整体情况。地方平台可以查看该地区重点推进项目的具体信息。

---

① 本部分统计数据以 2021 年全国 PPP 项目信息监控平台的实时数据为基准。

一、全国公私合作制项目的区域分布

截至 2021 年,全国 PPP 项目信息监测服务平台公布统计数据显示,各地录入全国 PPP 项目信息监测服务平台的项目共有 7784 个。各地区中,公私合作制项目数量排名前 5 位的地区分别是贵州(595 个,总投资 9335 亿元)、江西(545 个,总投资 5200 亿元)、广东(530 个,总投资 4995 亿元)、安徽(494 个,总投资 4664 亿元)、山东(469 个,总投资 3726 亿元)。上述 5 个地区的项目数量占全国项目总数的 34%,占全国投资总额的 25%。[①] 具体见图 4.1。

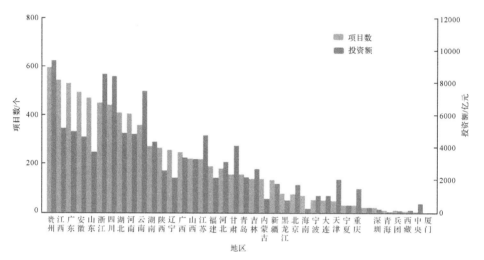

图 4.1 2021 年公私合作制项目各地区项目数和投资额分布

从公私合作制项目的投资金额来看,排名前 5 位的分别是贵州、浙江、四川、云南和江苏五省,分别是 9335 亿元、8507 亿元、8368 亿元、7468 亿元、4744 亿元。上述 5 个地区的项目总投资额占全国投资总额的 34%,排名前三的地区占 23%。

二、全国公私合作制项目的行业分布

截至 2021 年,全国 PPP 项目信息监测服务平台公布统计数据显示,各

---

① 按照项目数排名前五的地区的总投资额为 27920 亿元,占全国投资总额的 25%,经过倒算,全国投资总额约为 111680 亿元。后续的测算以此数据口径为标准。

行业中,公私合作制项目数量排名前五的行业分别是城市基础设施(3034个,总投资 45489 亿元)、农林水利(1049 个,总投资 9633 亿元)、社会事业(897 个,总投资 6 亿元)、交通运输(875 个,总投资 29329 亿元)、环保(807个,总投资 4342 亿元)。上述 5 个行业的项目个数占全国项目总数的 86%,占投资总额的 87%,如图 4.2 所示。其中,城市基础设施和交通运输的投资额是最大的,达到 74818 亿元,占到投资总额的 67%,在全部投资行业中占绝对优势比重,显示出全国公私合作制项目申报立项中基础设施类项目的需求旺盛,从公私合作制的特点而言与基础设施项目的特性较为匹配。

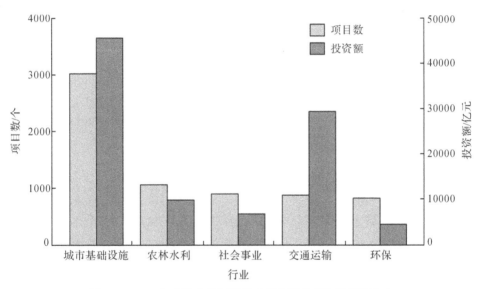

图 4.2　2021 年公私合作制项目各行业项目数和投资额分布

三、全国公私合作制项目推进情况

截至 2021 年,全国 PPP 项目信息监测服务平台公布统计数据显示,公私合作制项目处于必要性和可行性论证阶段的有 1658 个(总投资额 26099亿元),处于实施方案审查阶段的有 1144 个(总投资额 11648 亿元),处于社会资本方遴选阶段的有 3163 个(总投资额 44292 亿元),处于项目建设与运营阶段的有 1818 个(总投资额 27472 亿元),如图 4.3 所示。

从申报类型来看,公私合作制项目中的审批类项目 6949 个,占全国项

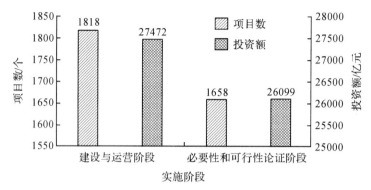

图 4.3　公私合作制项目进展数量和金额分布

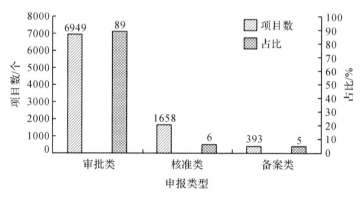

图 4.4　公私合作制项目申报类型数量和比重

目总数的 89%,总投资额 93639 亿元;核准类项目 441 个,占全国项目总数的 6%,总投资额 11552 亿元;备案类项目 393 个,占全国项目总数的 5%,总投资额 4320 亿元,如图 4.4 所示。公私合作制项目中的审批类项目占据主导地位,核准类和备案类项目占比较小。

四、全国公私合作制项目民企参与情况

截至 2021 年,全国 PPP 项目信息监测服务平台公布统计数据显示,全国已签约的公私合作制项目中,民营企业单独中标项目 850 个,联合体中民营企业控股项目 915 个。

分地区看,民营企业参与公私合作制项目数量排名前 5 位的地区分别是山东(235 个)、安徽(164 个)、江苏(119 个)、河南(107 个)、广东(98 个);总投资额排名前 5 位的地区分别是江苏(2748 亿元)、山东(1370 亿元)、安徽(1075 亿元)、云南(949 亿元)、广西(896 亿元),如图 4.5 所示。

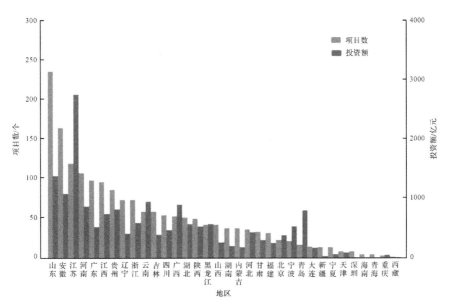

图 4.5　2021 公私合作制项目中各地区民营企业参与情况

分行业看,民营企业参与公私合作制项目数量排名前五的行业分别是城市基础设施(676 个)、环保(232 个)、社会事业(216 个)、农林水利(208 个)、交通运输(133 个);投资额排名前五的行业分别是城市基础设施(8610 亿元)、交通运输(2336 亿元)、农林水利(1658 亿元)、社会事业(1529 亿元)、环保(944 亿元),如图 4.6 所示。

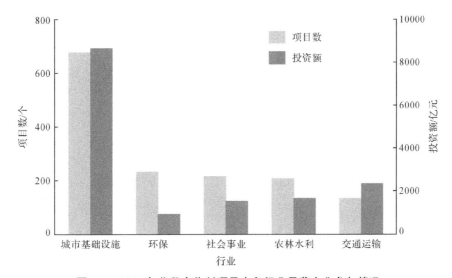

图 4.6　2021 年公私合作制项目中各行业民营企业参与情况

从全国公私合作制项目的实践来看,公私合作制的发展取得了长足的进步。从地区分布、行业分布、投资情况和民营企业参与情况等角度来看,表现出公私合作制鲜明的特点,特别是在行业分布上,主要聚集在城市基础设施和交通设施领域。这充分说明,公私合作制的准公共物品属性可以通过市场化运作,实现政府财承能力、公共物品供求、基础设施建设、特许机构运营、资产财务绩效等多重目标的协同推进。

第二节　浙江省公私合作制的实践[①]

一、浙江省公私合作制项目概况

截至 2021 年,浙江省政府投资项目在线审批监管平台公布统计数据显示,浙江省公私合作制项目的总数为 413 个,总投资额为 6818.46 亿元。[②]

从行业分布来看,浙江省公私合作制项目中城市基础设施、农林水利、交通运输、社会事业和环保等行业的项目数位居前五,项目总数分别为个 176 个、68 个、62 个、52 个、23 个,总投资额分别为 2820 亿元、914 亿元、2429 亿元、308 亿元、79 亿元。排在前五的行业的项目数量占全省项目总数的 92.3%,投资额占全省总投资额的为 96.1%,见表 4.1 和图 4.7。

表 4.1　2021 年浙江省五大行业的公私合作制项目的数量及投资额

行业类型	项目数量/个	投资额/亿元
城市基础设施	176	2820
农林水利	68	914
交通运输	62	2429

---

① 浙江省公私合作制的统计数据与全国统计数据存在口径上的差异。本书在进行现状介绍时为了保证基础数据来源的全面性和完整性,两套数据同时采用。其中,浙江省的数据来源为浙江省人民政府网站中的投资项目在线审批监管平台;国家统计数据来自全国 PPP 项目信息监测服务平台。

② 资料来源:浙江省政府投资项目在线审批监管平台。

续表

行业类型	项目数量/个	总投资额/亿元
社会事业	52	308
环境保护	23	79
合计	381	6550
全省总量	413	6818
五大行业占比	92.3%	96.1%

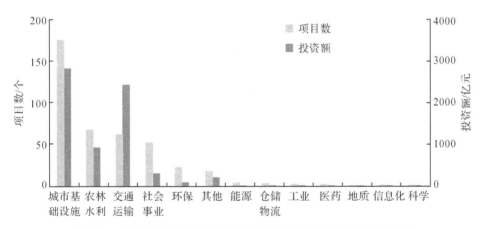

图 4.7　2021 年浙江省五大行业的公私合作制项目的数量及投资额

从公私合作制项目的推进阶段来看,浙江省政府投资项目在线审批监管平台公布统计数据显示,处于社会资本方遴选阶段的项目有 138 个,占全部项目数量的 33.41%,总投资额为 2162.90 亿元,占全部项目总投资额的 31.7%;项目进入建设与运营阶段的数量为 275 个,占总项目数量的 66.6%,总投资为 4655.56 亿元,占部项目总投资额的 68.3%,如图 4.8 所示。

从民营企业参与的角度来看,浙江省政府投资项目在线审批监管平台公布统计数据显示,民营企业参与的公私合作制项目共有 295 个。其中按照不同所有制投资主体划分,民营企业参与 148 个,总投资额为 3204 亿元;非民营企业参与 147 个,总投资额为 1474 亿元。从中标方式来看,联合体中标的项目数量为 137 个,总投资额为 929.34 亿元,占比分别为 46.4% 和

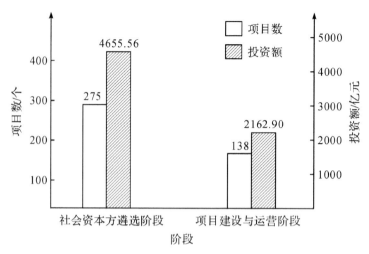

图 4.8 浙江省公私合作制项目推进不同阶段的项目数量及投资分布

19.86％；单一企业中标的项目数量是 158 个,总投资额为 3749.11 亿元,占比分别为 53.6％和 80.14％(见表 4.2)。显示出民营企业参与公私合作制项目的招投标,独立中标的意愿更加强烈。

表 4.2 浙江省公私合作制项目民营企业参与及中标项目数量及投资分布

投资主体		项目数/个	占比/%	投资额/亿元	占比/%
按所有制分	民营企业	148	50.2	2304.19	68.5
	非民营企业	147	49.8	1474.26	31.5
按中标方式分	单一企业	137	46.4	929.34	19.9
	联合体企业	158	53.6	3749.11	80.1

二、浙江省公私合作制工作推进

根据国家推广运用公私合作制模式的重大改革任务部署,浙江省高度重视,不断完善制度体系,着力改善发展环境,积极推广运用公私合作制模式。

(一)浙江推广运用公私合作制模式情况

浙江省财政厅积极发挥财政部门的牵头作用,加强对公私合作制工作的组织领导和工作部署,积极探索推广运用公私合作制模式,重基础、重规范、重保障,形成了浙江特色的公私合作制推广之路。

1.重基础:着力完善工作机制和制度体系

第一,健全工作机制。省政府成立了由省领导担任召集人的政府和社会资本合作工作联席会议制度;省财政厅成立了厅主要领导任组长各相关处室参加的政府和社会资本合作工作领导小组;各市县相继成立公私合作制工作领导小组,不少市县财政部门成立了公私合作制中心等专门机构,负责公私合作制推广工作,形成全省协调推广的良好局面。

第二,加快构建制度体系。提请省政府办公厅出台《关于推进政府和社会资本合作规范发展的实施意见》(财金〔2019〕10号),并制定和转发了关于推进公私合作制模式的一系列制度文件。省政府出台了《关于推进全省海绵城市建设的实施意见》《关于推进全省城市地下综合管廊建设的实施意见》等系列文件,明确鼓励各行业采用公私合作制模式吸引社会资本广泛参与公共基础设施建设运行管理,分行业、分领域推进公私合作制工作。

2.重规范:着力推进项目的规范实施

第一,认真识别、筛选公私合作制项目。截至2021年底,浙江省录入财政部公私合作制综合信息平台项目,涵盖市政、交通、文化、体育、旅游、片区开发、教育、科技、医疗卫生、保障性安居工程、政府基础设施、能源、生态环保等领域。建立全省公私合作制推荐项目库,2015年、2016年分三批发布171个公私合作制推荐项目。

第二,认真履行财政职能。会同相关部门做好物有所值评价、财政可承受能力论证,提升项目实施方案的科学性、规范性和可行性。

第三,加强财政监督指导,做好公私合作制项目识别、准备、采购、执行等阶段的财政监管工作。规范公私合作制项目的操作流程,严格按照财政部《政府和社会资本合作项目操作指南》操作,确保项目规范实施。

第四,加强对推荐项目的跟踪指导。建立能进能出的项目库管理机制,对于已丧失实施条件、不再适合公私合作制模式的项目,及时从项目库中移除。

3.重保障:着力构建财政支持政策体系

第一,认真评估和控制项目的财政支出,强化对公私合作制项目中政府资本金、基础设施项目配套资金及后期运营补贴的管理,把财政支出责任纳入中长期财政规划,确保运营项目长期可持续,保障社会投资人的合理收益。

第二,积极对接中国公私合作制基金。争取基金对浙江公私合作制项目的支持,促进项目落地实施。截至 2016 年,海宁市政府已与中国政企合作投资基金公司签订了 13 亿元长达 29 年的战略合作协议,投资建设海宁至杭州城际铁路项目,加快海宁融入杭州都市圈的步伐。

第三,设立省基础设施投资(含公私合作制)基金。积极探索财政资金撬动社会资本和公私合作制项目资本参与公私合作制项目的有效方式,省财政出资 100 亿元设立省基础设施投资(公私合作制)基金,通过与市县合作设立子基金,以财务投资者的形式对纳入省级公私合作制项目库的项目进行投资,增强社会投资者对公私合作制项目的信心。目前,第一批 7 个子基金已落地,省公私合作制基金出资 27.1 亿元,带动市县政府出资 37.9 亿元,涉及项目总投资 1085 亿元。

第四,实施综合奖补政策。对工作扎实、实施规范、成效明显的公私合作制示范市县,以及列入省财政推荐项目库按规范完成项目签约落地的项目所在市县给予奖补,2016 年省财政通过体制结算下达综合奖补资金 1.04 亿元,支持市县加快推进公私合作制工作,促进项目落地实施。

4.重公开:着力推动社会各方参与公私合作制项目

按照平等参与、公开透明的原则,加大公私合作制政策和项目信息的公开力度。拟采用公私合作制模式的项目全部按要求录入公私合作制综合信息平台,在省财政厅门户网站设立公私合作制专栏,主动公开公私合作制工作动态、项目信息、机构、政策等,方便社会资本和公众查询。公开向社会征集公私合作制咨询机构和公私合作制专家,组建公私合作制咨询机构库和专家库,发挥专业机构和专业人才的作用。加强公私合作制项目的政府采购管理,营造公开、公平、公正的合作环境,增强各类企业参与的信心。

5.构建财政政策支持体系

第一,继续实行财政综合奖补政策,2017 年下达综合奖补资金 1 亿元,并争取了财政部以奖代补资金 7100 万元。

第二,加快省基础设施投资(含公私合作制)基金运作,已与 7 个市县合作设立子基金,总规模 65 亿元,截至 9 月末,子基金已完成投资 27.73 亿元。与 6 个市县积极洽谈合作设立第二批子基金。

第三,不断完善公私合作制咨询机构库和专家库,增补了部分咨询机构库、专家库,同时加强两库的监管,实行动态管理。

6.稳步推进项目实施

第一,认真识别、筛选公私合作制项目,建立健全公私合作制项目库。截至 2017 年 10 月底,全省录入信息平台项目共 354 个,总投资 5858 亿元,涵盖交通、市政、文化、体育、旅游、片区开发、教育、科技、医疗卫生、保障性安居工程、政府基础设施、能源、生态环保等领域。

第二,积极申报财政部示范项目,筛选出 31 个项目申报财政部示范项目,同时推出 53 个项目为浙江省第四批政府和社会资本合作推荐项目。

第三,加强部门协调沟通,及时梳理解决难点问题,就推荐项目、示范项目、公私合作制基金投资等内容进行协同配合,推进工作顺利开展。

第四,加强对财政部示范项目、省推荐项目的跟踪指导,对公私合作制项目识别、准备、采购、执行等各阶段,对入库、评选、信息公开等各环节进行监督管理。

7.不断提升财政监管力度

第一,各级财政部门认真履行财政职责,根据项目实施方案扎实做好公私合作制项目物有所值论证,从源头上保证公私合作制项目物有所值。

第二,统筹本级全部已实施和拟实施项目各年度支出责任,组织开展财政承受论证,确保财政可承受。

第三,加强采购监督管理,确保采购信息公开发布、竞争公开透明,扩大社会资本的参与面,让公私合作制项目采购"在阳光下运行"。

第四,加强合同预算管理,将合同中符合预算管理要求的财政资金收支纳入预算管理,将跨年度财政支出责任纳入中期财政规划,为合同履约做好保障。

第五,加强对公私合作制项目实施绩效评价和监督管理,切实保障项目运行质量。

(二)浙江省公私合作制的积极成效

在各方共同努力下,2015 年浙江省推出的 85 个推荐项目中,有 46 个已经签约,项目签约率为 54%,剔除已移除项目,签约率达 60%。公私合作制模式的推广运用,在稳增长、促改革、调结构、惠民生、防风险等方面发挥了积极作用,公私合作制模式的各项政策功能得到初步体现。

1.提高了公共服务供给水平

第一,供给效率大大提高。通过与社会资本合作,把政府目标、社会目标和私营部门的运营效率、技术优势和管理经验结合起来,充分提高公共服务的供给水平。一大批项目通过公私合作制模式成功引入了社会资本的资金、技术和管理经验,如北京碧水源、龙元建设、物产中大、上海基建、富春紫光环保等具有技术和管理优势的企业通过公私合作制模式参与到浙江的公共服务和基础设施建设中,提高了项目建设和运营效率。

第二,供给数量得到增加。因地方财力、债务水平等原因,原本一些百姓急切需要建设的公共服务设施项目无法实施,通过公私合作制模式引入社会资本,有效减轻了政府的财政压力。同时,公私合作制模式通过市场测试、竞争性采购等市场机制,促进了潜在投资人之间的有序竞争,降低了项目建设运营成本。因此,同样的财政支出可以实施更多的公共服务项目,增加了当期公共服务供给,让百姓提前享受更多优质的公共服务。

第三,供给质量有效保障。与传统的政府投资项目相比,公私合作制模式要求对项目进行全生命周期管理,既有建设也有运营,政府根据绩效付费,建立起了激励相容的保障机制,提高公共服务的供给质量。

2.促进了企业发展和转型升级

公私合作制模式利用公开透明的竞争性采购机制选择投资人,鼓励各类所有制企业积极参与提供公共服务,有效打破了企业投资的"玻璃门""弹簧门",为各类企业特别是民营企业拓展了新的发展空间。浙江已中标签约的各类投资主体中,民营企业占38%,上市公司及子公司占33%,国有企业占16%,联合体占13%。民营企业的中标占比最高。而部分国企通过公私合作制模式也加快了转型升级的步伐。

3.加强了政府财政的预算管理和风险管理

通过公私合作制模式提供公共服务,财政部门着眼于做好公私合作制项目全生命周期的预算管理,从以往的"单一年度"预算收支管理,逐步转向跨年度、中长期预算平衡管理,将运营补贴等财政支出责任,纳入财政中期规划和政府财务报告,提高了财政的规划性和可持续性,有利于防范和化解中长期财政风险。

4.推进了政府职能转变,提升了政府治理能力

公私合作制模式下,政府不再"亲力亲为""大包大揽",而是按照平等协

商原则,与社会资本订立合同明确权责关系,社会资本负责提供符合要求的公共物品,政府依据项目绩效评价结果向社会资本支付相应对价,保证社会资本获得合理收益,政府由公共服务的单纯提供者转为"合作者""监督者",有利于政府简政放权,更好地实现政府职能。同时,公私合作制项目执行过程中,要求合作双方按合同办事,有利于培育契约精神,加快推进政府法治化建设,提升政府治理水平。

5.落地率稳步提升

在各方努力下,截至 2017 年 10 月底,浙江省已落地公私合作制项目112 个,总投资 1762.32 亿元,剔除相关因素后落地率为 49.12%;纳入国家示范名单的项目有 22 个,已落地 19 个,落地率达 86.4%。公私合作制模式在提升公共服务、减轻政府压力、提升民营企业发展动力等方面表现突出。

6.政府支出压力有所减轻

在落地的 112 个项目中,使用者付费及可行性缺口补助项目数占65.18%,政府资本金出资不到 100 亿元,利用社会资金超过 1600 亿元,有效减轻了政府当期支出责任及支出压力。通过比较公私合作制值(全生命周期政府方净成本现值)和 PSC 值(公共部门比较值),相较于传位模式,所有公私合作制项目均实现了成本节约,弥补了项目建设资金需求与地方政府资金供给能力之间的缺口,可以有效缓解地方政府财政压力。

7.民营资本参与积极性明显提高

在全省已落地签约的 112 个公私合作制项目中,投资主体为民营企业的项目数及项目总投资占比分别为 62.5%、63.3%,明显高于国有及国有控股企业中标比例。公私合作制模式的推广运用打破了企业投资的"玻璃门""弹簧门",为各类企业特别是民营企业拓展了新的发展空间,民营资金的投资热情不断激发。浙江省在公私合作制项目质量、工作能力、做法上得到社会资本的普遍认可。

三、浙江省公私合作制典型案例

(一)温岭市智慧城市一期公私合作制项目

城市化进程的加快,使城市面临着交通、医疗、教育、就业、卫生环境、社会保障、公共安全等方面的挑战。在新环境下,如何解决城市发展所带来的诸多问题,实现可持续发展,成为城市规划建设的重要命题。智慧城市就是运用信息和通信技术手段感测、分析、整合城市运行核心系统的各项关键信息,从而对包括民生、环保、公共安全、城市服务、工商业活动在内的各种需求做出智能响应。其实质是利用先进的信息技术,实现城市智慧式管理和运行,进而为城市中的人创造更美好的生活,促进城市的和谐、可持续成长。

温岭市智慧城市一期公私合作制项目分为两类工程:一类工程以智慧温岭基础体系建设为主,包括建设数据中心的机房、软硬件系统、基础系统和核心系统,完成系统架构的搭建,建设城市综合治理、城市应急指挥平台和城市管理服务三大应用系统平台。二类工程在智慧温岭基础体系基础上,实现基于"互联网+"的智慧应用项目叠加。项目工程总投资 133369 万元。项目采取 BOT 运作方式,由社会资本负责项目的投资、建造、运营、维护、管理和用户服务等职责,政府的参与角色边界控制在公共物品及服务的定价管理、公共服务质量及数量的监管、相关优惠政策的落实等方面。

该项目于 2016 年 5 月 23 日签约。社会资本方中程科技有限公司出资 54902.40 万元,占股 80%;温岭市城市建设综合开发有限责任公司代表政府以现金形式出资 13725.60 万元,占股 20%。项目公司获得温岭市智慧城市一期项目特许经营权,负责投资、建设、运营与该项目相关的一、二类工程。项目运营服务范围包括四大系统即城市照明综合运营系统、智慧停车系统、智慧社区系统及智慧教育系统,以及智慧温岭基础体系。一类工程通过政府购买服务方式获得收益;二类工程为用户提供服务,收取相应的服务费,项目类型属可行性缺口补助付费机制。项目建成后,政府对城市运营管理能力、智慧城市保障体系、信息产业总产比占比、资源利用等指标进行考评,达标后支付相关费用。

该项目的开展,将进一步促进政府管理方式由政府主导向多元主体协同治理模式转变,由条块思维模式向系统资源整合模式转变。建成后基于"互联网+智慧应用",项目互相叠加,将大幅提升人民群众便利性和幸福感。

(二)杭绍台高速台州段公私合作制项目

杭绍台高速项目起于钱江通道南接线齐贤枢纽,途经绍兴、金华和台州三市,在临海括苍枢纽接入台金高速,全长 162 公里,其中台州段主线长 45 公里,估算投资 86.3 亿元,计划 2019 年底建成通车。这一项目建设资金投入量巨大,技术要求等级高,为解决这些难题,通过多次比较分析,市政府决定采用公私合作制模式建设。

杭绍台高速台州段采用 BOT 方式运作,建设期 4 年,运营期 30 年,运营期满后,社会资本方将项目设施无偿移交给政府方,运营期收入主要来源于通行费、服务区租赁费和广告费,经初步测算,项目收入加可行性缺口补助可以覆盖成本并达到合理回报。经过上百次竞争性磋商和公开招标,杭绍台高速台州段公私合作制项目最终确定由上海基础设施建设发展有限公司与上海隧道工程有限公司组成的联合体投资建设。项目总投资 86.3 亿元,其中社会资本方出资 77.3 亿元,政府出资 9 亿元,政府方出资占比 10.43%。同时,该项目获得了浙江省公私合作制基金支持,通过股权置换部分政府出资由公私合作制基金完成。

借助公私合作制模式建设杭绍台高速,从机制上实现了政府职能转变,以最少的政府投入,撬动社会资本投资建设基础设施与公共事业。因合作周期长达 30 年,采用公私合作制模式,将大大提高项目质量。它将部分政府责任以特许经营权方式转移给社会主体(企业),政府与社会主体建立起"利益共享、风险共担、全程合作"的共同体关系,各自发挥所长,合理分担风险,既减轻了政府的财政负担,又降低了社会主体的投资风险。

(三)丽水市丽阳溪水系综合整治工程公私合作制项目

该项目涉及丽阳溪、五一溪和佛岭寺溪三条河道,共 8.93 公里,主要包括堤防工程和河道护岸改造工程、水闸工程、截污管道工程和水文化配套工程。

为解决公私合作制实施过程中的问题,丽水市政府成立了政府和社会资本合作项目联合审查工作领导小组,负责全面推进公私合作制项目的有效实施。通过公开招标方式确定社会资本方,2015 年底成立项目公司。市级国有企业出资 1200 万元,占 5%;社会资本方出资 22800 万元,占 95%。市级国有出资企业保留了重大事项的一票否决权。合作期限 15 年(含 3 年建设期)。项目公司负责设施投资和建设,竣工后商业设施部分移交政府并由政府负责运营,公共服务设施维护、绿化、保洁等由项目公司负责,政府通过购买服务方式支付服务费用;政府付费包括可用性服务费、运营服务费,其中运营服务费根据经济环境、绩效考核等设计了调节机制。项目公司负责整个运营期管理、运营和维护项目设施,并承担费用、风险和责任,保障项目设施始终处于良好状况。

该项目建成后大大改善了两岸水域条件,利于市政、居民、学校取排水设施的建设和运用,优化了周边环境,对城市的经济建设具有巨大的促进作用。

第三节　浙江省公私合作制发展展望

自浙江省公私合作制改革推进以来,公私合作制工作总体运行平稳有序,取得了积极成效。但由于公私合作制改革还处于探索阶段,仍然面临很多困难和问题,如思想观念转变不到位、区域间发展不平衡、部分项目实施不规范等。为进一步推进浙江省的公私合作制工作规范持续地发展,未来将从以下几个方面入手:

一、加强宣传,提高能力

一是加强宣传,提升宣传效果。重点通过多种载体、多种形式进一步加强对党政领导、行业管理部门有关公私合作制理念的宣传,特别是针对公私合作制工作开展较慢的地区,促进他们充分认识公私合作制模式的本质内涵,尊重公私合作制模式的客观规律,尽快适应政府职能和履职方式的转变。二是着力加强政府和社会资本合作模式实施能力建设和队伍建设,继续做好全省公私合作制相关人员的业务培训工作,通过学习公私合作制模式的工作理念和方法以及流程和政策制度进一步提高业务水平,同时进一步优化培训内容,开展一些更偏向于实操、针对性更强的培训。三是加强中介管理,完善省级公私合作制咨询服务机构库、公私合作制专家库,完善相关的双库管理制度,提高咨询机构、专家的规范意识,接受社会各界监督。

二、强化财政监管、规范实施项目

一是加强项目筛选。做到认真调研、深入论证、严格筛选,对不符合公私合作制范围项目要坚决制止,优先支持中央强制要求、有经营性现金流、生态环境治理等方面的项目采用公私合作制模式。二是扎实开展"两个评价"论证。做实物有所值评价,做到真正物有所值;做精财政承受能力评价,守好政府支出责任红线。三是切实做到规范实施,要按照激励相容原则科学合理地进行风险分配、设计合同条款,确保风险共担,切实加强绩效考核,科学合理设置绩效指标,做到设置严谨、考核到位,使运营绩效评价与政府付费紧密挂钩。四是加强政府采购的管理。加强对公私合作制项目采购活动的支持服务和监督管理,严格按照政府采购法等相关规定执行采购程序。

三、继续完善财政政策支持体系

继续执行支持公私合作制的政策措施,对地方规范开展公私合作制模式给予资金支持。积极争取中央建设项目转移支付资金、中国政企合作基金的支持。用好省基础设施投资(含公私合作制)基金,与市县政府合作设立子基金,促进项目落地,积极争取延长基金合作期限,让利地方政府。对于推动生态建设、环境保护、垃圾处理、污水处理、垃圾发电、绿色交通、节能环保等领域公私合作制项目建设,在政策推荐、资产证券化等方面给予优先支持。各公私合作制项目机构应优化服务,开发适合公私合作制的产品,为公私合作制项目提供支持。

四、加强公私合作制综合信息平台管理

浙江省认真贯彻落实《关于规范政府和社会资本合作(PPP)综合信息平台项目库管理的通知》(财政财办金〔2017〕92 号)文件精神,加强公私合作制综合信息平台入库审核,必要时借助第三方力量。根据要求对全省已入库项目开展一次集中清理,主要清理一些条件不符合、操作不规范、信息不完善的项目。强化公私合作制项目信息公开工作,要求各地随着项目进程及时更新信息,按要求做到信息公开。加强项目信息保密管理工作,对入库项目信息资料保密性进行一次全面排查、及时整改,建立常态化平台信息保密机制,加强账号管理,切实防范泄密事件发生。

★案例:浙江再推 60 个公私合作制项目①

政府资金与社会资本共舞的公私合作制盛宴再次开启。继 2015 年初发布首批推介项目名单之后,浙江省财政厅 22 日在杭州重点推介 60 个政府和社会资本合作(公私合作制)项目,总投资达 1448 亿元,吸

―――――――

① 本部分内容参见:浙江再推 60 个 PPP 项目[N].浙江日报,2015-10-23.

引了 200 多家国内知名企业、公私合作制项目机构、中介机构的参加。6 个项目现场签约。作为全国探索公私合作制模式最早的省份之一,浙江已经走出了一条将充裕的民资"活水"引入交通、医疗、教育以及环境等基础设施和公共服务领域的新路径。

▶ **社会资本蜂拥而至**

作为全国最早探索和推动公私合作制工作的省份之一,早在 2015 年初,浙江省政府就专门出台《关于推广政府与社会资本合作模式的指导意见》,明确推广运用公私合作制模式的基本原则和主要任务等。

在 2015 年 2 月浙江省财政厅公布的首批政府和社会资本合作推荐项目清单中,涉及城市轨道交通、机场、铁路、垃圾和污水处理、水利、文化体育等领域,投资总额超过千亿元。公私合作制模式在全省的推广运用由此全面加速。

本次重点推介的 60 个公私合作制项目,总投资达 1448 亿元,涉及交通、保障性住房、市政、环境治理、教育、养老、医疗等多个领域,覆盖 35 个市、县。这块"大蛋糕"吸引了众多投资者。来自国内知名企业、公私合作制项目机构、中介机构等 200 多家企业汇聚推介会,希望通过公开竞争成为推介项目的合作伙伴。

公私合作制项目主要趋向哪些领域? 从两次公布的示范项目看,主要集中在城市轨道交通、收费公路、垃圾污水处理、医疗养老设施等领域。

会议当天,就有温岭市档案馆、诸暨市浣东再生水厂、江山市峡口水库引水工程等一批较成熟的项目在现场签约。"项目建成后碧水源累计地埋式污水处理量将达 113 万吨/日。"签约仪式上,北京碧水源科技股份有限公司负责人十分兴奋,他向记者介绍,碧水源公司这次与诸暨市水务集团合资成立浣东再生水厂,将由碧水源承担设计、建设、运营、维护基础设施的大部分工作,并通过"使用者付费"及必要的政府付费获得合理投资回报。

浙江省财政厅副厅长表示,公私合作制模式不仅可以破除各种行政垄断,打破"玻璃门""弹簧门""旋转门",畅通社会资本投资渠道,同时通过政府补贴、政府购买服务等财政制度安排,形成社会资本稳定、合理的盈利预期,鼓励各类社会资本积极参与提供公共服务,激发市场主体活力和发展潜力,打造新的经济增长点,增强经济增长新动力。

据了解,目前浙江省财政厅通过严格论证,建立全省公私合作制推荐项目库,全省已审核入库公私合作制项目85个,总投资2347亿元。已有13个项目顺利签约,21个项目进入投资人采购阶段,其他项目都已开展前期准备工作。此外,杭州市地铁5号线一期项目等9个项目列入财政部公私合作制示范项目;舟山大陆引水三期工程被列入国家发改委、财政部、水利部社会资本参与重大水利工程建设运营第一批试点项目;嘉兴市被财政部列入海绵城市建设试点城市。

▶项目落地"有利可图"

社会资本毕竟是逐利的,投资目标也需要寻求稳定合理的盈利预期。投资周期长、金额大的基础设施,除了体现社会责任,社会资本能获得实实在在的好处吗?

嵊新污水处理厂是由嵊州和新昌合作建设的污水处理企业,主要承担嵊州和新昌两地每天15万吨的工业废水,由于进水水质不稳定等原因,排入剡溪时,水体颜色明显区别于上游来水,形成明显色带。

2019年7月,湖北君集水处理有限公司以公私合作制模式全额投资建设了嵊新污水处理厂一期提标改造工程,采用粉末活性炭吸附工艺,开创了国内大型污水处理厂实行活性炭工艺改造的先河,只用了短短92天的时间,就建成了日处理污水15万吨的设施,出水标准稳定达到地表水Ⅳ类标准。

君集负责人告诉记者,企业之所以与政府在公共基础设施和公共服务领域开展合作,是因为得到了合理的回报,主要是企业获得了政府出让的期限达22年的污水处理服务费。根据初步测算,第一年污水处理服务费单价为1.98元/立方米。正式运行一年后,审计、物价部门核准确定污水处理服务费,实行多还少补。污水处理服务费按月结算并按月支付,由嵊州市、新昌县财政承担。业内专家指出,传统模式下,像污水处理厂这样的基础设施或公共服务提供,因其公益性强、投资额大、建设周期长、资金回收周期长,一般由政府或国有企业建设或提供。公私合作制模式则给像君集公司这样的社会资本进入基础设施领域提供了机会,为其发展带来新机遇。

据了解,目前公私合作制模式通常由社会资本承担设计、建设、运营、维护基础设施的大部分工作,并通过"使用者付费"及必要的"政府付费"获得合理投资回报。政府给予社会资本相应的政策扶持作为补偿。

浙江省财政厅透露,将出资 100 亿元设立浙江省基础设施投资(公私合作制)基金,充分发挥政府基金的引导和放大作用,增强社会资本投资信心,引导社会资本进入基础设施和公共服务领域,并通过母子基金形式,按照"政府引导、市场化运作、分级分类管理、风险可控"的原则进行运作管理,采用股权投资等方式支持符合条件的公私合作制项目,缓解公私合作制项目资金缺口,加快项目实施进度。

财政部门还将对公私合作制项目的服务质量和价格补贴进行全生命周期持续监管,并将公私合作制项目的政府合同支付责任,纳入中期财政规划中。

▶公私合营更要"合盈"

公私合作制模式既然是合作,社会资本获得利益的同时,政府部门也在合作中找到了自己的角色。在加快新型城镇化发展的大背景下,巨额的投资全靠财政资金是不可能的,也是不现实的。积极推广运用公私合作制模式,既可以使财政资金以外的各类社会资本拥有更多的投资机会,又可以引入市场竞争机制,创新管理理念和手段,提高服务效率,推动公共基础设施和公共服务供给从规模扩张向效益和品质提升转变,更好地满足公共需求。

余杭区路灯节能改建与智能建设公私合作制项目,将对全区 5 万盏路灯进行改造。这一项目全部完工后,将收效显著。不仅切实减少财政支出,10 年内预计可减少路灯电费支出约 1.2 亿元,还实现了高节电率,已完成的 4 万余盏路灯节能改造,综合节电率达到了 64.48%。更重要的是,把互联网技术与路灯管理相结合,实现了对路灯的自动监测、线路监测、单灯与线路智能控制等目标,路灯变得"聪明"了。"这在以前是不敢想的。"余杭区政府相关负责人说。

对杭州的文艺青年来说,这无疑是个好消息:三年后,拱墅区的运河中央公园内,将建起一座能看舞台剧、听交响乐、玩多媒体互动展览的大剧院——运河大剧院。2020 年 6 月,拱墅区住建局与浙江横店文化科技股份有限公司正式签署运河大剧院项目特许经营协议。据了解,大剧院项目总投资约 3.5 亿元,工期 3 年,建筑面积约 2 万平方米,预计建成后将辐射 30 余万周边居民,为其提供丰富的文化生活。为什么会选中运河大剧院这个项目? 横店集团运河大剧院项目负责人表示,一方面,这里文化底蕴深厚,是世界文化遗产大运河的南端起点;另一方面,运河大剧院项目也是横店集团走出横店,布局全国业务的起点。

"公私合作制项目还有一个核心问题是定价合理。如果单纯为了迎合社会资本的偏好,把项目竣工后的公共物品价格定得较高,就会增加百姓的负担。"业内专家指出,公私合作制项目必须建立健全法律法规,明确哪些事情可以做、由谁做、怎么做,才能确保公共服务"优化而不退化",社会资本"盈利而不暴利",从而实现各方利益的"最大公约数"。"公私合作制不仅是一场婚礼,更是一段婚姻"。如何携手走好这段漫漫长路,在业内人士看来,更重要的是一种理念和思路的转变,实现政府、企业、社会的共赢。

第五章 公私合作制项目风险分担的国内外经验借鉴

第一节 国外公私合作制模式的发展历程

历史上第一个将公共服务特许给私人公司的项目于 1959 年出现在欧洲的法国,该项目主要是由私人公司向法国军队提供服务。这个时期,大部分的项目都来自国防行业,政府将合约签署给私人公司来完成国防产品的制造或采购。随后一种替代性的、用以平衡私人资本的策略开始出现并成为主流的方式。该方式创造了一种独立的商业模式,即由私人部门建设并运营项目。到了 20 世纪,这种项目不仅出现在欧洲,如苏伊士运河、西伯利亚大铁路,以及其他运河、公路、铁路项目,还开始在美洲和亚洲的一些国家如美国、日本、中国等出现。更近些时期,公私合作制发展成为一种风险共担、利益共享的公共产品供给方式。在这种风险共担、利益共享方式下,政府所面临的不再是一种直接责任,而是当特许协议中相关的一些特殊条件没有达到时的一种或有责任。特别是在新兴市场中,存在着巨大的政治、市场风险,公私合作制模式自然也越来越受到重视。据统计,每年发达国家和发展中国家通过这种方式开发电力、水利、交通和其他基础设施项目的投资额超过 1000 亿美元。下面将主要回顾主要国家和地区公私合作制模式的发展和应用情况。

一、法国公私合作制模式的发展历程

欧洲公私合作制模式的发展走在世界的前端。法国自 20 世纪 60 年代

出现了公私合作制合约后对这种公共特许经营权的认可经历了上下起伏的过程。在 20 世纪 80 年代,OrlyVal 铁路(一条连接戴高乐机场到巴黎中心的铁路)特许协议存在着法律和客流不足问题,以致交通项目很难上马。到了 90 年代,一些其他领域的项目遭遇了同样的困难境况。例如,90 年代中期法国引入自由竞争建造的马赛隧道就面临着经济吃紧的尴尬局面。而批准于 1990 年的米洛大桥项目,由于不符合必须经过竞争性投标过程的法律规定,特许权被收回并于 1998 年重新投标。90 年代后期,法国政府开始探索城市交通系统的特许经营创新模式,包括 Reimes 地区的轨道延伸项目、Clemont Ferront 地区的新轨道建设项目和 Bordeaux 地区的电车项目。2000 年以后,法国的公私合作制项目进入了一个新的阶段,2002 年的 Perpignan-Figueras 铁路和 A28 号高速公路都采用了公私合作制模式。为了检验新公私合作制法律草案的有用性,2004 年法国政府展开了一系列关于公私合作制项目的计划,第一个项目就是图卢兹大学的设施翻新工程,其他的计划项目包括道路、轻轨、桥梁、博物馆、医院、监狱、垃圾处理项目以及政府保障房等。

二、西班牙公私合作制模式的发展历程

与法国公私合作制项目面临诸多问题不同,西班牙建立了特许经营制度,成功推进了一系列交通领域的公私合作制项目。20 世纪 70 年代,西班牙出现了第一代采用特许协议方式建设运营的收费公路,1997 年关于特许权的法律发生了变化,更改后的法律允许特许权期从 50 年延长到 75 年,允许公共部门贷款给特许权受让人,允许特许收益证券化。1998 年,一些地区政府,例如马德里和穆尔西亚通过法律规定了收费公路特许经营的影子费率,并且以 DBFO 特许模式批准了长达 87 公里的收费公路项目。随后,中央政府宣布未来 10 年另外 10 条道路也将采用特许方式进行修建。第二代收费公路采用了部分公私合作制模式,Alicante-Cartagena 公路是第一个采用这种方式的项目,于 1999 年批准并且采用成本和收益共享的方式。起初这条公路被认为在财务上是不可行的,但是通过降低私人资本成本和约定政府责任,即当收益低于预测水平时政府需注入 1 亿欧元(作为一种次级贷款),使得项目成功获批。此外,政府还期望从成功的公私合作制项目中获取收益,例如在 Estepona Guadiaro 收费公路项目中规定,如果收益高于预

期,政府将获取这部分收益。

三、英国公私合作制模式的发展历程

在英国,将私人投资者引入公共服务领域的尝试最早出现在房地产行业。20 世纪 80 年代,当局将政府住房转移给非营利性的私营房屋协会,房屋协会可以通过提供安全的基础担保物从私人贷款者那里筹集资金开发住房项目,如 1986 年的 Dartford 项目就是由私人完成的。而第一个 PFI 概念出现在 1993 年的政府预算报告中。英国大臣 Kenneth Clarke 充分强调了PFI 视野的重要性,他认为 PFI 将成为世界上各个大洲的大多数国家提高公共服务质量的选择。1995 年,英国 PFI 公私合作制项目的贷款总额达到1.7 亿英镑,而到了下一年贷款额增加超过 8 倍达到了 14.7 亿英镑。1997年,英国政府将私人主动投资 PFI 改为公私合作制,他们评述在公私合作制结构下可以开发出包括 PFI 私有化、退出、市场检验,私人赞助、政府服务售卖以及合资等诸多新途径。1997 年,《国家健康服务条例》以及地方政府条例的通过扫清了针对公私合作制项目的法律障碍。1998 年,英国财政部发布了第一份公私合作制项目清单并计划每个季度进行修正。该清单包括 50个项目。到 2000 年,通过该模式建造的学校项目投资额达到了 7.84 亿英镑,大大超出了 1999 年的 1.15 亿英镑。同时英国的卫生领域对公私合作制模式的信任也逐步提高,2010 年通过公私合作制模式建造运营的医院达到 100 家,投资额接近 70 亿英镑。英国的第一个 DBFO 交通项目——AIMI项目,签订了 18.5 年的特许期并且成本约定为 130bps 和 140bps,后来的A55 交通项目,成本则降低到 90~120bps。21 世纪以来,英国的项目经验开始变得更加正面,几乎所有的项目都按时完成并且控制在预算范围之内,只有一小部分项目失败,使得私营集团蒙受了财物损失。据估计,英国 PFI公私合作制项目的投资额将于 2030 年达到 1239 亿英镑。

四、德国公私合作制模式的发展历程

德国私营部门进入政府公共项目领域是在 1997 年,以前只是承担建设风险且完成建设后资产移交回政府,即 BT 模式。后来,德国开始了公私合作制模式的尝试,政府初步确定了 15 个项目计划委托给私营企业经营,其中包括诸多机场项目,如柏林机场、杜塞尔多夫机场、汉诺威机场、科隆机场、法兰克福机场、汉堡机场。德国的公私合作制模式与其他国家有轻微的不同,而且依据传统的项目结构进行风险分担。德国政府将任何有私人投资者涉入并且具有公共效益的项目都归类为公私合作制项目,且私营机构不必承担项目风险。2003年,德国政府成立了一个专门指导公私合作制项目的小组。

五、意大利公私合作模式的发展历程

意大利政府于1999年设立了项目融资技术部门(UTFP),负责向私人部门开放的政府项目相关工作。UTFP在意大利成功地引入并展开了公私合作制模式,例如1996年的3个公私合作制项目以及TAV高速铁路项目。1998年,政府通过了《经济和财政计划》,该计划指出政府需要引入私人公司来投资基础设施项目,包括收费公路、水利、环境及国防领域。进入21世纪后,意大利政府预期前10年应用公私合作制模式的项目投资总额可以达到265万亿里拉。1999年PPP为意大利的特许协议提供了更好的法律框架。包括允许项目中私人公司进入或者成立特许经营公司,如果法律或经济环境发生变化,允许对特许协议的形式和条件进行修改,私人公司可以递交相关请求以避免所有的特许权都由政府拟定,限制政府参与项目的程度,在总投资成本的50%以内,特许期最长为30年。这些法律规定将控制UTFP,并且进一步推进了公私合作制项目的发展。为了避免政府负债并为私人公司提供便利,2002年意大利政府设立了一个半国有机构——基础设施SPA,来为多个公私合作制项目的投资提供必要的信用支持,为公私合作模式在意大利的发展提供了更便利的条件。

六、荷兰公私合作制模式的发展历程

荷兰于1998年通过了推广公私合作制项目的法案,其形式类似于英国最开始的模式。1999年,政府建立了公私合作制知识中心,隶属于财政部,该中心负责项目优先权排序并重点关注最有前景的项目。政府财政预算的压力推进了荷兰公私合作制结构的演变,在新的公私合作制结构下政府更加关注成本和公共服务效率。2002年完成的HSL Zuid铁路项目和2003年完成的A59公路项目都采用了公私合作制模式,还有其他一些著名的交通公私合作制项目,如Zuiderzeelijn Rail Line(ZZL)项目,该项目首次采用了磁悬浮技术,中央政府补贴 27 亿欧元,地方政府补贴 10 亿欧元,补贴总额和总成本之间的差额则由私人部门提供。在该项目中,私人部门比过去的DBFO 特许模式承担了更多的风险。

在 2000 年的欧盟议会中,公私合作制模式也引起格外关注,最著名的是针对交通、能源和电信部门的 Trans-European Transport and Energy Networks(TENs)计划。依照 2000 年议会计划,重新审视了 2000—2005 年的欧盟财政预算的优先次序,对涉及私人部门以参与或者其他方式介入的、可以为 TENs 计划带来较高效率的项目重点加强了关注。

第二节　欧洲国家公私合作制风险分担经验

一、德国罗斯托克市瓦诺隧道项目

德国罗斯托克市瓦诺隧道项目是德国建成的首个公路公私合作制项目,是罗斯托克南北环线的重要组成部分,它的建成虽然缓解了交通状况不断恶化的困境,但也由于通行量预测不准、需求不足而出现问题。

罗斯托克市处于瓦诺河周边,是整个地区的中心,每天有 6 万辆以上汽车从城中穿越,交通状况持续恶化,对此政府准备修建南北部环线公路。该项目涉及跨越瓦诺河的技术问题,由于河岸两边的坡度和地质问题,隧道成优先选项。《德国联邦公路社会资本法案》为隧道项目以公私合作制模式实施奠定了基础,罗斯托克市公民委员会计划采用公私合作制模式来修建该隧道,并对设计、建造、运营、维护和收费等一系列工作做了特许权约定,通过国际招标确定了法国布衣格公司为项目实施主体。

作为德国首个公路公私合作制项目,它被寄予了较高的期望,先进的交通基础设施和有目共睹的区域优势,将为该地区带来巨大的经济价值,提升该地区的经济发展水平和吸引力。政府提出了几点可以预见的好处:一是通过隧道能够引导城市中穿行的车辆选择环城公路,降低市内交通压力;二是隧道和环城公路将缩短交通时间和距离,会使罗斯托克市和周边旅游业受益。

过于乐观的预期使交通流量风险被转移给了项目公司。在免费通行的假设下,多个机构预测每天在隧道通行的车辆将达到 4 万辆;在收取通行费的假设下,每天在隧道通行的车辆预测为 2.5 万~3 万辆,后续又被调整为 2.2 万辆。项目公司曾预计隧道运行首年每天通行量将达到 1.2 万辆,次年将达到 2 万~2.5 万辆。然而由于经济形势下滑,罗斯托克市出现了较高的失业率,随之而来的是难以控制的移民潮,城市人口大幅减少。隧道开始运营后,就陷入了需求不足的境地,平均交通流量只有项目公司预测的一半,虽然交通流量呈现逐步增长的态势,但 18 个月后每天的通行量仍不足 1 万辆。由于实际交通量和预测交通量的差异,项目出现了巨大亏损。为了避免破产,在罗斯托克市债务率较高无法接管项目的前提下,选择了将特许经营期延长至 50 年。但这一决定也被一些反对者所诟病,认为延长特许经营期延长将增加罗斯托克市民的负担(欧亚 PPP 联络网,2010)。

二、英国 M6 收费公路项目

英国 M6 收费公路是西米德兰兹郡城市群中一条长 44 公里的六车道公路支路,项目总投资约 9 亿英镑。其修建的原因是 M6 公路主路的车流量过多,交通状况日趋恶化,但当地的财政资金严重不足。对此,英国政府于 1991 年决定采用公私合作制模式来吸引社会资本,通过 DBFOM 模式来实施项目。它是英国启动"私人倡议(private finance initiative)"模式后第一条通过公私合作制模式建设的公路,设立了 53 年的特许经营期,由麦格理基础设施集团入股 70% 设立米德兰公路有限公司作为项目公司进行特许经营。

在此之前的英国公路多是采取影子收费模式,使用者无须为使用道路直接付费,而是当地政府根据民众对公路的使用率,通过政府购买服务方式以财政资金向特许经营者支付费用。由于多数英国市民已经习惯"免费"的道路,对使用者付费模式有严重的抵触情绪,引发了当地民众的强烈反对,导致项目延迟了 8 年才开始设计和建造。

2006 年,政府批准了麦格理基础设施集团的债务重组计划,债务涉及 11 亿美元,通过调整期限、利率等要素,降低了项目成本,预计可以使麦格理基础设施集团获得约 7 亿美元的收益。特许经营方包揽了项目所有的流程,也相应地承担起项目运行过程中的全部风险,为了证明对地区发展的责任心,也作为对政府支持的回报和对民众的承诺,将所融入资金的 30% 用于建造 M54 公路的支路,使之与 M6 收费公路相连接,并在 M6 收费公路南段建造了一座大型立交桥,使 M6 收费公路变得更加便利(U. S. Department of Trans portation,2007)。

三、英国赛文河第二大桥项目[①]

赛文河第二大桥和第一大桥一样,主要用于连接英格兰和威尔士。在第一大桥建成近 20 年后,交通量的加大导致第一大桥难以满足交通需求。由于政府财政资金紧张,计划采用公私合作制模式运作,以第一大桥和第二大桥的特许经营收入吸引社会资本方加入。项目采用 DBFOM 模式,由赛文河大桥公司(约翰·莱恩有限公司和 GTM Entrepose 公司各持 50% 股份)中标运作,特许经营期限 30 年,但有一个条款"过桥费收入达到特定金额后,特许经营期限将提前结束"被写入《赛文河大桥法案(1992)》。第一大桥、第二大桥均采取单向收费,并根据当地 CPI 指数变化情况,按年调整通行收费标准,从而消除通货膨胀带来的影响。特许经营方同时获取第一大桥和第二大桥的收费权,有利于形成统一、协调的管理、运营和维护制度。

吸取了 M6 收费公路的教训,为了化解公众对使用者收费的反对情绪,政府提前开展了广泛的宣传引导,积极与利益相关者进行沟通协商,并根据公众意见,优化了上桥辅路位置的选择,建造了更高的路堤和绿化湿地,将收费站与周边社区隔离,建设了大量绿化带和噪声隔离墙,开辟了专用通道、独立的排水管网和排污口。由于上述一系列措施,有效解决了项目带来的交通不便、噪声污染、空气污染等问题,在各参与方的共同努力下,项目在正式实施期间遇到的公众阻力非常小,形成了真正的公私合作制关系。

四、波兰华沙 S8 快速公路项目

波兰华沙 S8 快速公路从华沙地区通往彼得库夫雷布纳尔斯基地区,是连通华沙城市群和上西里西亚工业园区两地的主干道。政府根据当时的交通状况进行了预测,发现不对公路进行拓宽和升级改造,将会出现交通状况

---

① 本部分资料来自:湖北省发改委官网:https://fgw. hubei. gov. cn/fgjj/ztzl/zl/2016/pppzt/dxal/201609/t20160923_535572. shtml。

严重恶化的情况。政府选择公私合作制模式来推进项目进行,这也是波兰第一个采用公私合作制模式建造、翻新并运营的快速公路项目,重建总长为132公里的S8快速公路,但受制于收费公路法令,该项目采取影子收费的回报机制。

该项目由于采用了影子收费模式,政府对项目的参与程度相对较多,需要监督和控制特许经营者的绩效,并且每年根据其绩效调整付费。此外,政府和特许经营者还约定了如果证明具备财务可行性,可以将项目范围扩展为总长接近80公里的另外四段公路的建设、运营和维护,以实现华沙到S8快速公路的分流,进一步缓解交通压力。

该项目在法律约束下,因地制宜地选择了影子收费方式,而非使用者付费,虽然可能出现前面描述的税收扭曲,增加一定的成本,但是运用公私合作制模式将项目总成本分担到项目整个周期,可使财政资金在一定时期资助更多的项目,在一定程度上使民众提前享受到了公共物品(NECO,2006)。

五、法国西班牙跨国铁路项目

欧盟各国在经历了为期3年的谈判后,达成了共识,决定在欧洲铁路网(Trans-European Transport Network,TEN-T)中通过公私合作制模式建设一条由法国佩皮尼昂至西班牙菲格拉斯的跨国铁路。项目由法国政府和西班牙政府根据国际铁路同盟标准进行修建,全长约为50公里,包括5座桥梁和1条8公里的超长隧道,总投资预计10亿欧元,可使法国至西班牙的客运时间缩短2小时、货运时间缩短12小时,将对法国、西班牙乃至整个欧洲铁路系统起到重要的连接作用。

该项目顺利实施,有以下几方面因素:一是两个政府间的有效合作。双方在合作中制定了统一、有效、可执行的招投标流程。二是政府的管理定位准确。几方共同签订的特许经营合同对社会资本方的绩效评价做出了严格规定。三是充分维护了公众利益。该项目的收费机制在前三年选用了浮动费率机制,并对收费额的上限进行了严格规定。四是对风险分担进行了明确约定。社会资本方主要承担运营风险;政府提供了大量的补贴,社会资本方提供了增信措施,共同降低了风险;社会资本方和政府进行的需求预测客观合理,有效降低了需求风险。五是参与各方对各自职责进行了清晰的界定,详见图5.1。

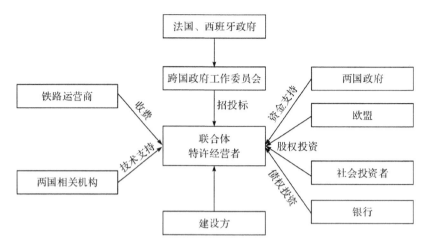

图 5.1 法国西班牙跨国铁路项目各参与方职责

图 5.1 描述了法国西班牙跨国铁路项目各参与方的职责,也是目前较为标准的公私合作制模式角色分工,清晰的分工、明确的约定能有效促进公私合作制项目的顺利实施(European Commission,2004)。

第三节　美国公私合作制风险分担经验

一、美国军队"零"能耗住宅项目[①]

美国军队"零"能耗住宅项目是美国国防部采用公私合作制模式,引进先进的节能技术,对部队住房进行运营和维护的项目,于 2012 年获得 NC 公私合作制(政府和社会资本合作国家理事会)产品创新大奖。与普通家庭住房相比,零能耗住宅减少了超过 1/2 的能源消耗和超过 1/4 的水资源消耗,所需的能源有一半可以通过光伏太阳能电池板供应,从而实现"零"能耗。由于"零"能耗住宅大量降低了能耗、碳排放量及生活成本,美国国防部甚至要求截至 2030 年全部军队住宅都必须实现"零"能耗。

---

① 本部分资料来自:中国拟在建项目网 http://www.bhi.com.cn/ppp/say-ppp/44707.html。

美国的《军事住宅私有化倡议》(MHPI)批准部队分支机构协助建造和修葺部队使用的住宅,也批准引进社会资本方参与。正是这种灵活的机制为该项目实施提供了可能性。该项目主要的社会资本方是联盛集团,曾经运营、维护了约25%的军事住宅。美国陆军与联盛集团签订了期限为50年的特许经营合同,长期的合约有助于将高成本进行分摊,也有利于对房屋进行持续修缮维护。

传统的住宅每年需要消耗约20862千瓦时的电能,而"零"能耗住宅每年只需要消耗9631千瓦时的电能,还可以通过太阳能提供。然而节能方面的宣传教育是该项目的重点也是难点,军方内部积极地推进项目,也推动了军队文化建设。各个利益相关方有效合作,节能意识方面的培养也值得其他项目借鉴。

国防领域曾经一直被认为是较为纯粹的公共物品,必须由国家提供,但是作为世界上国防投入最多的国家,美国努力引进社会资本,从航空技术研究、飞机制造到"零"能耗住宅建设,很多项目被拆分为独立板块,由社会资本方生产。本案例中的管理与合作使项目得以有效运行,说明了政府优秀的管理能力与公私合作制模式相结合会产生比政府充当生产者更高的效率。

二、美国马萨诸塞州3号公路北段修缮扩建项目

马萨诸塞州3号公路的北段道路于1954年建成,是连接马萨诸塞州与新罕布什尔州的一条交通要道,设计为双向四车道的甲级公路,是往返新罕布什尔州和马萨诸塞州的交通要道,经过40多年的运营,公路状况日益恶化,已不能满足日益增长的车流量。由于州政府预算紧张,修缮工作一再推迟。同时,由于州公路局在法律上没有权限采用公私合作制模式向社会资本借力,也无法改变传统的设计、招标、建造政府供给方式。

1999年,马萨诸塞州的立法委员会通过了一项特别法案,使该项目在政府购买服务和项目方式上获得了豁免权,为项目采用公私合作制模式奠定了法律基础。

项目原计划采用DBOM特许经营模式运作,由以现代大陆工程公司为首的项目承包人团队实施,并允许社会资本方发行30年期的免税债券,主要施工内容包括:修复新罕布什尔州边界的21英里路段、将四车道拓宽为

六车道、重建原道路上 47 座已损坏的桥梁并进行拓宽、沿线安装光纤电缆等。

项目虽然得以实施,但新的问题陆续出现。项目原计划用时 42 个月,于 2004 年 2 月完工,但由于州公路局与现代大陆团队在项目实施范围、成本确定和施工进度上存在较大分歧,特别是在协商契约的具体条款时,项目公司与政府双方产生了较大意见分歧且没有及时处理,致使项目延期。由于各种问题使项目启动和验收都被推迟,到 2007 年项目才勉强完工,整个建设期被推迟了 3 年。同时,诸多困难改变了州公路局的计划,不再将 DB 合同拓展为 DBOM 合同,取消了特许经营权,只是与现代大陆团队签署了增补合同,在公路沿线建造噪声隔离墙。由于双方都缺乏经验和有效的沟通,在合同约定不充分、不明确的情况下,具体细节难以达成共识,导致项目未能圆满完成(U. S. Department of Transportaion,2007)。

第四节　其他国家公私合作制风险分担经验

一、智利 68 号公路项目

智利 68 号公路项目是连接圣地亚哥、瓦尔帕莱索、比尼亚德尔马的重要线路,该项目涉及对已有的 130 公里高速公路进行路面拓宽和改造升级,并新建 3 条隧道。该项目是智利首个通过 PVR 竞标授权的高速公路特许经营项目,有 5 家企业参与投标,其中 1 家因资质不达标被提前淘汰。招投标中有两个值得注意的关键点:第一,首次允许投标企业选择购买最低交通量担保,其中两家选择购买最低交通量担保,但是中标者却放弃了最低交通量担保,这意味着政府对最低交通量担保的定价已经十分接近标的价格。第二,提供了两个折现率供投标者选择,一个是 6.5% 的固定利率,另一个是按智利公私合作制项目体系 90 个至 365 个工作日的平均利率确定的可变利率。无论选择哪个折现率,折现后都会加上 4% 的风险溢价,包括中标企业在内有 3 家投标者选择了固定折现率。最后,中标者以 3.74 亿美元(低于政府估算的建设和维护成本 3.79 亿美元)中标。看上去有些不可思议,难道中标企业不想赚钱了? 实际上,PVR 合同中的可变期限有助于解决企业最为担心的公共物品需求不足问题,能够有效降低风险溢价。企业所测算的风险溢价仅为 1%～2%,低于政府给出的 4%,从而使中标价低于政府测算成本(Rainovioh,2012)。

二、土耳其公共设施垄断

2013 年,土耳其伊斯坦布尔因公园拆迁而引起大规模示威游行,并产生了骚乱,而实际上 2011 年的全国性骚乱就已经开启了混乱的先河。自 2002 年开始,土耳其大力推行公私合作制模式,不仅有新建项目还有存量基础设施与公共工程的私有化,大量的公共设施交由私人企业运营,高速公路、跨海大桥、大型电厂、医院和电信设施陆续移交给跨国公司和本土企业运营。然而,政府移交后并未进行相应的管理和约束,对于这些本就具有垄断性质的行业而言,买卖双方的地位不对等,消费者是充分竞争的,而生产者往往就是几个大型寡头,企业牢牢掌握着定价权,包括水、电、通信、交通在内的各项公共物品的价格不断上涨。面对企业纷纷涨价的行为,政府仅仅通过向民众发放生活补助的方式来予以缓解。一时间缺乏监管的公共设施垄断成风,生活补助远远跟不上收费涨价的幅度,加之垄断带来的权力寻租和巨大的贫富差距,导致民众怨声载道,纷纷上街游行。

前文也曾分析过公共物品的供给并非只能由政府提供,市场也可以有效提供,但是由市场提供并非意味着政府完全不管,政府如果完全放弃管理者的角色,在具有垄断性质的公共物品交易领域,必然导致公共利益受损。

三、澳大利亚阿德莱德水务项目[①]

根据澳大利亚阿德莱德水务项目合约规定,联合水务公司(威立雅水务公司和泰晤士水务公司各持 47.5% 股份)接管、运营和维护阿德莱德地区所有的存量自来水厂、供水管网、污水处理厂及污水管网,包括 6 个供水厂、4 个污水厂、9000 公里水网、6800 公里污水管网,服务人口约 110 万人。联合

---

① 本部分资料来自:湖北省发改委官网:https://fgw.hubei.gov.cn/fgjj/ztzl/zl/2016/pppzt/dxal/201609/t20160923_535572.shtml。

公司与南澳大利亚水务公司双方签署了公私合作制合约,明确具体业务服务、项目运营及维护由联合公司负责,南澳大利亚水务公司的职责是进行服务收费、维护客户关系、制定服务标准、审验资产管理计划,并对基础设施拥有所有权。

该项目中,南澳大利亚水务公司是政府的代表,不仅在管理层面充分履职,还从以下两方面提出严格、明确的标准:一是要求联合水务公司按照严格的设计、施工和运营标准提供相关服务,并要求取得 ISO 质量管理体系认证,项目合同设定了 181 项关于水质、客户服务、运营流程方面的标准,比南澳大利亚水务公司自己运作时更为严格。二是定期对联合水务公司进行绩效评估和报告,如果无法达到相关标准,则会做出相应的经济处罚。

联合水务公司不仅按照标准出色地完成了合同约定,指标完成率在99%以上,还在技术研究和人员管理上取得了出色的成绩。联合水务公司经过协商,由总公司在该地区创设科技研发中心,对过滤器优化、膜处理技术提升的项目开展研究,建造溶气气浮和过滤设备厂,并获得多个奖项。同时,约 400 名政府员工转移至项目公司,并推出一系列福利政策和培训计划,得到员工的充分认可。该项合作为政府节省了大约 2 亿美元的资金,也使联合水务公司业务扩展到维多利亚州和新西兰等地区,并产生了良好的社会环境效益,项目引进第三方质量监督管理控制系统和环境监督管理系统,创设了世界级的污水处理科技研发中心,实现计算机程序优化污水处理厂运行,为世界各地供水及污水处理领域提供了先进经验。

第五节 国内公私合作制风险分担经验

一、山东青岛海湾大桥项目

青岛海湾大桥又称胶州湾跨海大桥,全长 36.48 公里,双向六车道,投资额 90.82 亿元人民币,历时 4 年建成,于 2011 年 6 月 30 日建成通车。该项目采用特许经营方式运作,特许经营期 25 年,由山东高速集团有限公司投资经营,曾经作为世界第一大桥,在第 30 届国际桥梁大会(IBC)获得乔治·理查德森奖,是截至目前我国桥梁建造项目所获得的最高国际奖项。

该桥梁建设时提出将会产生以下几方面效益:一是减少城区内向胶州湾高速公路几个出入口的交通流量,缓解老城区与郊外的交通拥堵,改善交通状况;二是将青岛老港、油港、前湾港连成一片,强化三港协作,解决青岛港陆运能力不足的问题,发挥港口整体效益;三是便利的交通状况将有效促进琅琊台风景区、海滨度假区、薛家岛度假区的旅游产业发展,助力形成青岛旅游圈。

项目公司曾预计青岛海湾大桥的汽车交通量:2010 年达到 30849 辆/日,后续年度逐年递增,预计 15 年可收回投资。然而,美好的愿景并没有如期而至,一条双向六车道的青岛胶州湾隧道与青岛海湾大桥同一天通车,两者服务的地区和对象几乎完全一致。一天之内增加 12 条车道,所带来的不仅是交通便利,也让交通流量远远低于预期,青岛海湾大桥每天的交通流量仅为 10000 辆/日左右。

与此同时,也有市民反映青岛跨海大桥和海底隧道的收费太高,"最需要走的人,根本走不起",青岛政府还曾组织专家对价格进行论证。根据山东省物价局关于该项价格收费的批复,收费标准为:小型汽车 50 元/次,大型客车 110 元/次。该标准自 2013 年 6 月 28 日起执行,有效期至 2018 年 6 月 27 日,期满前 3 个月重新报批。

前面曾经提起过公私合作制模式能够过滤"白象项目",然而在这个案例中却相当于通过公私合作制模式实施了一个"白象项目"。这反映出当地政府在实施公私合作制项目时,并没有对公共物品的需求形成足够的重视,而是基于政绩观、个人利益等因素进行立项。

二、安徽合巢芜高速公路

合巢芜高速公路(合肥—巢湖—芜湖)是安徽省通往苏、浙、沪、闽四个东南沿海地区的重要交通要道,全长约 100 公里,该项目属于 TOT(转让—运营—转让,Transfer-Operate-Transfer)项目,政府将已建成设施若干年的特许经营期转让给社会资本方,从而换取社会资本方巨额的一次性支付资金,理论上地方政府可以通过该方式在短期内获取大量资金,并将其用于效率更高的项目,为公众早日提供更多的公共物品。

2003年,安徽高速公路总公司没有进行公开招投标,直接将合巢芜高速公路特许经营权转让给上海东方控股有限公司,换取该公司23亿美元的投资。2年后,上海东方控股有限公司破产,资产无法转让给第三方,地方政府为了继续经营合巢芜高速公路,最后以43.3亿美元的价格进行了回购,价格几乎是初始转让价格的2倍。

2008年,审计署调查发现政府官员收受上海东方控股有限公司贿赂,故意降低项目估值,使其以低价获得特许经营权。

政府作为代表公众的决策者,其站位视角和管理能力都关系全体公众的利益,管理不善可能会使公众支付更高额的费用,直接受损,也可能会使项目夭折或政府被迫接盘支付税收的公众亦会因政府财政被浪费而间接受损。

第六章 公私合作制项目风险分担的机理分析

第一节 公私合作制的风险评估方法

由于公私合作制项目产生的时间较短,对公私合作制项目的风险评价存在样本量小、信息不完全的局限性,因此公私合作制项目风险评价与项目选择是基于不确定信息下的小样本决策问题,风险决策具有较高的复杂性和不确定性。借鉴其他领域的研究成果,可以采用人工智能方法,代替传统的定性研究。Pear 于 1986 年提出的贝叶斯网络(Bayesian networks,BN)法是一种基于不确定性的知识表达和推理方法,被认为是近几十年来人工智能领域最重要的研究成果之一。作为一种基于概率的不确定性推理方法,BN 技术在处理不确定信息的智能化系统中已得到重要的应用,并成功应用于医疗诊断、故障诊断、统计决策、专家系统等领域。这些成功的应用,充分体现了 BN 技术是一种强有力的不确定性推理方法。

贝叶斯网络,又称概率因果网络、信任网络、知识图等,是基于概率分析、图论和贝叶斯理论的一种人工智能研究方法。贝叶斯网络表现为一种赋值的复杂因果关系网络图,网络中的每个节点表示一个变量,即一个事件。各变量之间的有向弧表示事件发生的直接因果关系,并通过条件概率将这种关系数量化,可以表示随机变量因果集的联合概率分布,是一种将因果知识和概率知识相结合的信息表示框架;这种方法可以充分利用定性信息确定网络拓扑结构,定量信息则是由变量的联合概率分布表示。该方法的理论基础决定了它对公私合作制项目风险评价具有如下优点:①公私合作制项目的风险机理和结构关系复杂,简单的概率推理方法不能表示风险源与系统之间的复杂关系,而贝叶斯网络方法可以通过有向图的形式表达风险源、分系统和系统之间的复杂因果关系,这是其他三种不确定性推理方法所不能实现的。②由于公私合作制项目样本量小,采用 BN 技术可以充分利用多种来源的信息;对信息进行融合,以合理评价信用担保项目风险,这是其他三种方法不具备的。③采用 BN 技术,在项目风险静态评价基础上,引入动态贝叶斯网络技术对在保项目风险进行动态评价与监控,有利于保持风险管理过程中技术选择的一致性和连续性,符合风险变化的动态特征。

基于 BN 技术的上述优点,本章在全面考虑公私合作制项目风险影响因素基础上,建立了基于 BN 技术的公私合作制项目风险评价模型,对公私合作制项目风险进行了静态评价,以期为公私合作制项目的风险分担决策提供有力的工具。

一、贝叶斯网络方法的数学描述

给定一个随机变量集 $X = \{X_1, X_2, \cdots, X_n\}$,其中 X_i 是一个 n 维向量。贝叶斯网络表明 X 上的联合条件概率分布。贝叶斯网络定义如下:

$$B = \langle D, P \rangle \tag{6.1}$$

其中,D 表示有向无环图,有向无环图中的节点对应于有限集 X 中的随机变量,弧代表节点之间的依赖关系。如果有一条弧由节点 Y 指向节点 X,则称节点 Y 是节点 X 的父节点,而节点 X 则为节点 Y 的子节点。在 D 中,X_i 的所有双亲变量用集合 $Pa(X_i)$ 表示,在贝叶斯网络中,没有有向弧输入的节点为根节点。有向弧输入的节点为子节点,有向弧输出的节点为父节点。

P 表示用于量化网络的一组参数,对于有向图 D 的根节点要确定先验概率,以 $P(X)$ 表示变量 X 为真的无条件或先验概率。对于子节点要确定在父节点不同状态下的条件概率。变量集 $U = \{X_1, X_2, \cdots, X_n\}$ 的贝叶斯网络就是图形化变量集的联合概率分布,对应于网络中的节点,则联合条件概率分布为:

$$P(U) = p(X_1, X_2, \cdots, X_n) = \prod_{i=1}^{n} p(X_i \mid \pi_i) \tag{6.2}$$

其中，π_i 为 X_i 父节点的集合。X_i 的边缘概率为：

$$p(X_i) = \sum_{accept X_i} p(U) \tag{6.3}$$

由于贝叶斯网络以图形的形式表达了在一定域内的联合条件概率分布，从理论上说可以采用贝叶斯网络方法计算联合概率分布。例如，有一个简单的贝叶斯网络结构，$\omega \rightarrow x \rightarrow y \rightarrow z$，想知道 z 存在条件下，ω 发生的概率，即 $P(\omega \mid z)$，由条件概率公式，可得到：

$$P(\omega \mid z) = \frac{P(\omega, z)}{P(z)} = \frac{\sum\limits_{x,y} P(\omega, x, y, z)}{\sum\limits_{\omega, x, y} P(\omega, x, y, z)} \tag{6.4}$$

其中，$P(\omega, x, y, z)$ 就是贝叶斯网络决定的联合概率分布，在实际应用中这种方法并不可行，系统的状态数与节点数呈指数分布。因此，需要寻找一种简单和更加有效的方法进行统计推断。如在贝叶斯网络中引入条件独立关系，将使计算更为简化。

采用贝叶斯网络研究复杂系统时，通常只考虑直接因果关系，而不考虑间接因果关系，使问题简化。根据贝叶斯网络在域 $U = \{X_1, X_2, \cdots, X_n\}$ 上的局部条件概率分布和条件独立性质，式(6.2)可表示为：

$$P(X_1, X_2, \cdots, X_n) = \prod_{i=1}^{n} P(X_i \mid X_1, X_2, \cdots, X_{n-1}) \tag{6.5}$$

对每个 X_i，存在一个子集 $\Pi_i \subseteq (X_1, X_2, \cdots, X_{n-1})$，使得 X_i 与 $\{X_1, X_2, \cdots, X_{n-1}\}/\Pi_i$ 在给定的 Π_i 的前提下条件独立，有：

$$P(X_i \mid X_1, X_2, \cdots, X_{n-1}) = P(X_i \mid \Pi_i) \tag{6.6}$$

这个问题的基本思想是可以找到子集 Π_i，X_i 仅仅依赖于 Π_i，子集 Π_i 的范围远远小于 $\{X_1, X_2, \cdots, X_n\}$，从而使问题得到简化。在这种情况下，可采用部分贝叶斯网络有向图进行概率推断，变量分别与网络中的节点相对应，X_i 的父节点是 $\{X_1, X_2, \cdots, X_n\}$ 子集 Π_i 中的点。在贝叶斯网络图中父节点组成的域符合条件分布的子集 Π_i，因此符合式(6.6)的描述。

在贝叶斯网络图中，每个节点 X_i 的概率与条件概率分布 $P(X_i \mid \Pi_i)$（X_i 状态 Π_i 上的一个概率）相对应，这些分布可以通过专家信息及先验信息等方法确定。由式(6.4)和式(6.5)，具有节点 $\{X_1, X_2, \cdots, X_n\}$ 的贝叶斯网络确定了唯一的联合概率分布，如式(6.1)所示。

网络结构取决于式(6.5)展开的次数,如果展开次数选择不合理,将忽略变量间条件独立关系。在实际应用中,咨询专家一般可以确定变量之间的因果关系,不需要预先确定其展开次数。也就是说,预先确定贝叶斯网络中的节点,再绘制出与这些节点有直接影响的有向弧;在这种情况下,节点之间相互独立关系是比较准确的。在条件独立的情况下,可将式(6.4)改写为

$$
P(\omega \mid z) = \frac{P(\omega, z)}{P(z)} = \frac{\sum\limits_{x,y} P(\omega, x, y, z)}{\sum\limits_{\omega, x, y} P(\omega, x, y, z)}
$$

$$
= \frac{P(\omega) \sum\limits_{x} P(x \mid \omega) \sum\limits_{y} P(y \mid x) P(z \mid y)}{\sum\limits_{\omega} P(\omega) \sum\limits_{x} P(x, \omega) \sum\limits_{y} P(y \mid x) P(z \mid y)}
\tag{6.7}
$$

也就是说,采用条件独立的方法可以有效降低问题的维数,使统计推断更加简单。

由以上贝叶斯网络方法的数学描述过程,可得到两点结论:

第一,知识获取与推理的复杂度小。贝叶斯网络具有条件独立的特点,可以降低知识获取与推理的复杂程度。也就是说,知识获取时,只需关心与节点相邻的局部网络图,而在推理计算时,只需关心已知节点的相关节点的状态,即可估计该节点的发生概率。

第二,可以在不完备数据集下进行推理。贝叶斯网络方法不需要完备的数据集,就可实现对系统风险度完整的概率描述,解决了传统概率中的棘手问题,而不牺牲其完整性。

二、贝叶斯网络建模的基本步骤

贝叶斯网络的建模可以分为三个阶段七个过程,具体步骤如图 6.1 所示。

(一)明确研究问题

这一阶段分为三个过程。第一个过程是确定相关变量,明确贝叶斯网络建模的边界;第二个过程是确定网络拓扑结构,网络的拓扑结构应能反映研究的问题,并在建模过程中尽可能简化网络结构;第三个过程是将变量表示为统计量,虽然变量在理论上可以表示为连续型和离散型变量,但为了简

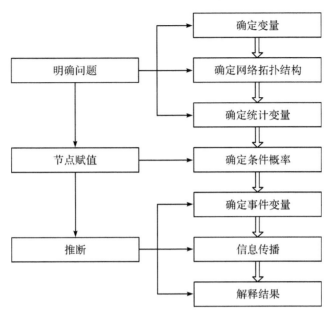

图 6.1　Bayes 网络建模过程

化问题,课题组只将变量设计为离散型变量。实际上,这一阶段中的第二、第三个过程是不断反复进行的,是研究问题不断深入的过程。

（二）贝叶斯网络的节点赋值

这一阶段是对各节点进行赋值,主要是确定根节点的先验概率,以及其他节点的条件概率。对贝叶斯网络的赋值可以通过数据收集和专家信息取得。贝叶斯网络的赋值过程是贝叶斯网络建模过程中最困难的一步。要完成对贝叶斯网络的赋值,需要数据尽可能完备。值得说明的是,建立的贝叶斯网络结构中有些数据是无法搜集的,只能利用专家经验等主观信息,而在一些情况下,专家由于受经验等限制,也不能给出有效的信息,为简化贝叶斯网络赋值过程,本章中主要采取两方面的措施:一是应用贝叶斯网络灵敏度分析方法,对一些非灵敏度节点的赋值,只进行粗略估计,而不影响总体的分析结果;二是采用 Leaky Noisy-OR 模型降低数据需求量。

（三）贝叶斯网络的推断

这一阶段是贝叶斯网络的推断。对于事件变量,它的信息通过信念传播算法,进入贝叶斯网络,再通过条件概率改变网络中其他节点的概率分布,这个过程称为信念传播和概率推断。在整个计算过程中,要充分利用网络结构信息和各节点的条件概率。对于简单的贝叶斯网络,现有的算法可以进行推断;对于复杂的贝叶斯网络,则要采用近似算法。在公私合作制项目风险评价中,可采用模块化结构,结合 Leaky Noisy-OR 模型简化推断过程。

公私合作制项目贝叶斯风险管理模型的构建需要经过以下步骤:

步骤一:确定模型的目标,定义模型要解决的问题。

步骤二:确定与问题有关的因素,选取合适的度量元,即评价指标。在有关因素中选取对问题定义影响较大的、个数适当的子集,即网络的节点集。

步骤三:确定网络拓扑结构,确定各变量的状态空间。

步骤四:进行网络学习,确定各变量在状态空间的概率分布。根据各变量间的结果关系确定变量之间的条件分布。

步骤五:输入证据,进行推理,得到结果。

三、公私合作制项目风险评价的贝叶斯网络建模

公私合作制项目风险评价的贝叶斯网络建模,采用定性与定量相结合的方法,相应地,建模过程也包括定性和定量建模两方面内容。

(一)确定变量,表示成网络中的节点

公私合作制项目风险评价的贝叶斯网络中主要有两类节点:第一类节点为征兆节点,它可以通过观测直接得到;第二类节点为风险原因节点,它是直接的风险源,有正常(N)和风险(F)两种状态;它主要由公私合作制项目风险评价系统中的分系统和子风险源组成。

(二)确定节点之间的因果关系

对于复杂系统的贝叶斯网络,变量之间的因果关系主要有三种,如图6.2所示。

串联关系表示节点 A 的出现将导致节点 B 的出现,节点 B 的出现将导致节点 C 的出现。节点 A 的出现不直接导致节点 C 的出现,但为节点 C 提供一定信息和条件,只有节点 B 的出现直接导致节点 C 的出现,并将节点 A 和节点 C 物理隔离开。如前所述,建模过程中只需考虑直接影响,可以忽略

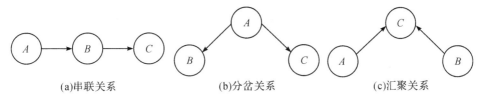

图 6.2　贝叶斯网络变量间的三种因果关系

间接影响。如净资产收益率导致资产收益风险,而资产收益风险将导致盈利能力风险,净资产收益率是导致盈利能力风险的间接因素,而在建模过程中一般只考虑直接因素。

分岔关系表示节点 A 的出现将导致节点 B 和节点 C 出现,节点 A 将节点 B 和节 C 隔离开,节点 B 和节 C 之间没有直接的因果关系。在公私合作制项目风险评价的定性建模中,如设备更新率将同时导致技术装备水平风险和创新物力投入风险,对这类节点要尤为关注,它很可能导致项目担保中的多种风险。

汇聚关系表示节点 A 和节点 B 的单独出现或共同出现将导致节点 C 的出现。如果知道关于节点 C 的信息,则节点 A 和节点 B 之间就存在着相互依赖关系。汇聚关系是贝叶斯网络中最重要的关系,它表示节点之间的条件因果和解释问题的思路。在公私合作制项目风险评价的定性建模中,管理理念和约束激励机制对企业文化风险而言,就是一种汇聚关系。

（三）模块化的贝叶斯网络结构

公私合作制项目由于受到国民经济大系统中多种因素的影响,相当复杂,风险源非常广泛,具有复杂大系统的特点。因此,对其建模有特殊的要求,应采用模块化结构,然后由各模块共同组成系统的 BN 结构。

对于模块化的贝叶斯网络,模块化内节点有紧密的逻辑和物理关系,而模块间的节点则联系比较松散。因此在贝叶斯网络建模过程中可以采用面向对象的方法。已经证明:小的网络结构在数据库管理、概率推断和知识提取等方面都具有一定的优势。

利用不同节点组合成小的贝叶斯网络以减少节点组合的维数度,主要原理是将一些节点综合成中间层次的综合节点,而不直接作为顶层综合节点的父节点,就可以降低数据概率提取的复杂度。例如,如图 6.3(a)所示的四个节点 A、B、C 和 D 的贝叶斯网络结构图,每个节点有四种状态,条件概

率 $P(A|B,C,D)$ 一共有 $4^4=256$ 个取值。

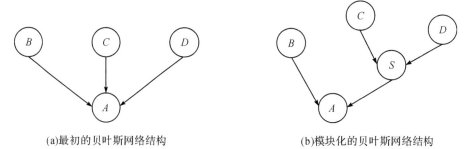

(a)最初的贝叶斯网络结构   (b)模块化的贝叶斯网络结构

图6.3 最初和模块化的贝叶斯网络结构

引入节点,如图 6.3(b)所示,就可以将这一条件概率分布 $P(D|A,B,C)$ 表分解为两个条件概率表 $P(A|B,S)$ 和 $P(S|C,D)$,引入新的节点后就可以应用 32 个(4^2+4^2)概率值代替原来的 256 个概率值。

组成模块化贝叶斯网络结构的一个关键问题是确定模块化结构。模块化结构实际上是根据不同节点的特性,将不同节点隔离开,模块内的节点应与模块外的节点相互独立,在模块内添加的综合节点应满足不同父节点对综合节点的条件概率可以交换。以图 6.3 为例,对父节点 C 和父节点 D 来说,它们对子节点 A 的影响是可交换的。节点 S 状态取值将影响条件概率 $P(A|B,S)$,而节点 C 和节点 D 的改变都不会影响节点 S 的状态。

四、公私合作制项目风险评价的贝叶斯网络定量建模

在公私合作制项目风险评价建模中,通常存在的情况是多个风险源共同导致某种风险或系统风险,也就是说在贝叶斯网络图中某个子节点具有 n 个父节点,如图 6.4 所示。假设结果节点 E 具有 n 个父节点(C_1,C_2,…,C_n),所有节点都具有两种状态:正常(N)和风险(F),那么具有 n 个父节点的子节点 E 就有 2^n 个条件概率取值。面对大规模的数据需求量,一方面,统计推断和操作的难度呈几何级数增加;即便是专家也很难给出各种风险源相互作用产生的系统风险;另一方面,数据一般不容易取得,在实际条件下很难验证几种因素相互作用可能导致的风险。

综上所述,基于贝叶斯网络的公私合作制项目风险评价面对的是不完备数据结构,且在统计推断上又要求一定程度简化。

变量之间的条件独立能在一定程度上降低贝叶斯网络对数据的需求量,并简化统计推断过程。例如,两个变量 A 和 B,相对于第三个变量 C 条件独立,因此有 $P(A|C,B)=P(A|C)$,也就是说如果知道了 C 的概率值,不管 B 的取值如何,都不影响变量 A 的概率值。

J. H. Kim 和 J. Pearl 提出 Noisy-OR 模型,就是针对条件独立关系建立的数据模型,意在降低对数据的需求,并提高统计推断的效率。这个模型成立的基本条件就是针对问题的性质,添加限制条件,采用小的局部贝叶斯网络结构(模块化建模为本文采用这种方法提供了客观可能),在这个小的贝叶斯网络图中,各变量相互独立,重新确定贝叶斯网络结构图,并进行统计推断。在这种假设下,只需确定 $P(E|C)$ 和 $P(\overline{E}|\overline{C})$ 等 $2n$ 个参数就可以完成对整个贝叶斯网络的推断。将这种方法引入公私合作制项目风险评价的贝叶斯网络建模中,可以大大减少对数据的需求,使得贝叶斯网络方法在实际的公私合作制项目风险评价中更具操作性。

在图 6.4 所示的贝叶斯网络结构图中,Noisy-OR 模型的基本假设是:①当其他父节点都处于正常状态时,节点 C 发生风险将导致子节点 E 以概率 P_i 引发风险;②每个父节点的风险均单独出现。

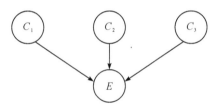

图 6.4　多因素影响结果节点的贝叶斯网络拓扑结构

这两个假设的基本含义就是风险发生机制是相互独立的,对于公私合作制项目风险评价而言,可以采用模块化结构来满足这种要求。通过以上假设,只利用 n 个参数 $p_1,p_2,\cdots,p_n$ 就可以确定子节点的条件概率分布 $P(E|C_1,C_2,\cdots,C_n)$。p_i 代表只有父节点 C_i 存在风险时,而其他父节点 C_j $(j\neq i)$ 均正常时,子节点 E 发生风险的概率。其表达式为

$$p_i=P(E=R|C=R\text{only})=P(E=R|C_1=N,$$
$$C_2=N,\cdots,C_i=R,\cdots,C_{n-1}=N,C_n=N) \tag{6.8}$$

在所有父节点 $C_1,C_2,\cdots,C_n$ 的共同作用下,子节点 E 引发风险的概率为:

$$P(E \mid H) = 1 - \prod_{i = C_i \in H^+} (1 - p_i) \qquad (6.9)$$

其中,H代表所有父节点 $C_1, C_2, \cdots, C_n$ 组成的集合,H^+代表所有的处于"真"状态的节点组成的集合。如果 H^+ 为空,则在现有节点状态下,引发风险的概率为 0,这种结果适用于简单系统。

子节点 E 的边缘概率可表示为:

$$P(E) = \sum_{H^+} P(E \mid H) \qquad (6.10)$$

第二节　基于贝叶斯网络的公私合作制项目风险评估指标体系构建

一、公私合作制项目风险管理的参与主体

公私合作制项目业务参与主体型态具有典型的社会化和多元化特征。从目前的公私合作制项目实际运作来看,一般包括六大类的参与主体,分别是:公私合作制项目 SPV[①]、公众、协作银行、政府、社会投资方、公私合作制公共服务平台[②]。其中,公私合作制项目风险管理的对象是公私合作制项目SPV,公私合作制项目目标的实现要依靠公私合作制项目 SPV 与其他五类参与主体的互动关系来实现,因此,五类参与主体也是风险管理评价中必须考虑在内的。

从单个公私合作制项目融资角度来看,要充分反映公私合作制项目融

　　[①]　SPV(special purpose vehicle)是为公私合作制项目成立的特别目的公司。财政部《公私合作制项目合同指南(试行)》(财金〔2014〕156 号)中提出,公私合作制项目公司是依法设立的自主运营、自负盈亏的具有独立法人资格的经营实体。项目公司可以由社会资本(可以是一家企业,也可以是多家企业组成的联合体)出资设立,也可以由政府和社会资本共同出资设立。

　　[②]　公私合作制公共服务平台的主要功能是对公私合作制项目进行客观、公正、科学评价分析的第三方机构,本书认为市场化的会计、审计、评级机构和政府性的审计机构是其主体形态。在主体互动结构中,本部分以审计机构作为观察公私合作制项目风险管理的特定视角。此外,本节风险评估的实证分析所采用的数据也来自浙江省某市对公私合作制项目的审计资料,基于保密性要求,原始数据不予披露。

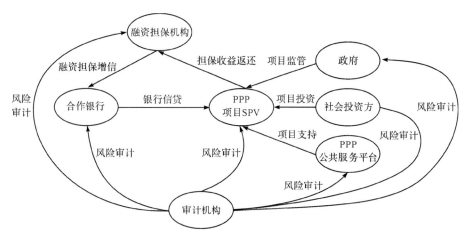

图 6.5 公私合作制项目风险设计的参与主体互动关系

资所受各种风险源的影响,一般而言需要考虑 10 个方面的风险,具体包括公私合作制项目的政治风险、金融风险、不可抗力风险、法律风险、技术(建设)风险、道德风险、财务风险、市场风险、管理风险、行业风险等(贾丽丽等,2018)。其中,不可控风险包括政治风险、金融风险、不可抗力风险、法律风险、技术(建设)风险,在公私合作制项目风险管理中可以不纳入风险评价范围。但基于对六个参与主体在公私合作制项目业务中互动关系的考虑,公私合作制项目风险管理必须涵盖的风险包括道德风险、财务风险、市场风险、管理风险、行业风险五个方面(荆娴等,2016)。

二、公私合作制项目风险管理的风险类型及指标

(一)道德风险测度指标

道德风险是与公私合作制项目 SPV 内部控制相关的风险。风险管理主要聚焦于道德失范导致的三类资源结构错配现象:一是金额总量结构错配率,反映公私合作制项目 SPV 实际金额与规划金额的差距。错配率越小,道德风险越小;反之,则道德风险越大。二是资金的期限结构错配率,反映公私合作制项目 SPV 资金期限与投向期限之间的匹配关系。短贷长投的比重越大,错配率越高,道德风险就越大;反之,则道德风险越小。三是公私合作制项目收益结构错配率,反映公私合作制项目实际收入变动趋势与收益返还的匹配关系。前盈后亏和前亏后盈的收益匹配机构都是导致风险加剧的重要影响因素。具体指标如下:

总量结构错配率＝实际金额/规划资金需求金额

期限结构错配率＝短贷长投担保金额/规划资金需求金额

收益结构错配率＝收入返利失配金额/规划资金需求金额

（二）财务风险的测度指标

财务风险是与公私合作制项目 SPV 资金运营过程中财务状况相关的风险，主要来自 SPV 自身财务状况的不确定性。公私合作制项目 SPV 自有资本是反映公私合作制项目发起方投入资本规模的关键性指标，自有资本的比率越高，财务风险就越低。SPV 在经营过程中获取的经营性现金流覆盖当期债务比率（以下简称经营性现金流覆盖率），反映了其经营性现金流承担当期债务和风险补偿的能力，覆盖率越高，则财务风险越低。SPV 经营收入中使用者付费维持较高比例也是有效降低财务风险的手段，因此，与之相对应的政府采购占 SPV 全部收入比重可以反映这一状况。具体指标如下：

自有资本比率＝自有资本/总资本

经营性现金流覆盖率＝当期经营性现金流/当期还债责任

政府采购占全部收入比重＝政府采购收入/全部经营收入

（三）市场风险的测度指标

市场风险是公私合作制项目 SPV 投入运营后所面临的风险。其中，公私合作制项目对应的运营业务的经营利润率是关键性指标，利润率越高，说明承担市场风险的能力越强；反之则弱。公私合作制项目业务收益率与银行贷款利率的利差也有重要影响，利差越大，市场风险越小；反之则越大。公私合作制项目的担保费率覆盖率应当在项目的中长期中大于警戒水平，覆盖率越高，风险承受能力越强。具体指标如下：

经营利润率＝利润/经营收入

经营利润率与银行贷款利率差＝经营利润率－银行贷款利率

担保费率覆盖率＝经营利润率与银行贷款利率差－费率

（四）行业风险的测度指标

行业性风险主要用来考察公私合作制项目所处行业竞争对公私合作制项目履约的冲击。区域人口规模异常波动可看作公私合作制项目所处行业内比较大的冲击事件，可以用统计人口占预期人口的比重来反映公私合作制项目所处行业的成长性风险;区域内同质公私合作制项目溢出倍率,是实际项目数与区域可承载同质公私合作制项目上限数量之比,这一指标反映了区域可承载同质公私合作制项目的放大倍率,放大倍率超出合理水平就会有较大的竞争性风险;公私合作制项目跨行业经营倍率,反映公私合作制项目跨行业经营的风险影响,跨行业经营范围越广,行业风险就越大。具体指标如下:

区域人口规模异动比率=人口普查人口数/规划预期人口数

同质竞争项目放大倍率=实际同质公私合作制项目数/区域同质公私合作制项目上限数

公私合作制项目跨行业经营倍数=公私合作制项目跨行业实际数/公私合作制项目跨行业基准数

（五）管理风险的测度指标

公私合作制项目是通过增信机制放大融资功能,其日常业务运营的管理水平与其他金融业态相比没有本质的差别。因此,如果公私合作制项目SPV在业务管理过程中的能力出现缺陷或存在不足,都会诱发严重的管理风险。从公私合作制项目业务的运营情况来看,风险源主要来源于人力资源、学历结构和业务能力三个方面,具体可以用人员配备充足率、本科学历及以上员工比重、专业技术人员比重三个指标来表示。具体指标如下:

人员配备充足率=SPV实际在岗人员数/规划在岗人员数

本科学历及以上员工比重=本科学历及以上员工数/全部员工人数

专业技术人员比重=持证专业技术人员数/全部员工人数

基于上述风险衡量指标,可以设计一个基于贝叶斯的风险传导和触发机制,全面描述公私合作制项目风险的拓扑结构(见图 6.6—图6.11)。

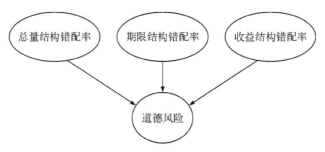

图6.6 公私合作制项目道德风险的贝叶斯网络结构

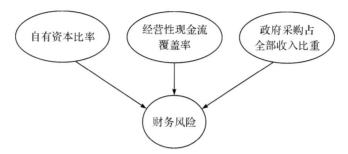

图 6.7　公私合作制项目财务风险的贝叶斯网络结构

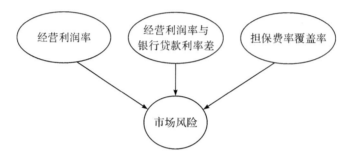

图 6.8　公私合作制项目市场风险的贝叶斯网络结构

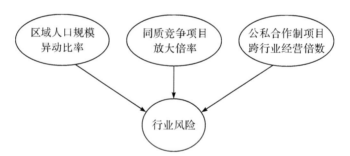

图 6.9　公私合作制项目行业风险的贝叶斯网络结构

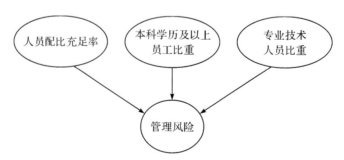

图 6.10　公私合作制项目管理风险的贝叶斯网络结构

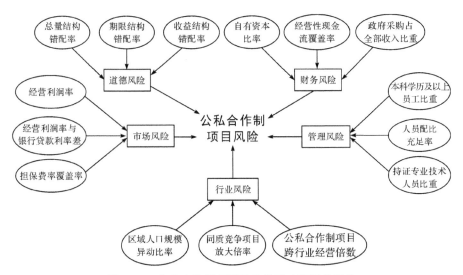

图 6.11 公私合作制项目风险的贝叶斯网络结构

三、指标与风险之间的映射关系

对于定量指标,通过风险审计程序只能得到具体的数值,如自有资本率等,并没有表示成直接的风险率,只是说明自有资本率在多大的幅度内可能导致发生风险的概率,因此有必要建立具体的评价指标对风险的映射关系。评价指标的映射关系,表明指标对公私合作制项目风险的作用程度。所有评价指标的风险值的综合,可得到公私合作制项目风险率。各评价指标的映射函数详见表 6.1。

表 6.1 风险审计评价指标与风险概率之间的映射关系

风险指标	低	较低	中等	较高	高
	[0,0.05)	[0.05,0.10)	[0.10,0.20)	[0.20,0.25)	[0.25,0.3]
总量结构错配率	≤20%	20%~30%	30%~40%	40%~50%	≥50%
期限结构错配率	≤5%	5%~10%	15%~20%	20%~25%	≥25%
收益结构错配率	≤10%	10%~20%	20%~30%	30%~40%	≥40%
自有资本比率	≥80%	80%~60%	60%~50%	50%~30%	≤30%
经营性现金流覆盖率	≥100%	100%~90%	90%~80%	80%~60%	≤60%
政府采购占全部收入比重	≤30%	30%~40%	40%~50%	50%~60%	≥60%

续表

风险指标	低	较低	中等	较高	高
	$[0,0.05)$	$[0.05,0.10)$	$[0.10,0.20)$	$[0.20,0.25)$	$[0.25,0.3]$
经营利润率①	≥12%	12%～11%	11%～9%	9%～7%	≤7%
经营利润率与银行贷款利率差	≥7%	7%～6%	6%～5%	5%～4%	≤4%
担保费率覆盖率②	≥100%	100%～90%	90%～80%	80%～70%	≤70%
区域人口规模异动比率	≤0.5%	0.5%～0.8%	0.8%～1.0%	1.0%～1.2%	≥1.2%
同质竞争项目放大倍率	≤1	1～1.2	1.2～1.4	1.4～1.5	≥1.5
公私合作制项目跨行业经营倍数③	≤1	1～2	2～3	3～4	≥4
人员配备充足率	≥80%	80%～60%	60%～40%	40%～20%	≤20%
本科学历及以上员工比重	≥50%	40%～50%	30%～40%	20%～30%	≤20%
持证专业技术人员比重	≥30%	30%～20%	20%～10%	5%～10%	≤5%

　　本章选择浙江省某市某公私合作制项目某年的风险审计数据作为实证分析样本,检验本项目风险审计评价指标体系的可行性。各风险指标的风险概率值的确定原则:风险水平低和较低两档取最大概率,风险水平中等、较高和高取最小概率。样本公私合作制项目的风险审计评价指标及其映射概率详见表6.2。

————————

　　① 华夏新供给经济学研究院院长贾康认为,国内 PPP 项目收益率或维持在 7% 至 12% 之间(周雪松,2016)。

　　② 资料来源:《国务院办公厅转发发展改革委等部门关于加强中小企业信用担保体系建设意见的通知》(国办发〔2006〕90 号)。基准担保费率可按银行同期贷款利率的 50% 执行,具体担保费率可依项目风险程度在基准费率基础上上下浮动 30%～50%,也可经担保机构监管部门同意后由担保双方自主商定。2017 年银行贷款三到五年利率为 4.9%,则担保费率的标准确定为 4% 较为合理。上海融资担保行业中,政策性担保机构担保费率一般为 1%～2%,商业性担保机构担保费率一般为 2%～4%。

　　③ 打包类型公私合作制中,容易存在项目边界不清、财务测算不统一等问题,进而导致财政补贴扩大化。如某复杂的公私合作制项目,包括旅游购物设施、文化娱乐设施、游客接待中心、餐饮设施、住宿设施、道路交通配套、给排水配套、电力电信配套、燃气热力配套、环卫设施配套、标识配套等 10 个子项目(谢娜,2016)。

表 6.2　样本公私合作制项目风险审计评价指标数值及其概率

风险类型	风险指标	编号	指标数值	风险概率/%
道德风险 （MR）B1	总量结构错配率	X1	48.00	20.00
	期限结构错配率	X2	12.00	10.00
	收益结构错配率	X3	33.00	20.00
财务风险 （FR）B2	自有资本比率	X4	52.00	10.00
	经营性现金流覆盖率	X5	78.00	10.00
	政府采购占全部收入比重	X6	5.00	5.00
市场风险 （MKR）B3	经营利润率	X7	10.00	10.00
	经营利润率与银行贷款利率差	X8	6.00	10.00
	担保费率覆盖率	X9	100.00	5.00
行业风险 （IR）B4	区域人口规模异动比率	X10	1.17	20.00
	同质竞争项目放大倍率	X11	1.22	10.00
	公私合作制项目跨行业经营倍数	X12	3.50	20.00
管理风险 （MAR）B5	人员配备充足率	X13	67.00	5.00
	本科学历及以上员工比重	X14	26.00	20.00
	持证专业技术人员比重	X15	14.00	10.00

资料来源：根据样本公私合作制项目融资担保风险审计评价指标测算。

第三节　公私合作制项目风险分担机制分析

公私合作制项目风险分担机制分析的主要任务是，在厘清公私合作制项目风险评价的指标体系并设定先验风险概率后，系统确定公私合作制项目风险分担参与主体，解构风险分担机制，厘定风险分担作用机理。

一、公私合作制项目参与主体的确定

公私合作制项目参与主体型态具有典型的社会化和多元化特征。从目

前的行业实际运作来看,一般包括六大类参与主体:

（一）公私合作制项目 SPV

企业公私合作制项目是公私合作制项目的微观存在主体型态,一个区域经济体系中要构建公私合作制项目就必须有一定数量和执业规模的企业公私合作制项目。

（二）公众

公众是公私合作制项目服务的终极对象,是公私合作制项目赖以存在和发展的市场基础。但公众作为公共物品的消费者,在公私合作制项目的风险管理传统模式是不出现的。只有公众以投资人的身份进入项目,才会出现在公私合作制项目的风险分担机制设计中。

（三）协作银行

协作银行是企业公私合作制项目进行担保业务的重要合作伙伴,也是公私合作制项目提升行业运行绩效、降低运行风险的重要影响因素。

（四）政府

政府不仅是公私合作制行业执业制度的制定者,同时也是通过政策调控实现公私合作制项目服务当地公众、助力区域经济发展、改善企业困境的重要主导力量。

（五）风险投资

公私合作制项目的运营要想实现市场化和可持续良性发展,必须借助市场资金的力量实现担保业务规模的扩展,风险投资是重要的参与力量。

（六）公共服务平台

公私合作制项目系统降低风险、提高公共服务功能,不仅单纯依靠公私合作制项目中的政府、合作银行和 SPV,还需要与之配套的公共平台提供高水平的公共服务。

二、公私合作制项目风险分担机制的解构

公私合作制项目风险分担机制从职能发挥的角度可以进一步进行系统的解构,分解为四大子机制,分别是协同机制、管理机制、激励机制和调控机制。

（一）协同机制

公私合作制项目作为公共物品供给实现的顶层设计，最基础性的功能就是强化各参与主体之间经济活动的协同效应，提升项目内机构间协同水平，降低信息不对称所导致的运营风险。协同机制作用效应的强弱靠参与主体之间协作关系的密切程度来判断。

（二）管理机制

公私合作制项目是一个亦虚亦实的组织管理机构，它的存在不直接干预各参与主体日常的具体业务，而是通过制定管理运行制度来保障风险分担机制在日常运营中的运转。

（三）激励机制

公私合作制项目是建立在市场经济基础上的市场自我调节机制，因此在实际运营过程中，主要通过激励机制的设计和优化，来降低各参与主体执业的系统风险，提高公私合作制项目投资收益率和服务产出率。

（四）调控机制

公私合作制项目的调控机制是指根据市场发展实际，系统持续推进风险分担机制调整优化的功能，在这一运作机制中，政府必须发挥其应有的组织和调控作用。

三、公私合作制项目风险分担机制的作用机理

公私合作制项目风险分担机制的作用机理可以从系统运行过程中各类风险发生作用的角度加以审视。从公私合作制项目运行的角度可以划分出六个基本的流程：构建合作关系、确定风险主体、测定风险水平、分配风险配额、实施运营管理、合理分担风险。在六个流程依次有序推进的过程中，五类风险会存在于不同的流程环节中。一般而言，道德风险多发生于构建合作关系、分配风险配额和合理分担风险三个环节，财务风险多发生于构建合作关系、确定风险主体和测定风险水平三个环节，市场风险多发生于确定风险主体、测定风险水平和实施运营管理三个环节，行业风险多发生于分配风险配额和实施运营管理两个环节，管理风险多发生于实施运营管理和合理分担风险两个环节。具体的相互关系见图 6.12。

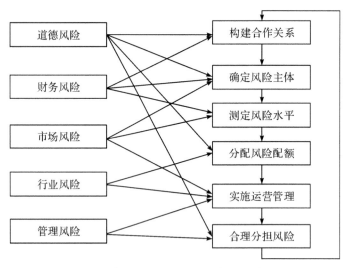

图 6.12　公私合作制项目运行流程与风险的相互关系

第四节　公私合作制项目不同模式间的
风险分担绩效评价

公私合作制项目风险分担机制分析不是静态的审视,而是要通过发展现状及机制运行绩效分析摸索机制优化的路径和方向。因此,公私合作制项目风险分担机制的研究需要进行不同情景的比较分析,本节根据公私合作制项目发展现状和风险分担机制运行的实际,重点研究三种差异化模式下公私合作制项目风险分担机制作用绩效的异同。

一、公私合作制项目风险分担机制设计的模式类别

根据当前和全国的基本情况,本节将公私合作制项目风险分担机制所处的情景划分为三种模式:基准模式、干预模式和系统模式。

（一）基准模式

公私合作制项目市场中主要存在四类主体:政府、合作银行、公私合作

制项目和社会资本。其中政府只发挥公私合作制项目市场监管作用,不介入公私合作制项目机构与社会资本间的内部交易,只对公私合作制项目市场的秩序进行监管。公私合作制项目之间保持松散的业务合作关系,各自对申请担保的企业提供担保,合作银行根据担保协议,向企业提供资本。

基准模式下,公私合作制项目风险分担机制的主要实现手段有三类:一是反担保,即企业公私合作制项目向社会资本要求对担保项目进行反担保。二是联保,即公私合作制项目向多家社会资本要求对担保项目进行联合反担保。三是股权担保,即公私合作制项目将社会资本的股权作为质押的工具,一旦出现违约风险,不仅可以通过追偿的方式减少损失,还可以通过直接控制企业的经营实现风险损失的有效控制。

基准模式下公私合作制项目对道德风险和管理风险控制能力有限,不可控因素来自两个方面:一是来自市场中的被担保对象,存在信息不对称的情况,公私合作制项目风险控制的成本较高;二是来自合作银行,合作银行一般具有对公私合作制项目的议价优势,因此很容易将自身风险转移至公私合作制项目。具有一定可控性的风险主要是公私合作制项目内部业务范围内的财务风险、市场风险和行业风险,但控制能力也十分有限。

(二)干预模式

公私合作制项目市场中存在五类主体:公私合作制项目 SPV、政府、合作银行、公私合作制项目和社会资本。其中政府不仅仅只发挥公私合作制项目市场监管作用,更从公私合作制项目市场行为的公共性角度出发,利用公共财政的政策工具,深度介入公私合作制项目机构与社会资本间的内部交易,即对公私合作制项目市场的秩序进行监管,也直接干预公私合作制项目内部运营,保证公私合作制项目获得合理的风险收益。公私合作制项目的构建也直接产生对公私合作制项目市场的影响,通过整合和集成市场资源为各类市场主体提供服务,但企业公私合作制项目之间仍保持松散的业务合作关系,各自对申请担保的企业提供担保,合作银行根据担保协议,向企业提供。

干预模式下,公私合作制项目风险分担机制的主要实现手段有四类:除了基准模式中的反担保、联保和股权担保三种措施外,还增加了财政补贴,即政府按照公私合作制项目运行担保项目的资金规模给予风险补偿金。

干预模式下,公私合作制项目只有道德风险是不可控风险,管理风险由于政府干预的实施,公私合作制项目管理风险的控制能力大大增强。因此,可控风险范围拓展到财务风险、市场风险、行业风险和管理风险四类。道德风险不可控仍然是由于被担保对象和合作银行两个方面的道德风险不可控。

(三)系统模式

公私合作制项目市场中存在七类主体:公私合作制项目 SPV、政府、合作银行、公众、社会资本、风险投资和公共服务平台。其中政府不仅发挥公私合作制项目市场监管作用,通过财政政策直接干预公私合作制项目运营绩效,还从调控角度设定公私合作制项目演进的制度轨迹。SPV 之间以及 SPV 与合作银行之间在公私合作制项目的整合下,形成紧密的业务合作关系,任意一笔由企业提供担保的业务的信息都会在系统中共享。担保业务的资金供给者中,除合作银行外,社会性风险投资也可以进入担保业务的系统中,既可以向企业提供,也可以充实公私合作制项目的资本金。公私合作制项目与配套的公共服务平台良性互动,为企业提供整体服务,系统降低公私合作制项目运作的摩擦成本。

系统模式下,公私合作制项目风险分担机制在反担保、联保、股权担保、政府补贴基础上,进一步提高市场化水平的手段主要有两类:一是风险投资,即在银行单一渠道之外,通过体制机制创新,引入风险投资,按照担保项目的风险水平给予回报率;二是供应链集成,即针对加入供应链运行的企业进行担保,通过与供应链管理系统的有机对接,保障公私合作制项目业务的系统风险水平大幅度降低。

系统模式下,公私合作制项目对全部五种风险都具有控制能力,风险可控水平的提高,得益于公私合作制项目对资源的整合和集成,提升了公私合作制项目各类资源的使用效率,降低了系统风险,更重要的是,系统模式下的政府职能的变化改变了公私合作制项目运作系统风险分担的生态。政府将从经济系统视角审视公私合作制项目风险分担机制的社会功能,通过发行支持企业发展的地方政府专项公债等公共财政政策手段筹集风险补偿基金,构建分担公私合作制项目风险的可持续发展机制。

二、基准模式下的公私合作制项目风险分担机制绩效

基准模式下的公私合作制项目风险分担机制设计只能将风险分担给社

会资本,或者在公私合作制项目内部消化,机制运行的风险控制绩效可以通过公私合作制项目风险评估指标的经验概率和条件概率计算得到。

(一)五类风险的发生概率

以公私合作制项目的道德风险(MR)的计算为例。道德风险(MR)由注册资本实收率(X_1)、违约代偿率(X_2)和银行留贷率(X_3)共同决定。三个风险源均可单独或共同导致道德风险,根据专家经验和统计信息可以确定参数为:

$$P(X_1=R)=0.1, P(MR=R \mid X_1=R)=0.4,$$
$$P(MR=N \mid X_1=N)=0.65$$
$$P(X_2=R)=0.2, P(MR=R \mid X_2=R)=0.4,$$
$$P(MR=N \mid X_2=N)=0.65$$
$$P(X_3=R)=0.25, P(MR=R \mid X_3=R)=0.4,$$
$$P(MR=N \mid X_3=N)=0.70$$

分别计算各风险源出现风险,导致道德风险的概率,则在现有风险源的状态下,公私合作制项目发生道德风险的概率为 $P(MR=R)=0.270$。同理,公私合作制项目的财务风险(FR)、市场风险(MKR)、行业风险(IR)、管理风险(MAR)的概率分别为:$P(FR=R)=0.318$,$P(MKR=R)=0.322$,$P(IR=R)=0.412$,$P(MAR=R)=0.412$。

(二)公私合作制项目风险的发生概率

以公私合作制项目道德风险(MR)的计算为例。五个风险源均可单独或共同导致道德风险,根据专家经验和统计信息可以确定参数为:

$$P(B_1=R)0.270, P(C=R \mid B_1=R)=0.400, P(C=N \mid B_1=N)=0.700$$
$$P(B_2=R)0.318, P(C=R \mid B_2=R)=0.420, P(C=N \mid B_2=N)=0.750$$
$$P(B_3=R)0.322, P(C=R \mid B_3=R)=0.420, P(C=N \mid B_3=N)=0.750$$
$$P(B_4=R)0.412, P(C=R \mid B_4=R)=0.450, P(C=N \mid B_4=N)=0.750$$
$$P(B_5=R)0.412, P(C=R \mid B_5=R)=0.450, P(C=N \mid B_5=N)=0.750$$

分别计算五个风险源出现风险,导致公私合作制项目道德风险的概率,则在现有风险源的状态下,公私合作制项目发生风险的概率为 $P(C=R)=0.724$。具体贝叶斯网络计算过程见表 6.3 和图 6.13。

表 6.3　贝叶斯网络算法下公私合作制项目风险分担基准模式的风险概率值

风险	指标	编号	$P(X_i=R)$	$P(B_i=R\|X_i=R)$	$P(B_i=N\|X_i=N)$	$P(x_i)$	$P(B_i=R)$	$P(C=R\|B_i=R)$	$P(C=N\|B_i=N)$	$P(b_i)$	$P(C=R)$
道德风险 （MR） B_1	总量结构错配率	X_1	0.100	0.400	0.650	0.077					
	期限结构错配率	X_2	0.200	0.400	0.650	0.077	0.270	0.400	0.700	0.143	
	收益结构错配率	X_3	0.250	0.400	0.700	0.143					
财务风险 （FR） B_2	自有资本比率	X_4	0.200	0.400	0.650	0.077					
	经营性现金流覆盖率	X_5	0.300	0.400	0.750	0.200	0.318	0.420	0.750	0.227	
	政府采购片 全部收入比重	X_6	0.200	0.400	0.650	0.077					
市场风险 （MKR） B_3	经营利润率	X_7	0.250	0.400	0.700	0.143					
	经营利润率与 银行贷款利差	X_8	0.200	0.400	0.650	0.077	0.322	0.420	0.750	0.227	
	担保费率覆盖率	X_9	0.250	0.400	0.700	0.143					
行业风险 （IR） B_4	区域人口规模异动比率	X_{10}	0.250	0.400	0.700	0.143					
	同质竞争项目放大倍率	X_{11}	0.250	0.400	0.700	0.143	0.412	0.450	0.750	0.267	
	公私合作制项目跨行业 经营倍数	X_{12}	0.300	0.400	0.750	0.200					
管理风险 （MAR） B_5	人员配备充足率	X_{13}	0.250	0.400	0.700	0.143					
	本科学历以上员工比重	X_{14}	0.300	0.400	0.750	0.200	0.412	0.450	0.750	0.267	0.724
	持证专业技术人员比重	X_{15}	0.250	0.400	0.700	0.143					

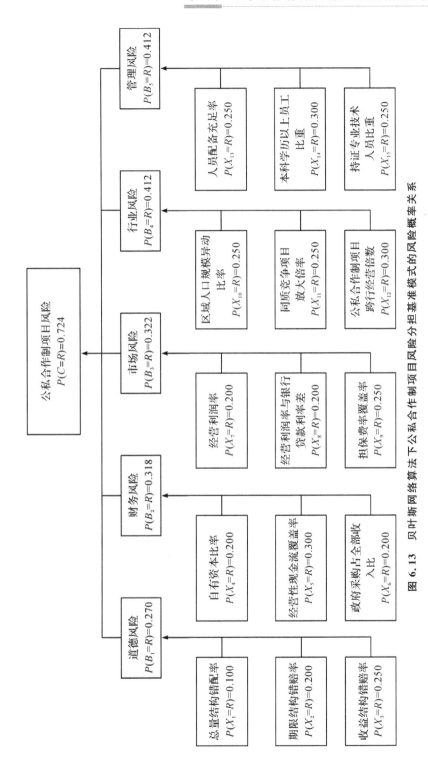

图 6.13　贝叶斯网络算法下公私合作制项目风险分担基准模式的风险概率关系

从表 6.3 和图 6.13 中可以看出,按照贝叶斯网络法,在 15 个风险源指标的经验概率和相应的条件概率设定参数基础上进行测算,公私合作制项目风险发生概率高达 0.724,公私合作制项目的基准模式风险分担机制设计使得系统风险在企业公私合作制项目、合作银行和社会资本三者之间的分担绩效并不显著,公私合作制项目风险处于较高的水平。

三、干预模式下的公私合作制项目风险分担机制绩效

干预模式下的政府干预和公私合作制项目干预可以有效影响基准模式下公私合作制项目风险的发生概率,政府干预通过财政补贴手段,在基准模式下公私合作制项目风险分担机制条件下,按照公私合作制项目运行担保项目的资金规模给予风险补偿金。干预模式下,公私合作制项目只有对道德风险是不可控的,而对财务风险、市场风险、行业风险和管理风险四类风险的控制能力大大增强。控制能力的增强表现政府补贴可以使公私合作制项目有足够的利润补偿对财务风险、市场风险、行业风险和管理风险四类风险的经验概率和相应的条件概率做出调整。从参数设定表现为,各指标发生风险的经验概率和条件概率下调,而不发生风险的条件概率上调。

干预模式下可控的四类风险的 12 个风险指标的经验概率 $P(X_i=R)$ 和条件概率 $P(B_i=N \mid X_i=N)$ 全部上调 0.05 个单位,条件概率 $P(B_i=R \mid X_i=R)$ 全部下调 0.05 个单位,四类风险的条件概率 $P(C=R \mid B_i=R)$ 统一下调为 0.400。分别计算五类风险源出现风险,发生公私合作制项目风险的概率,则在干预模式的风险源条件下,公私合作制项目发生风险的概率为 $P(C=R)=0.649$。具体贝叶斯网络计算过程见表 6.4 和图 6.14。

从表 6.4 和图 6.14 中可以看出,公私合作制项目的干预模式风险分担机制设计使得系统风险在企业公私合作制项目、政府、合作银行和社会资本四者之间的分担绩效出现了提升,公私合作制项目风险值由 0.724 下降为 0.649,有了一定程度的改善,说明政府干预是有效的风险分担运行机制。

四、系统模式下的公私合作制项目风险分担机制绩效

系统模式下,公私合作制项目对全部五类风险都具有控制能力,特别是对道德风险的控制能力大大增强。系统模式下的五类风险的 15 个风险指

表 6.4　干预模式下的公私合作制项目风险概率值

	指标	编号	$P(X_i=R)$	$P(B_i=R\mid X_i=R)$	$P(B_i=N\mid X_i=N)$	$P(x_i)$	$P(B_i=R)$	$P(C=R\mid B_i=R)$	$P(C=N\mid B_i=N)$	$P(b_i)$	$P(C=R)$
道德风险 (MR) B_1	总量结构错配率	X_1	0.100	0.400	0.650	0.077					
	期限结构错配率	X_2	0.200	0.400	0.650	0.077	0.270	0.400	0.700	0.143	
	收益结构错配率	X_3	0.250	0.400	0.700	0.143					
财务风险 (FR) B_2	自有资本比率	X_4	0.150	0.350	0.700	0.071					
	经营性现金流覆盖率	X_5	0.250	0.350	0.800	0.188	0.299	0.400	0.750	0.200	
	政府采购占全部收入比重	X_6	0.150	0.350	0.700	0.071					
市场风险 (MKR) B_3	经营利润率	X_7	0.150	0.350	0.750	0.133					
	经营利润率与银行贷款利差	X_8	0.150	0.350	0.700	0.071	0.303	0.400	0.750	0.200	0.649
	担保费率覆盖率	X_9	0.200	0.350	0.750	0.133					
行业风险 (IR) B_4	区域人口规模异动比率	X_{10}	0.200	0.350	0.750	0.133					
	同质竞争项目放大倍率	X_{11}	0.200	0.350	0.750	0.133	0.390	0.400	0.750	0.200	
	公私合作制项目跨行业经营倍数	X_{12}	0.250	0.350	0.800	0.188					
管理风险 (MAR) B_5	人员配备充足率	X_{13}	0.250	0.350	0.800	0.188					
	本科学历以上员工比重	X_{14}	0.250	0.350	0.800	0.188	0.390	0.400	0.750	0.200	
	持证专业技术人员比重	X_{15}	0.200	0.350	0.750	0.133					

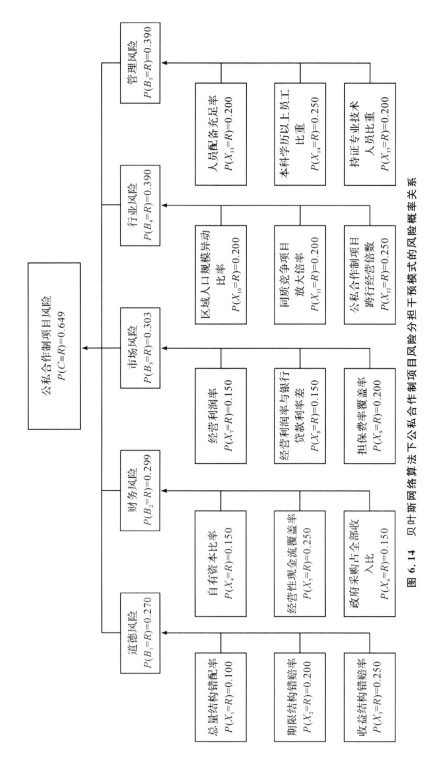

图 6.14 贝叶斯网络算法下公私合作制项目风险分担干预模式的风险概率关系

表 6.5　系统模式下的公私合作制项目风险概率值

风险类别	指标	编号	$P(X_i=R)$	$P(B_i=R\mid X_i=R)$	$P(B_i=N\mid X_i=N)$	$P(x_i)$	$P(B_i=R)$	$P(C=R\mid B_i=R)$	$P(C=N\mid B_i=N)$	$P(b_i)$	$P(C=R)$
道德风险 (MR) B_1	总量结构错配率	X_1	0.100	0.350	0.700	0.071					
	期限结构错配率	X_2	0.150	0.350	0.700	0.071	0.253	0.350	0.700	0.071	
	收益结构错配率	X_3	0.200	0.350	0.750	0.133					
财务风险 (FR) B_2	自有资本比率	X_4	0.150	0.350	0.700	0.071					
	经营性现金流覆盖率	X_5	0.250	0.350	0.800	0.188	0.276	0.400	0.750	0.200	
	政府采购占全部收入比重	X_6	0.150	0.350	0.700	0.071					
市场风险 (MKR) B_3	经营利润率	X_7	0.150	0.350	0.750	0.133					0.620
	经营利润率与银行贷款利差	X_8	0.150	0.350	0.700	0.071	0.287	0.400	0.750	0.200	
	担保费率覆盖率	X_9	0.200	0.350	0.750	0.133					
行业风险 (IR) B_4	区域人口规模异动比率	X_{10}	0.200	0.350	0.750	0.133					
	同质竞争项目放大倍率	X_{11}	0.200	0.350	0.750	0.133	0.314	0.400	0.750	0.200	
	公私合作制项目跨行业经营倍数	X_{12}	0.250	0.350	0.800	0.188					
管理风险 (MAR) B_5	人员配备充足率	X_{13}	0.200	0.350	0.750	0.133					
	本科学历以上员工比重	X_{14}	0.250	0.350	0.800	0.188	0.314	0.400	0.750	0.200	
	持证专业技术人员比重	X_{15}	0.200	0.350	0.750	0.133					

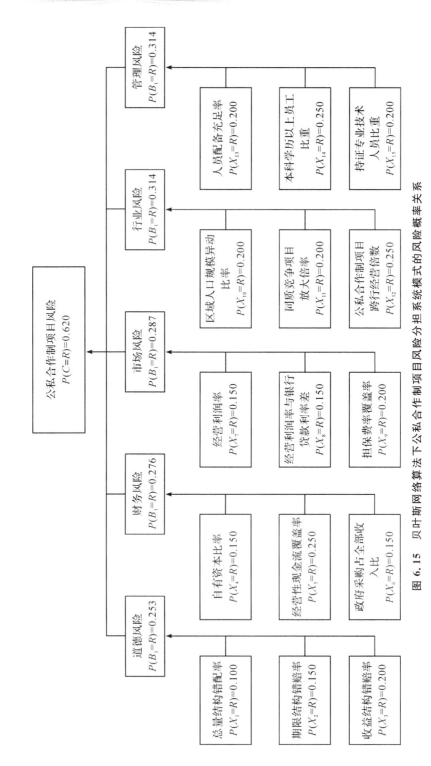

图 6.15 贝叶斯网络算法下公私合作制项目风险分担系统模式的风险概率关系

标的经验概率 $P(X_i=R)$ 和条件概率 $P(B_i=N \mid X_i=N)$ 全部上调 0.05 个单位,条件概率 $P(B_i=R \mid X_i=R)$ 全部下调 0.05 个单位,道德风险的条件概率 $P(C=R \mid B_i=R)$ 下调为 0.350。分别计算五类风险源出现风险,发生公私合作制项目风险的概率,则在干预模式的风险源条件下,公私合作制项目发生风险的概率为 $P(C=R)=0.620$。具体贝叶斯网络计算过程见表 6.5 和图 6.15。

可以看出,公私合作制项目的系统模式风险分担机制设计使得系统风险在企业公私合作制项目、政府、合作银行、社会资本和风险投资五者之间的分担绩效出现了进一步的提升,公私合作制项目风险值由 0.724 下降为 0.620,改善程度进一步提升,说明风险投资、管理创新、公债等体制机制创新是有效的风险分担机制设计优化的路径。

五、公私合作制项目不同模式间风险分担机制设计路径

通过对公私合作制项目不同模式风险分担机制绩效的定量分析,可以清晰地看到风险分担机制设计和运行差异对风险控制绩效的影响。与此同时,定量分析也可以将原本模糊的风险分担机制的设计路径和内在交互关系精练地加以展示。这里可以用图示直观呈现三种比较模式各自的公私合作制项目风险分担机制的全要素和运行机理。

（一）基准模式

公私合作制项目基准模式风险分担机制设计结构如图 6.16 所示。

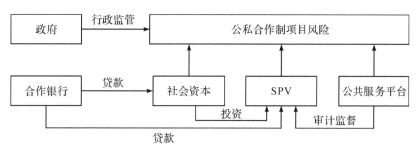

图 6.16　公私合作制项目基准模式风险分担机制设计结构

（二）干预模式

公私合作制项目干预模式风险分担机制设计结构如图 6.17 所示。

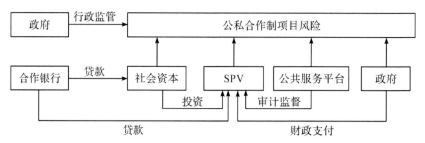

图 6.17　公私合作制项目干预模式风险分担机制设计结构

（三）系统模式

公私合作制项目系统模式风险分担机制设计结构如图 6.18 所示。

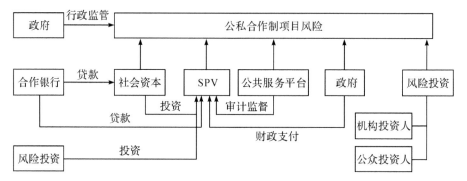

图 6.18　公私合作制项目系统模式风险分担机制设计结构

第七章 典型案例:杭州地铁1号线项目

第一节 项目概况

一、项目基本情况

杭州地铁1号线的建设始于21世纪初。2002年经批准,杭州市地铁集团有限责任公司成立。2003年地铁1号线试验段婺江路站工程开工建设。2004年杭州地铁1号线通过建设规划。2005年国务院批准该项目建设规划,国家发展改革委正式下发《关于审批杭州市城市快速轨道交通建设规划的请示的通知》,地铁1号线工程正式立项。

杭州地铁1号线的建设内容分为A、B两部分,其中A部分指车站、区间、轨道等土建工程,由杭州市地铁集团有限责任公司(简称市地铁集团)负责、设计和建设;B部分指车辆、装修、信号等机电设备工程,由特许经营公司负责、设计、建设和运营。该项目南起江南段萧山湘湖站,经江南副城过钱塘江,再经主城段至九堡东站,向东至文泽路站,向北至临平站,全长约48公里,共设31个站点。该工程于2007年3月开工建设,于2012年11月建成试运营。

该项目概算总投资约221亿元,其中A部分土建工程等投资约137.9亿元,由市地铁集团投资、建设并持有,建成后以租赁的形式转变给特许经营公司;B部分机电设备工程等投资约82.9亿元,采用公私合作制模式,由组建的特许经营公司负责、设计、建设和运营,特许经营期25年。特许经营公司是杭州杭港地铁有限公司(以下简称杭港地铁),是由市地铁集团全资子公司(杭州地铁 1 号线投资有限公司)与香港地铁全资子公司(港铁杭州 1 号线投资有限公司)出资成立的中外合作经营的有限公司。

项目于 2007 年 3 月 28 日开工,2012 年 11 月 24 日试运营。截至 2013 年 11 月底,日均客流从运营初期的 14 万人次/日,提升至 61 万人次/日,日均客流量稳步递增。列车服务准点率达 99.97%,兑现率达 99.99%。

由于杭州地铁 1 号线是杭州市的第一条地铁线路,市政府在相关轨道交通建设和运营方面缺乏经验,亟须吸引轨道交通专业境内或境外资本进入,以便学习其先进的运营和管理经验,从而提高杭州地铁运营效率、降低成本,为市政府后续轨道交通的建设和运营积累经验。在此背景下,杭州地铁 1 号线采用公私合作制模式进行项目 B 部分的机电安装和后期的特许运营。

杭州地铁 1 号线项目在社会资本方遴选方面多方衡量比对,成功确定了与国际知名城市轨道交通企业的合作关系,并成立合资特许经营公司,为项目顺利推进提供了坚实的基础和重要的保障。

2005 年 10 月,杭州市轨道交通建设资金筹措办公室成立,并在研究论证的基础上,于 2006 年 5 月明确了地铁 1 号线以公私合作制模式对外招商。

2006—2007 年,市政府分别与港铁、威立雅交通中国公司、新加坡 SMRT 签署投资合作意向书。

2008 年 3 月,市政府授权市发展改革委正式发布 1 号线特许经营项目招商公告,招商文件主要包括投资申请人资格、招商程序、招商条件等内容。其中,招商程序明确在对投资申请人提交的投资方案书评审后,确定谈判顺序及优先谈判对象。随后,招商组与排序第一的港铁进行原则性协议谈判,并最终选定港铁,与其签署原则性协议。

2010 年 3 月 4 日,市政府与港铁草签《杭州地铁 1 号线项目特许协议》。

2010 年 5—11 月,国家发展改革委委托中国国际工程咨询公司对草签的《杭州地铁 1 号线项目特许协议》进行评估。根据评估报告,谈判组与港铁启动二次谈判,对评估报告中提及的有关政府风险的核心问题进行再次磋商。

2012 年 7—9 月,特许经营公司(杭港地铁)成立。9 月 28 日,市政府授权市交通运输局与特许经营公司正式签署《杭州地铁 1 号线项目特许协议》。

二、项目运作模式

(一)该项目交易模式

地铁1号线采用"A＋B"模式,其中A部分指车站、区间、轨道等土建工程,由市地铁集团负责、设计和建设;B部分指车辆、装修、信号等机电设备工程,采用公私合作制模式由杭港地铁负责、设计、建设和运营。

杭港地铁从市地铁集团租赁A部分资产,并与市政府签署特许经营协议,取得1号线25年特许经营权,负责1号线项目设施的运营管理、维护和更新,获取票款收入和非票务收入。特许经营期结束后,杭港地铁将A部分资产无偿交还给市地铁集团,同时将B部分项目设施移交给市政府指定的主体。该项目的合作框架如图7.1所示。

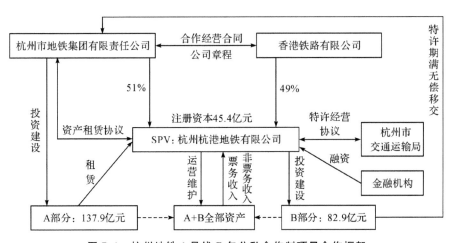

图7.1 杭州地铁1号线B包公私合作制项目合作框架

(二)投资结构

地铁1号线项目概算总投资约221亿元,其中B部分投资约82.9亿元,由组建的杭港地铁负责、设计、建设和运营。杭州地铁1号线B部分资本金的55％(约45亿元),由市地铁集团与港铁分别以51％与49％的比例出资,其余资金由杭港地铁通过贷款、租赁等方式统一对外融资。

(三)回报机制

1.票务收入

按照特许协议的约定,杭港地铁执行市政府制定的运营票价,按照实际客流量取得票务收入。

2.非票务收入

在特许经营期内,杭港地铁根据特许协议和资产租赁协议的规定独家使用地铁1号线工程项目设施从事非客运服务业务,包括商业零售、商铺、广告、报纸杂志、通信设施服务、提款机设施服务等其他经营活动。

3.票价差额补偿

在特许经营期内,杭港地铁按照特许协议约定的票价差额补偿方式获取可行性缺口补贴,即财政部门以政府购买服务的方式向杭港地铁支付协议票价与清分票价间的差额部分。

(四)风险分配框架

该项目政府承担法律、政策等风险,杭港地铁承担项目设计、建造、财务和运营维护等风险。双方共同承担不可抗力等引起的风险。

地铁项目的客流风险是双方均难以预测的,一般由政府方和特许经营公司共同承担。鉴于该项目审批进度与施工进度不一致等原因,地铁1号线特许经营获批时,部分机电设备资产已由市地铁集团投资完成,客观上造成了资金与建设风险实际已由市地铁集团承担的情况。因此,为了平衡风险分担,票务收入差额补偿采取"保价不保量"的方式,客流风险全部由杭港地铁承担。

(五)合同体系

地铁1号线公私合作制的法律文本框架分为以下三个层次。

1.特许权层面

市政府授权市交通运输局与杭港地铁签署了《杭州地铁1号线项目特许协议》,协议中包括特许权、项目建设、客运服务及先行回收投资、项目设施的移交、协议双方的一般权利和义务、争议的解决等十个章节。

2.特许经营公司层面

市地铁集团与港铁签署《杭州杭港地铁有限公司章程》和《杭州杭港地铁有限公司合作经营合同》。公司章程与合作经营合同的内容基本一致,明确了特许经营公司的合作双方主体及责任,公司的决策机构、经营管理机构、监事机构,公司财务、税费、审计、终止、转让及清算等内容。

3.资产层面

市地铁集团与杭港地铁签署《A部分资产租赁协议》,保证了特许经营项目资产运营、维护管理的完整性。

以上三个层面构成的法律文本体系中，特许协议是核心，是公私合作制招商谈判的成果、"公私合作"的依据；公司章程、合作经营合同、资产租赁协议均为特许经营项目的实施服务，均受特许协议的约束。

三、项目借鉴价值

（一）项目建设意义和自身特色

推广使用公私合作制模式，有利于改变基础设施供给方式，加快政府职能转变，使得政府角色从"单一的公共物品提供者"逐步向"公共服务的购买者"转变，从"公共物品生产与监管双重角色"逐步向"公共物品生产与全过程服务的监管者"转变。同时发挥社会资本方的资金优势和工程设计、施工、运营管理等方面的比较优势，解决难题，提高建设质量和管理效率，降低项目全生命周期成本。

作为杭州市第一条地铁线路，1号线线路长，投资大，情况复杂，又缺少轨道交通投、建设与运营的经验。在此客观现实条件下，地铁1号线采用"A＋B"模式将土建工程、机电安装及后期运营分开，对B部分资产采用公私合作制模式，降低了项目招商难度，提高了项目对社会资本的吸引力；同时引入三家具备丰富建设运营经验的社会资本充分竞争，最终确定与港铁合作，通过港铁先进的运营、管理经验，有效节约了项目成本，提高了运营效率。

（二）采用公私合作制模式的创新点及示范价值

1.采用"A＋B"模式

杭州市政府经过财务模型测算及分析，认为如果将整条线路都拿出来实施公私合作制项目，市场上可能缺乏具备投资实力的社会投资人，考虑到项目的可操作性，因而将地铁1号线的建设内容分为A部分和B部分，其中A部分指车站、区间、轨道等土建工程，由市地铁集团负责、设计和建设；B部分指车辆、装修、信号等机电设备工程，由特许经营公司负责、设计、建设和运营。采用该种运作模式有效地引入了具备丰富经验的社会投资人，在一定程度上也缓解了政府的资金压力，降低了政府方需承担的风险。

2.项目前期形成充分的市场竞争

合适的合作伙伴是公私合作制项目取得成功的关键。项目在前期成功吸引了港铁、威立雅交通中国公司、新加坡地铁有限公司(SMRT)三家具备丰富运营经验的国际性企业,通过充分的市场竞争,避免了一家独大不利于谈判的局面,以达到市政府降低项目全寿命周期成本等目的。2008年3月,杭州市政府授权市发展改革委正式发布地铁1号线特许经营项目招商公告,招商文件主要包括投资申请人资格、招商程序、招商条件等内容。其中,招商程序明确在对投资申请人提交的投资方案书评审后,确定谈判顺序及优先谈判对象。随后,招商组与排序第一的港铁进行原则性协议谈判,并最终选定港铁,与其签署原则性协议。正是经过一系列市场测试,形成充分市场竞争,选择了合适的合作伙伴,推进了项目的成功落地。

(三)运作经验及体会

1.引进先进的轨道交通运营管理公司,带动行业发展

杭州地铁1号线作为杭州市第一条地铁线路,鉴于审批进度与施工进度不一致等原因,地铁1号线特许经营获批时,部分机电设备资产已由市地铁集团投资完成。由于客观因素的影响,原有"A+B"模式向网运分离方向转变。引入社会资本参与的目的是引进具有先进行业运营、管理经验的社会投资人。这种内在需求促使项目的进展更加符合政府的初始预期,更能有效发挥社会资本方的运营能力。

港铁在轨道交通规划设计、建设运营和物业开发方面的成熟模式在地铁1号线特许经营的条件下得以充分发挥作用。值得指出的是,网运分离比"A+B"模式更加分工明确,价值传导关系更加清晰,适用于财政实力比较雄厚的地方政府。

2.项目公司承担所有的运营风险,实现运营风险的转移

在现行轨道交通公私合作制模式操作中,回报机制通常采用客流量补贴模式或车公里补贴模式。这两种补贴模式中,由于客观原因导致成本或收益发生变化的,均通过在特许经营协议中设定动态调整机制对变化部分进行调整,同时以一定的预测客流量或约定车公里服务费作为判断基准,政府向项目公司进行可行性缺口补贴。对于超额收益部分,政府参与分成。这种"保价保量"的方式实质上不利于发挥社会资本积极性。

地铁1号线特许经营项目采用的是"保价不保量"的方式。地铁1号线运营票价实行政府定价管理,考虑到地铁运营成本会随CPI、工资、电价等因素的变化而变化,因此在特许协议中约定了开通年的初始票价,同时也约定

了根据上述三项因素进行周期性调整的测算票价。若实际票价低于测算票价，政府就其差额向特许经营公司进行补偿；反之，特许经营公司与政府分成。由于客观因素引起票价产生的变动，由政府方承担，这种"保价不保量"的方式使得客流风险全部由政府方转移到杭港地铁。

3. **建立有力的政策保障体系和法律文本框架**

杭州市政府及相关部门积极协调各方利益关系，敢于突破创新，为项目推进提供了全方位保障。在项目实施过程中，政府成为全程参与者和权利保障者，为项目配套出台了《杭州市市政公用事业特许经营条例》《杭州市城市轨道交通运营管理办法》等法规政策。系列法规政策的制定和出台，使地铁1号线的运营管理严格遵循统一规划、安全运营、规范服务、高效便捷的原则，有效保障了城市轨道交通安全运营，维护了各方的合法权益。

在法律文本方面，杭州地铁1号线涉及的法律文本包含三个层次：一是在特许权层面，签署了《杭州地铁1号线项目特许协议》；二是在特许经营公司层面，签署了《杭州杭港地铁有限公司章程》和《杭州杭港地铁有限公司合作经营合同》；三是在资产层面，签署了《A部分资产租赁协议》。法律文本具有明显的层次性，分别在特许权层面、特许经营层面和资产层面明确了法律关系和主体，使得各方的权责和义务清晰有序，为项目的顺利实施提供保障。

4. **有效的再评估和谈判机制**

再评估和谈判机制一般适用于项目边界条件可以改变的情况。由于公私合作制合同的不完备性，这种机制的研究和设立就显得非常重要。而现行公私合作制项目在实施过程中缺乏再评估和再谈判机制。在市政府与港铁草签《杭州地铁1号线项目特许协议》后，2010年5—11月，国家发展改革委委托中国国际工程咨询公司对草签的《杭州地铁1号线项目特许协议》进行评估。谈判组与港铁根据评估报告启动二次谈判，对报告中提及的有关政府风险的核心问题进行再次磋商。这种再评估和谈判机制可以有效完善原有合同内容，便于及时发现问题，保障公私合作制的长效合作。

5. **建立有效的监管机制**

监管机制主要通过政府部门监管及协议监管得以保障。地铁1号线项目的政府监管部门可以分为两类：一类是政府直接监管部门，另一类是一般监管部门。直接监管部门与地铁1号线的投资、建设、运营发生紧密的联系,例如交通运输局负责对地铁 1 号线运营的安全性、准点率等进行监管;财政局负责监督 1 号线运营的经济效益情况,以便给予财政补贴。一般监管部门根据各自的职责范围对地铁 1 号线的建设、运营等方面进行监管,例如环保局对噪声等环保情况进行监管。协议监管则是协议主体通过签署特许协议、合作经营合同、资产租赁协议等法律文件予以体现。

第二节　项目风险分担机制设计

一、杭州地铁 1 号线项目的风险主体建构

公私合作制项目参与主体的选择是影响风险分担绩效最为关键的机制设计。杭州地铁 1 号线项目在选择社会资本时,并没有局限于传统的国内轨道交通领域,而是根据杭州未来国际化城市建设的愿景,积极与国际知名的城市轨道交通企业对接,谋求达成合作意向。项目在前期成功吸引了港铁、威立雅交通中国公司、新加坡地铁有限公司(SMRT)三家具备丰富运营经验的国际性企业,通过充分的市场竞争,避免了一家独大不利于谈判的局面,以达到政府降低项目全寿命周期成本等目的。

(一)港铁公司

港铁公司是我国香港地区的一家公共交通运输服务公司,创立于 1975 年 9 月 26 日,20 世纪 90 年代铁路营运的丰厚盈利推动了其私有化进程,公司持有的铁路沿线物业、物业管理业务及为国际铁路顾问等业务也在 2000 年以来得到持续发展。较知名的香港物业业务包括君临天下,凯旋门,日出康城等住宅项目,以及国际金融中心一、二期/国际金融中心商场,环球贸易广场等商业项目。港铁公司亦积极在香港以外地区跟其他机构合作,兴建及营运伦敦地上铁、深圳地铁、北京地铁、杭州地铁等城市的铁路业务。

随着地下铁路(地铁)及九广铁路(九铁)服务合并于 2007 年 12 月 2 日完成,港铁公司不仅为乘客带来更高效率、更低票价的铁路服务,更为港铁公司带来在本地和海外业务增长的机会。现时,港铁公司业务的规模、范畴

和地域覆盖已经显著扩大。港铁在香港专营公共运输市场的占有率增至42.7%。除了铁路营运外，物业业务亦是港铁公司众多业务中重要的一环，而土地储备和租赁物业组合亦因两铁合并而增加。

港铁公司被公认为世界级的公共交通运输服务机构，在可靠性、安全及效率方面一直保持着国际级水平。港铁乘客99%的旅程均会准时到达目的地，是乘客往返香港各区甚至境外的最快捷便利的网络。港铁公司在香港主要经营以铁路为基础的运输系统——综合港铁系统，包括由9条本地城市轨道路线组成的港铁系统、过境服务、1个轻铁系统和1条高速的机场铁路。整个系统总长211.6公里，有82个港铁车站和68个轻铁车站。综合港铁系统是全球最繁忙的铁路系统之一，以其可靠程度、安全及效率见称。港铁公司亦提供前往内地（北京、上海和广东省）的城际客运服务，以及为乘客提供便利的本地接驳巴士服务。此外亦营运昂坪360（昂坪缆车）项目及负责维修香港国际机场旅客捷运系统。

（二）威立雅运输集团

威立雅运输集团（Veolia Transport）是欧洲最大的交通运输业者，总部位于法国巴黎。其前身是1853年12月14日成立的通用水务公司（Compagnie Générale des Eaux），威立雅运输集团现有职员8万人。2009年7月20日报道，法国威立雅运输公司在Transdev公司出售股权的招标中胜出，两家企业合并后将成为全球最大的城市公交运营企业。

早在2005年，威立雅交通的前身康运思公司（CONNEX）就在中国建立了办公室，为开拓亚洲市场做准备。2006年初，根据集团公司的整体战略调整，康运思公司正式更名为"威立雅交通"，并与集团旗下另三大业务群使用统一的公司标识。2007年7月，公司决定正式成立亚洲地区总部，并将其设在中国北京。

在短短两年不到的时间内，威立雅交通的中国团队已经与中国30多个城市建立了紧密的联系，这些城市规模各异，分布在各个地区。2008年12月，威立雅交通与合作伙伴在南京成立了其在中国的第一个合资的公共交通运营公司，标志着其与中国城市的业务合作进入了实质性的新阶段。经过短短两年多的发展，威立雅交通与30多个中国城市建立了紧密的联系，在谈业务范围包括常规公交项目、BRT项目、轻轨项目、地铁项目和铁路货运项目。

2008 年 9 月 22 日,威立雅交通中国有限公司与南京中北(集团)签署合作协议,联合成立南京中北威立雅交通有限公司,负责运营安徽、江苏两省六个城市的公共交通系统。这一项目标志着威立雅交通在中国的业务发展进入实质性的新阶段。

在韩国,Southlink9 Co.(威立雅交通的运营和维护公司),负责运营韩国第一个私营地铁系统——首尔地铁 9 号线。运营期限为 10 年。9 号线计划于 2009 年 5 月 1 日正式运营,现 Southlink9 Co 正在进行运营前期准备。

威立雅交通印度分公司成立于 2007 年 1 月,总部设在德里,负责印度境内的公交项目。在争取杭州地铁 1 号线项目时,威立雅交通参与了正在建造的孟买地铁 1 号线项目,该项目采用 PPP 模式,计划于 2010 年投入商业运营,威立雅交通将负责运营和维护。这条长 12 公里的地面高架地铁设有 12 个站台、16 辆 4 节车厢的车。该地铁线与 2 条郊区火车相连,将穿过孟买最繁忙的街区。

威立雅交通上海代表处设立于 2005 年。在争取杭州地铁 1 号线项目时,威立雅交通公司正与几个中国大城市洽谈公交项目,项目谈判接近成熟。不久前,威立雅交通和南京中北公司签署了 30 年合资经营协议,以合资公司为依托正式进入了 6 个城市的公交领域。合资公司有 2000 辆公交车及 6500 员工。

(三)新加坡地铁有限公司

新加坡地铁(Mass Rapid Transit,MRT),又名大众快速交通,是新加坡的城市轨道交通系统,由新加坡地铁路有限公司及新捷运营运。新加坡地铁是继马尼拉的轻轨铁路运输系统之后,东南亚地区第二个兴建的地铁系统。自 1987 年开通以来,到新加坡地铁已经发展成有 5 条路线(包括机场地铁支线和环线第 3 阶段)的地铁系统。地铁最早的线路于 1987 年通车,位于杨厝港和大巴窑之间。新加坡地铁系统穿行整个新加坡,为全国接近一半的人口(即差不多 200 万人)服务。每天平均搭乘人数为 158 万人。新加坡地铁有 69 个车站已通车,其中 8 个为地铁转换站、3 个为轻轨转换站,并有 118.9 公里的标准轨距线路。地铁由陆交局负责建造,并将特许经营权转交营利性企业 SMRT 和 SBS Transit(新捷运)。这两家公司同时也经营巴士和的士业务,以保证各种公共交通服务的有效结合。

从上述三家都是城市轨道交通领域的著名供应商,都拥有丰富的城市轨道交通系统管理运营经验,不仅在所在国家或地区的城市轨道交通系统占据重要的位置,并在全球市场中拥有一定的市场份额、美誉度和影响力。选择高水平的公私合作制项目的合作者,对项目风险的影响极其巨大。

二、杭州地铁 1 号线项目的风险分配框架

从项目的风险管理上来看,杭州地铁 1 号线项目的风险大致可分为政府承担风险、社会资本承担风险和双方共担风险三大类。

对于法律、政策等风险,杭州地铁 1 号线项目承诺由杭州市政府层面承担风险,通过政府在管理体制、运行机制和政策协调方面的运作,保障项目建设、运营和移交期间的稳定运作。

在项目基础设施建设风险方面,项目采取"A＋B"模式将基建与运营管理分拆,大大降低了 SPV 公司的合作难度和风险水平。同时,该项目政府承担法律、政策等风险。杭港地铁承担项目设计、建造、财务和运营维护等风险。双方共同承担不可抗力等引起的风险。

地铁项目的客流风险是双方均难以预测的,一般由政府和特许经营公司共同承担。鉴于该项目审批进度与施工进度不一致等原因,地铁 1 号线特许经营获批时,部分机电设备资产已由市地铁集团投资完成,客观上已形成资金与建设风险已由市地铁集团实际承担的情况。因此,为了平衡风险分担,票务收入差额补偿采取"保价不保量"的方式,客流风险全部由杭港地铁承担。

地铁 1 号线公私合作制的法律文本框架分为以下三个层次。

第一,特许权层面。市政府授权市交通运输局与杭港地铁签署了《杭州地铁 1 号线项目特许协议》。特许协议包括特许权、项目建设、客运服务及先行回收投资、项目设施的移交、协议双方的一般权利和义务、争议的解决等十个章节。

第二,特许经营公司层面。市地铁集团与港铁签署《杭州杭港地铁有限公司章程》和《杭州杭港地铁有限公司合作经营合同》。公司章程与合作经营合同的内容基本一致,明确了特许经营公司的合作双方主体及责任,公司的决策机构、经营管理机构、监事机构,公司财务、税费、审计、终止、转让及清算等内容。

第三,资产层面。市地铁集团与杭港地铁签署《A 部分资产租赁协议》,

保证了特许经营项目资产运营、维护管理的完整性。以上三个层面构成的法律文本体系中,特许协议是核心,是公私合作制招商谈判的成果、公私合作的依据;公司章程、合作经营合同、资产租赁协议均为特许经营项目的实施服务,均受特许协议的约束。

第三节 项目风险分担机制绩效

　　杭州地铁 1 号线项目的风险分担机制设计是否有效分担了风险,为项目的运营管理提供了风险防范的保障,重要的标志是考察总体的绩效水平。2014 年以来,杭州地铁 1 号线项目经历了一个由亏损到盈利的成长期。

　　香港地铁公司 2013 年公布了上半年财报。2013 年上半年,港铁利润 42 亿元港币,本港客运业务表现继续抢眼,港铁仅靠车票收入即大赚 38 亿元,物业(房地产)利润 4 亿元。而在靓丽财报中,杭港地铁继续巨亏非常扎眼。杭州地铁上半年亏损 1.6 亿元,连累港铁海外业务亏损 5100 万元。

　　杭州地铁 1 号线前几年亏损在意料之中,随着杭州地铁其他线路建成投入使用,客流量肯定也会呈几何级增长,再加上广告代理经营项目,自助终端,风起路站、临平站和下沙文泽路站等地铁商业街在内的商业资源收入,亏损会逐年减少。

　　其实,除了杭港地铁,世界上大部分城市地铁都处于亏损状态,主要原因还在于地铁的高造价和高运营成本。2012 年 8 月,杭州地铁运营前举行的票价听证会上,杭州地铁经营方高管曾表示说,不论采用哪种票价方案,杭州地铁 1 号线都是亏本经营。预计今年杭州地铁 1 号线将运送 8000 万人次,票价收入约 3.3 亿元。而杭州地铁 1 号线的总投资为 236.42 亿元,年运营成本是 5.78 亿元,加上折旧、贷款利息等,完全成本高达 18.58 亿元。

　　在杭州地铁 1 号线的总投资中,香港地铁公司也投入了一部分。根据 1 号线的客流,杭港公司所能收到的票务收入,支付人工成本、电费等已没问题,但如果再要算上这笔建设成本的利息以及设备折旧费用等,那回收还是需要一定年头的。

　　为了消化地铁的高建设成本和高运营成本，香港地铁在这方面有很多独特的做法，香港是世界上少数盈利的地铁城市之一。为此，这些年，内地也有很多城市慕名积极和港铁合作，杭州也与其签订了合作条约，港铁拥有杭州地铁1号线的25年经营权。

　　内地和香港很多实际情况不一样，就拿地铁沿线物业开发来说，"港铁模式"关键词是"地铁＋地产"，即地铁的建设与商业开发紧密联系形成共赢，同时，地铁沿线的地产开发、物业开发支撑了地铁的营运。

　　目前，港铁公司在香港负责管理的住宅超过7.8万套，写字楼和商场超过170万平方米，包括坐落在维多利亚港海岸的地标建筑物——环球贸易广场及国际金融中心二期，是香港最大的地产公司之一。

　　再以票价来说，香港地铁公司拥有独立自主的定价权。地铁公司每年根据通胀率调整票价，按政府统计处公布的前一年12月综合消费物价指数及运输服务业名义工资指数的按年变化百分率，计算出整体调整幅度。这种公开、透明及可预测的票价调整机制，也一直坚持了下来。

　　港铁公司在中国内地和海外一共组建了4家轨道交通联营公司。2014年杭港地铁仍然是4家公司中唯一亏损的一家。不过由于2014年上半年杭港地铁公司的亏损幅度大幅减小，港铁四家联营公司的整体业绩盈利0.24亿港元，而去年同期则是亏损了0.51亿港元。香港铁路有限公司发布了2014年上半年的业绩报告。数据显示，由杭州地铁集团和港铁共同运营的杭州地铁1号线，2014年上半年亏损了0.8亿港元，约合人民币0.6亿元。与去年同期亏损1.61亿港元相比，亏损幅度大幅下降，下降了约1/2。港铁公司2013年年报显示，当年一共亏损了3.12亿港元。

　　港铁公司在分析报告中认为，杭州地铁1号线的运营已超出预期，亏损减少主要是因为乘客的上升。2014年上半年，地铁1号线总客流量超过了6700万人次，日均超过37万人次。2014年7月的日均客流量突破了40万人次，达到41～43万人次左右，五一当日达到历史最高的80.8万人次。

　　2019年港铁发布2018年杭州地铁1号线获得3500万港元利润，港铁看好杭州的地铁发展，准备再入资杭州西站枢纽，并且收购浙江省轨道交通股份有限公司9％的股份。

第八章　典型案例:宁波杭州湾跨海大桥项目

第一节　项目概况

一、项目概况

(一)建设历程

1992—1993 年,政府筹建杭州湾交通通道,委托上海林李公司和中交公路规划设计院进行预可行性研究。

2000 年 6 月 21 日,浙江省政府决定建设跨越杭州湾的大桥。

2001 年 12 月,杭州湾跨海大桥举行招标会议。

2002 年 4 月 30 日,中国国务院通过《杭州跨海通道》项目的立项问题;5 月 29 日,中国国家计委正式下达立项批文。

2003 年 1 月,浙江省计委、交通厅联合主持对《杭州湾跨海大桥初步设计》进行预审;6 月 8 日,杭州湾跨海大桥工程举行奠基仪式;10 月 28 日,杭州湾跨海大桥北岸引桥工程动工建设;11 月 14 日,杭州湾跨海大桥主体工程动工兴建,同月 28 日,杭州湾跨海大桥南岸引桥工程开工。

2004 年 3 月 16 日,杭州湾跨海大桥工程进入全面开工建设阶段。

2006 年 2 月 3 日,杭州湾跨海大桥主桥完成最后一根钢管桩沉放到位。

2007 年 1 月 8 日,杭州湾跨海大桥南岸引桥完成建设;2 月 7 日,杭州湾跨海大桥完成主塔封顶工程;3 月 27 日,杭州湾跨海大桥完成最后一根钻孔灌注在海中平台匝道桥桩的施工建设工程;5 月 26 日,杭州湾跨海大桥完成北岸引桥建设工程。6月11日,杭州湾跨海大桥完成南航道桥的合龙工程;6月13日,杭州湾跨海大桥完成北航道桥的合龙工程;6月26日,杭州湾跨海大桥完成全桥段合龙工程,全线贯通。

2008年5月1日,杭州湾跨海大桥通车运营。

2010年12月29日,杭州湾跨海大桥配套工程海中平台"海天一洲"运营使用。

（二）治理结构

2001年9月成立项目公司,即为公私合作之项目的SPV,具体结构见图8.1。

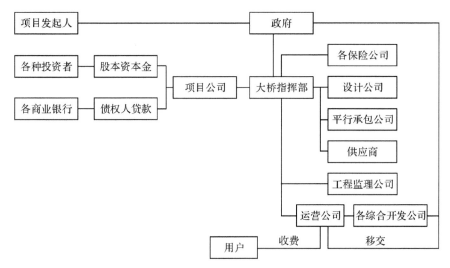

图8.1 杭州湾跨海大桥项目的治理机构

（二）股权结构

总投资118亿元,其中,35%的资金作为资本金,65%的资金由银行贷款解决。在资本金方面,宁波市和嘉兴市按照9∶1的比例进行出资,共同组建宁波杭州湾跨海大桥投资开发有限公司。该公司股东包括嘉兴高速公路有限公司和宁波交通投资开发有限公司,两个公司投资额占资本总投资的49.75%,剩余资本金由17家民营企业组成的五个投资公司负担,民间资本占比为50.25%。其中:宋城集团出资占比为17.3%,慈溪建桥投资有限公司占比为12.83%,雅戈尔占比为4.5%。70亿元的银行贷款中,国家开发银行承诺贷款40亿元,工商银行贷款20亿元,中国银行和浦发银行各贷款 5 亿元,如图 8.2 所示。

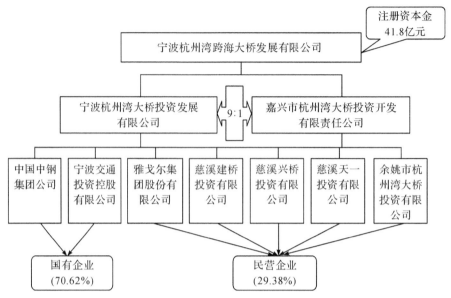

图 8.2　杭州湾跨海大桥项目的股权机构

(四)运营情况

可行性报告的收费标准、使用规模、运营成本、利税水平,实际运营状况,规划与实际之间的差距情况。

表 8.1　大桥车流量预测　　　(单位:辆标准小客车/日)

	2008 年	2010 年	2015 年	2016 年	2020 年	2027 年
通车辆	44889	59393	79909	60561	77410	96490

2019 年 8 月底,大桥通行各类车辆 1.27 亿辆,日均 3.99 万辆。

第二节　项目风险分担机制分析

杭州湾跨海大桥发展有限公司于 2001 年 10 月 17 日注册成立。作为杭州湾跨海大桥的业主单位,公司主要负责大桥及相关附属设施设备的投资、建设、运营、维护和管理。公司现为由交通投资控股有限公司控股的国有控股企业,注册资本49.35亿元,其中国有资本约占85％,民营资本约占15％,开启了特大型基础设施建设实行民营资本与国有资本有益结合的先河。2009年1月1日,公司正式独立承担大桥的安全营运管理工作,实现了从建设期到营运期的历史性转折。

一、垄断经营特许权风险：区域间的同质项目竞争

如杭州湾跨海大桥项目开工未满两年,在相隔仅50公里左右的绍兴市上虞沽渚的绍兴杭州湾跨海大桥已在加紧准备当中,其中一个原因可能是当地政府对桥的高资金回报率不满,致使项目面临唯一性风险和收益不足风险。

从杭州湾跨海大桥的规划到建成这十年间,曾经多次追加投资。从规划阶段64亿元,到项目立项后的87亿元,再到2003年《可行性报告》给出的总投资107亿元,到2011年的136亿元,参股的民企已先期投入,只能继续追加,最终被"套牢"。

通行费是杭州湾跨海大桥的唯一收入来源。从《杭州湾跨海大桥工程可行性研究》来看,当时预测2010年大桥的车流量有望达到1867万辆,但2010年实际车流量仅有1312万辆,比预期少了30％以上。2012年全年,大桥的实际车流量增加到1252.44万辆,仍然不及报告预计的2008年通车当年车流量1415.2万辆。严重的预期收益误判导致民企决策错误。2013年全年资金缺口达到8.5亿元。而作为唯一收入来源的大桥通行费收入全年仅为6.43亿元。按照30年收费期限,可能无法回收本金。

二、长期合同履行风险：合同与规划严重冲突

一些公私合作制项目建成后,政府或其他投资人新建、改建其他项目,与该项目形成实质性竞争,使其利益受损,这是导致公私合作制项目失败的一个重要原因,而杭州湾跨海大桥的项目方正是深受这一点之苦。

在杭州湾跨海大桥建设未满2年时,相隔仅50公里左右的绍兴杭州湾跨海大桥就已准备开工,与杭州湾跨海大桥形成直接商业竞争。2013年通车的嘉绍大桥对杭州湾跨海大桥来说更是"雪上加霜",同样是小车的通行

费,杭州湾跨海大桥为每次 80 元,而嘉绍大桥全程通行费为 65 元。2014年,钱江通道通车,通行费仅为 45 元。

随着舟山—上海跨海高速、杭州湾铁路大桥等项目纳入地方或国家规划,未来车流量将进一步分流,杭州湾跨海大桥项目"钱景"更加黯淡。

三、公司治理的股权变动风险:项目股权集中度变迁

除了"中国人自行设计、投资、建造的最长跨海大桥"这一标签之外,杭州湾跨海大桥最引人注目的一点是"公私合作制项目的经典案例"。在地方政府彼时的宣传中,杭州湾跨海大桥项目是国内第一个以地方民营企业为主体、投资超百亿的国家级特大型交通基础设施项目。在大桥工程正式立项后,包括外资在内的众多投资方都表达了强烈的参与愿望,并出现"民资争着参股、银行抢着贷款"的热闹景象。在民资入股大桥高峰期,共有 17 家民营企业参股,民间资本一度占到了整个项目的 55%。

然而,根据《21 世纪经济报道》的数据,同样是在可行性报告获批的2003 年,雅戈尔便将杭州湾跨海大桥公司 40.5%的股份转让给了地方国企宁波交通投资有限公司和其他民营企业,拉开了资本撤退的序幕。从雅戈尔手中接过 17.3%股份的宋城集团,2 年后年也宣告退出,央企中钢接手股权,到 2012 年后又转让给了上海实业。在 2008 年大桥建成前后,德邦大桥投资、和森钢管等一批规模较小的民企也将股份转让给了宁波交投。截至2012 年上半年,杭州湾跨海大桥项目的三大国有股东所占股份已经占到了总股本的 85%。

规划预期的车流量与实际车流量存在较大差距,预测 2010 年大桥的车流量有望达到 1867 万辆,但 2010 年实际车流量仅有 1312 万辆,比预期少了30%以上。2012 年全年,大桥的实际车流量增加到 1252.44 万辆,仍然不及报告预计的 2008 年通车当年车流量 1415.2 万辆。严重的预期收益误判导致民企决策错误。2013 年全年资金缺口达到 8.5 亿元。而作为唯一收入来源的大桥通行费收入全年仅为 6.43 亿元。按照 30 年收费期限,可能无法回收本金。

第三节　项目风险分担机制绩效

一、杭州湾跨海大桥公私合作制项目失败了吗？

从私人经济理性的角度看，杭州湾跨海大桥公私合作制项目可行性预判与项目建设成本、收益存在较大的反差，建设决算一再超过可行性报告的总投资规模（64亿元），最后项目实际投资达到161亿元，决算超预算2.5倍（见表8.2）。项目启动初期的社会资本在项目的前期纷纷转让股份，退出投资人序列。根据所谓市场经济的投成功标准，投资决算超预算、盈利节律与预期目标反差大、社会资本没有剩余索取权，因此判定杭州湾跨海大桥公私合作制项目是失败的。但是这是从较为片面的私人理性视角考察的结果。

表8.2　杭州湾跨海大桥投资规模　　　　（单位：亿元）

	2002年	2003年	2003年	2003年	2011年	2011年	最终
投资金额	64	87	107	118	134.54	161	约200

注：估算、概算、预算、结算、决算的差异，误差10%～30%，预算和概算在5%左右，决算精度最高。

如果转换为公共理性视角考察，即基于公共经济理性的思辨，杭州湾跨海大桥公私合作制项目是非常成功的一个榜样项目，否则不会有后续国内跨海大桥项目的相继上马。风险分担机制设计及其风控绩效的科学评价是判断一个公私合作制项目成功与否的关键。

杭州湾跨海大桥公私合作制项目在项目初期建立公私合作的投资框架之初，就按照公私合作制度的精神，将宁波本地的诸多知名民营企业吸纳到股东范围内，尽管在其后出现了较大幅度的股权权属变更，但本质而言，该项目的风险分担机制的框架、运行和绩效都是同类项目中的佼佼者。

舆论中判定杭州湾大桥公私合作制项目失败的观点，其关键所在是判定成功失败的标准，如果按照私人经济理性视角所锚定的经济市场中的投资收益标准，任何公共经济活动或行为都是不符合成功标准的，都是失败的，只不过是失败的程度不同而已。但事实上，公共经济从来没有因为经济市场中的投资成败标准的影响而迟滞或阻碍其发展。公共经济的成败判定标准是源自公共经济理性视角的政治市场的均衡实现。

二、判断公私合作制项目成败的标准

判断公私合作制项目可持续与否的三大标准:一是政府是否有持续推进的意愿,二是使用群体是否有消费的意愿,三是同质项目是否有复制的意愿。如果符合这三大标准,就说明公私合作制项目是具有可持续性的。

风险分担机制的设计一定要把真正的市场经济主体吸纳入投资持股、风险分担和运营监管中。最为理想的状态是在现有的资本市场结构中建立一个专业化的公私合作制平台,将私营经济和大众股东培育为公私合作制资本市场的主体参与者。

失败的公私合作制与成功的公私合作制的本质差别在于对以下三个关键问题的回答:

第一个问题:公私合作制项目决策想不想为使用者提供公共物品供给?

第二个问题:公私合作制项目的目标使用者愿不愿意消费并为之买单?

第三个问题:资本市场对公私合作制项目公共物品有效供给真伪如何判断?

从这个角度而言,公私合作制项目的最大风险是供求错配风险、使用者付费风险和资本市场判伪风险。风险分担机制的设计要领在投资、运营和交易三大领域。投资领域要真正地实现公私合作,而不能是真公假私;运营领域要真正使 SPV 成为"独立经营、自负盈亏、信息透明、公开募股"的市场主体;交易领域要真正能够在资本市场中进行股权流转和质押,投资人能够合理分享资本性收益。

杭州湾跨海大桥公私合作制项目的收入形态包含显性收入和隐性收入:显性收入以大桥通行费为主。隐性收入的形态较为多元,且不能完全货币化,但对宁波区域经济社会的发展造成了正的外部性效应,因此成为激发全国各地兴起大桥公私合作制项目的首创项目。

隐性收入的形态可以分为三大类:

第一类是区域交通物流成本的节约和效率的提高。浙江省交通厅发布的信息显示:2008 年 5 月 1 日,杭州湾跨海大桥建成通车,大桥将上海、宁波两城的陆上距离拉近 100 余公里,将宁波至上海的车程缩短至 2 小时。运营 8 年多来,日均车流量 3 万余辆次,平均每 3 秒钟就有 1 辆车上跨海大桥。与绕行杭州相比,按每辆车走大桥通行少走 100 公里计算,现已节约里程 100 亿公里,相当于绕地球(周长 40076 公里)25 万圈;如果按每辆车节省 1.5 小时计算,共节省时间 17123 年;按大桥现有通行客、货车比例折算,如果每辆客车运送 3 个人,现已运送旅客 2.04 亿人;如果每辆货车运送 20 吨货物,现已运送货物 5.6 亿吨,相当于运送集装箱(22 吨计)2545 万标准箱。大桥的建成通车也为节能减排做出了卓越贡献。经测算,从通车至今,与从杭州绕行相比,走大桥节省燃油约 9.95 亿升,折合标准煤约 117.05 万吨,可以减排二氧化碳 287.57 万吨。若按燃油 6 元/升计算,光节约燃油费用就达 59.7 亿元。

第二类是科研平台和技术进步的正外部性。跨海大桥是我国自主投资、自主建设的超级工程,建设者开拓创新、攻坚克难,不断超越自我,勇创一流,获得了 250 多项技术革新成果,已获发明专利 10 项,实用新型专利 15 项,多项研究成果已纳入国家和行业标准、规范,是我国海湾桥梁建设的里程碑,取得了一系列国家级和世界级荣誉。其后全国各地兴起的跨海大桥建设项目中,杭州湾跨海大桥项目的科研成果和建设经验成为重要的智力支持。

第三类是提升了城市知名度和美誉度。城市交通基础设施建设水平是一个城市向外界展示其内在的创新性、开放性、通达性等禀赋条件的重要窗口。杭州湾跨海大桥作为宁波城市的名片,已经成为城市价值增值的重要参照系。新区开发、生态保护、文化旅游、招商引资、高端制造、商贸服务等重大经济生态领域都会与大桥项目的运营产生直接相关的影响。

三、生命周期视角的项目风险分担设计

生命周期理论的五个阶段包括初创期、成长期、成熟期、衰退期、转型期(灭失期)。大型公共基础设施公私合作制项目也遵循这一基本周期规律,因此,现金流循环与盈利绩效在生命周期上的分布是不均匀的。短期内获得高额回报的预期与客观实际是不符的。

大规模资本性公私合作制项目的主要风险是时间与密度风险,即短期盈利预期与长期盈利实际的错配,低谷盈利情景与高峰盈利情景的错配,会导致社会投资难以按照市场化成本和投资风险来锚定对公私合作制项目的

投资,稳定持有股份。

大型公私合作制项目的生命周期理论表明,资本性投资项目的盈利高峰一般都在项目运行的中后期,因此,社会资本在参与大型公私合作制项目投资的可行性研究中提出高额的短期盈利预期,是违背基本的经济规律的。但是这一情况的出现有两重性:一方面是社会资本的主观意愿,愿意赚快钱,力避高风险;另一方面是政府在设计规划公私合作制项目时,为了集聚和取悦社会资本,会承诺与生命周期不匹配的高额回报。

社会资本退出公私合作制项目的三大原因:

第一,短期盈利预期与长期盈利实际的错配。社会资本成本高,投资风险冲击抵御能力低,如果短期内不能获得高额回报,就会有退出避险的主观动机;

第二,长期持有公私合作制股权资产的资本性收益兑现盘活难度较大。如果社会资本不可以用持有的公私合作制股权资本在资本市场中质押、流转,以获取流动性,进而谋求高杠杆率的资本性收益,甚至不可以在适当的时机以最优价格套现退出,那么尽早退出另投他途的逐利才是最优选择;

第三,社会资本与政府的控制权博弈。政府对大型公私合作制项目的控制是基于父爱主义,不会允许社会资本有控股的机会,长期中会以各种调控来逐步挤出社会资本,垄断公私合作制项目中后期的全部剩余索取权。

第九章 典型案例：丽水市地下空间开发项目

第一节 项目概况

丽水市地下空间开发项目是浙江省丽水市政府首批推出的公私合作制重点项目之一，项目由丽水市住房和城乡建设局具体负责组织实施公私合作制模式，由中国投资咨询有限责任公司（以下简称"中国投资咨询"）担任公私合作制咨询顾问。项目自2015年3月启动，最终确定浙江省基础建设投资集团股份有限公司为中标社会资本。本项目的成功运作，为浙江省乃至全国范围内采用公私合作制模式推进城市地下空间开发、化解公共服务产品供给难题提供了经验。

2014年底以来，国家就推进公私合作制出台一系列政策文件。浙江省政府、丽水市政府也相继出台了《浙江省人民政府办公厅关于推广运用政府和社会资本合作模式的指导意见》（浙政办发〔2015〕9号）、《关于促进社会资本进入公共设施建设领域的实施意见（试行）》（丽政发〔2015〕4号）等政策文件，推动辖内公私合作制模式在城市基础设施及公共服务领域的发展。在此背景下，根据市政府规划部署，由市发展和改革委牵头、各相关部门协助、市住房和城乡建设局组织实施本项目，旨在增加城市公共停车设施的供给，提高城市运营管理水平，同时创新公共服务项目投资机制，缓解当期财政支出压力。经过较长时间的筹备，本项目自2015年3月正式启动，并引入中国投资咨询公司作为专业中介机构协助完成。

一、项目识别阶段

2015年初,本项目被纳入丽水市公私合作制项目库后,市政府授权市住房和城乡建设局作为项目实施机构负责统筹项目的实施。为保证项目执行质量,中国投资咨询被聘请为本项目的公私合作制咨询顾问。

项目团队与项目实施机构就本项目信息及相关需求展开多次讨论,在完成对项目的深入了解后,项目团队开展对项目初步的物有所值评估和财政承受能力论证,为下一步工作的顺利开展奠定了基础。

二、项目准备阶段

本项目通过物有所值评估及财政承受能力论证后,中国投资咨询即开始项目实施方案的编制工作。项目团队结合实际情况,参照同类项目运作经验,编制完成初步的实施方案。随后,方案上报由市发展和改革委牵头,市财政局、审计局、国土局、建设(规划)局会同相关行业主管部门及其他关联单位或专家成立的"5+X"公私合作制项目联合审查小组开会审议。鉴于本项目交易结构较为复杂,涉及主体权益较多,对项目具体的运作方式、回报机制等各方也有不同意见。经过三轮的联合审查小组会议,并经市政府审批,最终确定了本项目的交易结构、回报机制、风险分配、监管架构、采购方式等核心问题,并定稿项目实施方案。

三、项目采购阶段

项目实施方案通过市政府审批后,项目团队着手编制公私合作制项目协议及采购文件。由于本项目涉及项目用地出让,与公私合作制社会资本采购程序相对独立,故根据项目实施方案的设计,由市住房和城乡建设局与市国土资源局联合通过土地挂牌形式确定中标投资人,完成公私合作制社会资本的采购。在完成公私合作制项目协议编制的同时,项目团队主动与市国土资源局对接,协助其完成土地挂牌文件的编制工作。

2015年10月17日,市国土资源局正式发布该项目土地挂牌公告,中国投资咨询在浙江省政府采购网同步公告本项目公私合作制采购信息。公告期间,共有3家社会资本表示愿意参与。11月17日,项目正式组织挂牌,最终由浙江省基础建设投资集团股份有限公司成功摘牌。11月26日,浙江省基础建设投资集团股份有限公司作为最后中标人，与市城乡和住房建设局就丽水市地下空间开发利用公私合作制项目协议的部分可变条款进行谈判，最终达成签约意向。本项目建设用地挂牌结果公示期满后，双方将择日完成公私合作制项目协议签约仪式。至此，丽水市地下空间开发利用项目公私合作制招商基本顺利完成。

第二节　项目风险分担机制分析

一、创新公私合作制新思路

当前，公私合作制成为新的投模式成为地方政府的"新宠"，多省市推出公私合作制示范项目库，举办各类公私合作制项目推介会。但具体到每个公私合作制项目，现有法律、规章、制度并不能涵盖执行过程中的各个方面，很多时候甚至不能很好地相互衔接，这给政府、社会资本及公私合作制咨询机构出了不小的难题。如何在确保公私合作制项目合法、合规的同时解决操作过程中的矛盾，创新是不可避免的。这就需要各参与方积极思考、勇于创新，不拘泥于程序，在现有法律框架范围内探索新的操作思路。创新的核心要义是把公私合作制项目的风险在参与主体间公平分担，从而实现共赢。

二、充分论证公私合作制风险

本项目从实施方案编制开始到土地挂牌程序完成及投资人确定，历时约8个月，体现了政府方在推进公私合作制项目落地过程中的谨慎态度，而不是急于求成。每一次创新措施的提出，政府方均会反复论证其可行性与合规性，社会资本也会充分测算、衡量项目的收益性和风险性。作为第三方的中介机构，中国投资咨询则综合各方诉求，促使项目执行更加科学、合理。

三、专业性咨询提升项目价值

由于项目涉及较多主体方,交易结构较复杂,沟通讨论的工作量非常大。对于项目是否有必要采用不同的运作方式、财政补贴的年限及补贴方式、社会资本的采购方式等问题,不同职能部门有不同意见,咨询工作常常陷入困境。此时,清晰的操作思路及全局的协调能力显得十分重要,项目团队需要充分发挥专业作用,从专业咨询的角度提供专业意见以化解分歧,引导各主体达成一致,从而确保项目成功推进。

四、项目风险分担的机制设计

项目风险分担机制设计遵循以下四个重要原则。

第一,符合国家政策导向,匹配公共物品供求趋势。城市交通拥挤的重要成因中停车难已成为不可忽视的因素。治理停车难问题,不仅要进行社会道德的教育,更重要的是根据交通流动性需求的特性进行停车基础设施的科学规划和建设。本项目规划建设的地下空间停车设施符合国家的政策规定和发展导向,因此不会出现国家政策性风险的影响。同时,城市的发展快速推进,车辆保有量激增,公众对停车需求不断提升,特别是对停车的密度要求在不断提升,因此需要大幅度提高单位停车面积内的停车数量,才能满足人民群众城市交通出行的迫切需求。本项目设计规划在国家政策和消费需求两个方面的风险是可控的。

第二,同质项目连点成面,集群式开发保障收益率。城市停车空间需要按照公众交通出行的空间集聚特征进行布局,因此具有面大点散的特点。而且由于交通出行的需求存在较大的异质性,比如工作交通出行、旅游休闲出行、购物社交出行、假日庆典出行等,因此单个停车设施的供求会出现时间、空间和密度上的潮汐差,会直接影响到社会资本的经营收益。因此,在项目规划设计的理念上,先期将点状项目按照肥瘦相间原则进行捆绑打包,形成一个平均收益率取中的收益结构,有效降低了单个项目对社会资本预期收益的负面影响,从而降低了社会资本苦乐不均的风险。

第三,鼓励配套资产开发,深入挖掘项目内涵价值。城市停车设施通常都布局在城市的交通热点地区,土地和空间具有巨大的潜在价值。在一些地方和部门的项目规制中为了防止资产用途多元会造成利益纠纷的风险,出台单一停车功能的政策加以约束限制多种经营。单一的停车功能规则是对设施资产和服务功能潜在资产增值的抑制,增加了社会资本经营失败的风险,也降低了土地和设施的资产增值贡献能力。因此,从政策创新的角度,项目规划鼓励配套资产的综合开发和利用,鼓励社会资本因地制宜地挖掘和提升设施的价值增长空间。

第四,强化关键要素保障,有效管理控制系统风险。城市地下停车设施空间的开发最重要的要素保障是土地出让的保障。土地出让的审批与公私合作制项目的审批、开发、运营在时间上存在错位的不确定性,造成了关键要素保障不力对项目开发的负面影响,风险大的情况下可能直接导致项目前期夭折或中后期失败。因此,在进行项目的规划准备阶段,在政策上将土地、融资、环评等关键性保障要素的时间窗口与项目规划、建设、运营、移交的全生命时间窗口相匹配,将关键要素保障不力的风险降低到最低水平,保证社会资本在项目运营的全生命周期内可以稳定运行,从而提升项目对区域经济社会的贡献效能。

第三节　项目风险分担机制评价

一、借力公私合作制模式,拓展城市地下空间资源

当前,传统的地方政府渠道遇阻,政府提供公共服务产品能力与社会需求差距加大,有限的城市空间也限制了公共设施供给的增速。为化解上述问题,丽水市政府决定借力公私合作制模式,借助社会资本的优势开发拓展城市地下空间,增加公共停车设施的供给,促进公共停车设施投资的多元化以及经营的规模化、产业化,化解地方政府公共服务设施的困境。

2015 年 8 月,国家发改委等七部委联合印发《关于加强城市停车设施建设的指导意见》,明确以停车产业化为导向,充分调动社会资本积极性,鼓励采用公私合作制模式来建设停车楼、地下停车场、机械立体停车库等集约化停车设施。本项目的立意与国家政策意见完全吻合,进一步调动了社会资

本的参与热情。

二、量身定制，有针对性地选用 DBFO 方式运作

鉴于本项目前期工作只完成了规划设计，确定了主要经济指标，为充分发挥社会资本的专业优势，提高项目运作效率，项目团队为本项目选定了 DBFO 模式①来运作。根据项目实施方案，中标社会资本须在满足各项规划设计条件的前提下全权负责项目的设计、投资、建设及运营。

三、捆绑开发，发挥项目规模效应

根据项目规划设计的要求，项目拟新建停车位不少于 1448 个，包括机械立体停车库车位不少于 270 个，地下停车位不少于 1150 个，地面停车位不少于 28 个。项目总用地面积约 4.6 万平方米，其中地上建筑面积需控制在 8400～9500 平方米，地下建筑面积控制在 35450～39815 平方米。项目总投资额约 2.8 亿元。

本项目中拟开发的 6 个地下空间相对规模均不大，若单独招商，难以吸引实力较强的社会资本，无法实现高质量的投资建设及运营管理。为增强项目吸引力，发挥规模效应，本项目将六个地下空间开发进行捆绑运作，以期引入实力雄厚、具有专业经验的优质社会资本。

四、优化绩效，公益性与经营性结合

本项目允许项目公司在按约定要求提供公共停车服务的同时配建部分商业面积，将项目的公益性与经营性相结合，提高项目的吸引力。丽水市住房和城乡建设局代表丽水市政府授予项目公司 22 年的特许经营权，包括六个公共停车场的建设、运营与移交，运营期内的公共停车服务收入归属项目公司，运营期满运营权移交给政府方。同时，项目配套商业所有权归属项目公司，项目公司可通过租售获取收益。

为优化本项目的绩效导向，还明确公共停车服务的收费收入和配套商业的租售收入部分均由社会公众决定，政府给予确定的可行性缺口补助，项目实际收益率风险由社会资本自行承担。

---

① DBFO 模式，包括设计（design）—建设（build）—融资（finance）—运营（operate）四个流程。

五、创新采购，土地出让与公私合作制社会资本采购结合

由于本项目涉及商业运营，项目用地无法通过划拨方式交付使用，只能通过招拍挂的形式出让。但在现行法律框架下，土地招拍挂的程序与公私合作制社会资本的采购程序是相对独立的，若分别执行土地招拍挂程序和公私合作制社会资本的采购程序，可能面临通过土地招拍挂程序获得本项目用地使用权的投资人与通过公私合作制采购流程选定的投资人不是同一个的问题，导致项目无法执行。

为解决这一矛盾，本项目创新性地将土地出让与公私合作制社会资本的采购相结合，即通过一次土地挂牌程序出让全部项目用地，同时将公私合作制项目协议作为挂牌文件的附件，协议明确核心条款不接受谈判，参与竞争项目用地的投资人即视为接受公私合作制协议主体条款。相应地，项目的土地出让合同作为公私合作制项目协议的生效前提，土地出让合同提前终止，公私合作制项目协议也即提前终止。

第十章　公私合作制实践中
浙江模式的提炼

第一节　公私合作制风险分担机制的浙江经验

一、坚持"三维"原则：时间、空间、密度并重

公私合作制要坚持"时间、空间、密度"比重的基本原则。所谓时间原则，是指公私合作制所使用的领域大都是长期资本项目，需要大规模的投资和基础设施建设，为人口基数巨大的公众提供公共物品供给，满足各类偏好属性的公共物品需求。因此在时间维度上要放长远，侧重中长期的效应，不应用短期财务绩效标准来衡量一个公私合作制项目的成败。比如杭州地铁1号线项目运营数年之后才开始盈利，宁波杭州湾大桥项目长期没有达到盈利预期，但是对公众的公共物品需求和区域经济社会的发展而言，贡献极其巨大，完全符合公私合作制的建设初衷。

所谓空间原则，是指公私合作制的公共物品的供给都是空间覆盖面较广的，在较大的地理空间范围内向社会公众提供公共物品供给，满足公共物品需求。因此，单独的一个点状空间的公私合作制项目的设施布局，是很难做到与公共物品需求的时间、空间、密度属性相匹配的。因此，在公私合作制项目规划和招商时要将多个同质或相近项目捆绑打包，形成一个公私合作制项目包，这样既定使得社会资本的公共物品供给能够更大范围、更深层次地服务公众的公共物品需求，也可以解决单一项目难以平抑供求潮汐带来的负面影响。同时，公私合作制项目包的形式也能够有利于资产和设施

的创新开发和价值增值。

所谓密度原则,是指公私合作制项目的开发会随着公共物品供求结构中的要素密度变化而发生调整。典型的密度变化如城市功能、基础设施、消费人口、公共政策、技术进步等。当要素密度发生变化时,公私合作制项目的供求结构和平衡都会发生重大的调整。一般而言,公私合作制项目的空间布局和产能配置都要有充足的富余量,以保证公共物品供给能够有足够的应对意外需求冲击的柔性。因此,在项目规划设计和可行性研究时,要将产能储备的概念融入基本产能指标中,要确保公私合作制项目能够满足由于要素密度提升而导致的需求强度提升所造成的意外冲击而不会出现系统崩溃。

二、坚持"三民"原则:民企、民资、民股并重

浙江省公私合作制发展的重要经验是依靠浙江省发达的民营经济基础。在浙江省的经济生态中,民营经济一直以来是重要的市场力量。对于公共物品供求平衡而言,民营经济既是潜在的重要合作供给者,又是事实上的重要消费者。正是民营经济在公共物品供求中的双重性,使得浙江省公私合作制发展走出了一条独特的道路。本节将其总结为"三民"原则,即民企、民资和民股并重原则。

民企原则是指公私合作制项目的社会合作方有限选择民营经济中的市场主体。比如杭州湾大桥项目的发起股东中有许多宁波市知名的民营企业。当然这里所讲的民企不仅局限于国内民营经济范畴,广义的民企范畴还包括国际企业范畴。比如杭州地铁1号线项目招商的社会资本就是国际知名的城市轨道交通的供应商——港铁集团。民营企业的多元化战略会使得公私合作制项目的招商有非常广阔的市场合作空间。同时,民营企业自身的经营管理能力也使得其一旦进入公私合作制项目,能够快速学习,达到与公私合作制项目匹配的管理运营能力状态。

民资原则是指公私合作制项目的规划和招商要遵照国家相关政策,严格限定政府出资比例,要以社会资本作为公私合作制项目融资的主要来源。浙江省的公私合作制发展实践中,充分动员社会资本参与公私合作制项目成为大项目、大平台、大工程的重要特征。社会资本利用自有资本和信贷资本时,相比较国有资本而言,具有更强的预算和绩效约束刚性。在项目可行

性研究、投资融资、运营管理等领域,社会资本对市场信号的反馈更加敏感,能够及时地做出经营策略的调整,从而优化公共物品供给的数量、结构和质量,更好地满足公众对公共物品的需求。

民股原则是指公私合作制发展中要坚持走市场经济的普遍道路。通过发达的资本市场实现资本对供求的价值确认和赋权,从而实现资源的优化配置。换言之,公共物品供求平衡以及供给质量最终是由公众做出判断。因此,公众是否愿意为一项公私合作制项目供给的公共物品付费,是否愿意投资公私合作制项目发行的准政府债券,是判断该项目决策、规划和设计是否与公共物品需求相匹配的标志。从国际经验来看,公私合作制项目的可持续发展最终需要资本市场的民众持股来实现流动性保障。未来中国市场也将逐步进入这一发展阶段。当前国家发改委推出的REITs可以看作一个良好的市场信号,说明国家在政策上已经越来越意识到公众参股对于公私合作制可持续发展的重大意义。

三、加快推进公私合作制参与的地方政府债市场建设

公私合作制的发展是政府独立供给公共物品模式在财政风险压力下的折中和创新。这一个制度和政策创新肯定了社会资本在公共物品供给中的有效性,将原有严格限制的市场准入门槛降低,为社会资本的多元化投资和市场领域的拓展提供了更多的可能性。因此,从本质而言,公私合作制是政府财政以社会资本的信用背书作为杠杆放大融资规模的有效做法。但是仅仅将社会资本的信用背书局限于现有的金融市场规制之下,通过诸如企业债和信托方式获得融资的成本仍然较为高昂。未来应当建立更高层次的地方政府债券市场,使公私合作制真正发挥出低成本撬动大规模社会资本的优势。

浙江模式的核心特点是市场经济主体作为社会资本参与公私合作制制度运行和项目运营。其内在经济理性的逻辑形成闭环,符合两种经济理性的逻辑自洽标准(见图10.1)。在三类主体的互动关系中,公众持股可以是对社会资本所属企业的间接持股,也可以是对公私合作制项目的SPV的直接持债。只有一项公私合作制项目敢于向普通公众投资人推销股票、债券,或者公众投资人有强烈的投资持股意愿,才能说明该项目的存在具有合理性。未来应当将公众的投资引导到制度健全、运行稳定的地方政府债市场

中去,从而形成一个层级不断提升的公共信用循环。

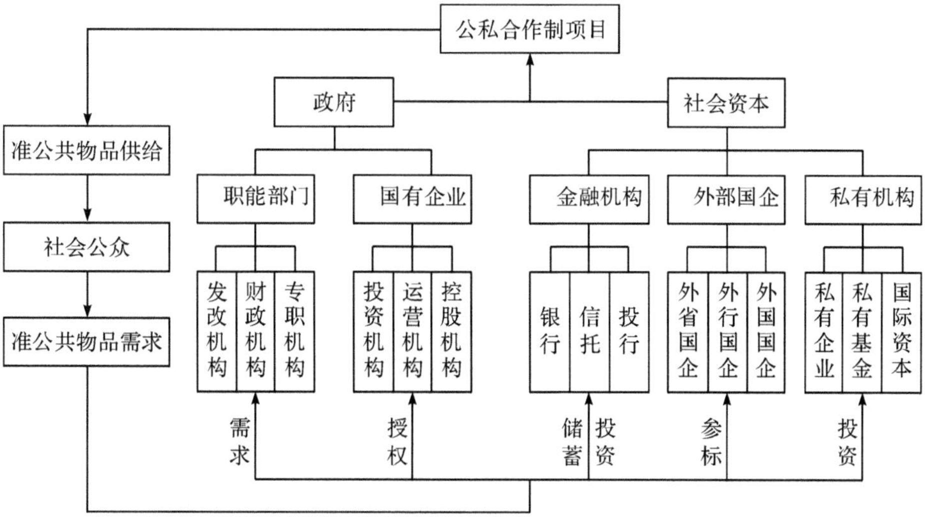

图 10.1 "公共部门＋社会资本＋社会公众"三位一体模式结构

第二节 基础设施 REITs 与资本市场建设

一、基础设施 REITs

REITs 是一种分享实体资产投资收益的二级市场股权工具,可实现特定物业资产组合在二级市场上的打包上市。REITs 投资人通过持有该资产组合的权益份额(基金份额)分享租金收入和资产增值收益。REITs 的最大特点是需要充分派息,并且在满足一定派息比率和其他运营条件下可以享有税收优惠。对于一般投资人来说,是以小份额参与实体资产投资的理想工具。

放眼全球,REITs 已成为仅次于股票和债券的第三大类基础性金融产品。目前全球已有 40 余个国家和地区创立了 REITs 市场。REITs 不仅打通了实体资产与金融市场间的投融资路径,其亦股亦债的特性也使其成为投资组合中重要的配置品种。

构建中国公募 REITs 是深化金融供给侧结构性改革、促进经济双循环发展的重要举措。继科创板、创业板试点注册制后,作为金融供给侧结构性改革的一次有益探索,公募 REITs 不仅有助于盘活基础设施资产、形成投融资闭环,也有利于扭转资金热衷于投资实体资产而非金融资产的局面、引导养老金/保险等长期资金投资于长期收益型资产的证券化产品,还有益于引领债权融资向股权融资方向发展从而降低杠杆率、推动收益率法之下的资产理性定价从而抑制和防范风险。特别地,如果超过百万亿元的居民储蓄及理财中有一部分可以通过 REITs 投资于基础设施,既可以支持基础设施投资、促进经济结构调整,还能增加居民财产性收入、带动消费,使之成为扩大内需和提升内循环良性发展的重要枢纽,增强资本市场服务实体经济的能力。

中国基础设施底蕴深厚,有望培育出全球领先的 REITs 市场。在基础设施领域率先开始公募 REITs 实践,是符合当前经济发展转型期的最佳选择。中国基础设施存量资产规模已超过 100 万亿元。从权属、收益率等角度综合评判,其中适合作为公募 REITs 底层资产的部分也已达到数万亿元,涉及交通、仓储、产业园、环保、数据中心等多个领域。其中原始权益人多为地方政府和城投平台。基础设施 REITs 将成为地方公共投融资循环的有效工具。只要制度设计合理,原始权益人将有意愿拿出好资产,也有动力将其持续管理运营好。因此,虽然中国公募 REITs 起步晚于其他很多国家和地区,但却有条件后来居上,打造出规模大、品种多、资产优、流动强、风险低的国际领先 REITs 市场。

以发展的眼光推进和完善中国基础设施 REITs,激活万亿级投融资市场。中国证监会克服诸多现实难点、开创性地以"公募 + ABS"最小阻力架构实现了中国基础设施 REITs 试点启动,不可谓不智慧。罗马不是一天建成的,应当秉持开放的心态,在积极参与试点实践的过程中,不断迭代优化有关制度安排。其中,短期重点在估值定价体系和上市交易安排;中期应着眼于完善架构(特别是税收安排)及提升透明度;长期则须解决管理人安排与能力建设问题,同时,适时适度地扩大底层资产品类也是重要议题。

理想的状态下,公私合作制的可持续发展要解决公共物品供给资产的长期可变现问题。单纯依靠特定的金融创新工具来增加融资渠道和资金规模,难以解决长期中公私合作制项目资产的流动性问题。从基础设施

REITs的设计理念来看,将大规模沉淀的固定资产通过证券化的方式盘活,是解决当前公私合作制可持续发展对大规模资本需求的有效途径。

但是必须看到的是,尽管模式和工具创新上有了更加专业的导向性,基础设施 REITs 的社会投资方向仍然是以专业投资机构为主、以公众投资人为辅的传统模式,并没有从根本上改变现有金融市场中参与主体间的制衡结构。如果想要从根本上解决这一问题,还是需要从资本市场建设的基础架构的创新和完善上着手。

二、资本市场的改革方向与借鉴

浙江省作为省域经济体,在资本市场的改革方面可以学习借鉴美国市政债市场发展经验和做法,积极推进地方政府为主体的资本市场的发展。市政债券(municipal bonds)是指一国的地方政府或者其他合格发行人发行的,向债权人承诺偿还本金并按时支付利息的债务凭证。美国是市政债券的发源地,也是目前市政债券发行规模最大和最发达的国家。1812 年,纽约州政府为筹集开凿伊利运河的资金,发行了第一只市政债券。由于这种筹资方式的效率显著优于先进行财政积累而后再进行投资的方式,此后美国各地政府纷纷效仿,以发行债券的方式为地方经济发展及基础设施建设筹集资金(郑宇佳,2018)。

经过两百年的发展,目前市政债券已经成为美国州和地方政府的主要融资渠道。同样,因此形成的完备的市政债券发行、营销、评级、保险、交易市场,也成为美国整个资本市场中不可或缺的重要分支。借鉴美国市政债券市场发展经验,对发展中国地方债市场具有重要的参考意义。

(一)市场规模

当前,美国债券市场已成为种类齐全、汇聚全球资金的最重要资本市场,也是美国政府和企业最重要的融资场所之一。市政债作为地方政府融资的重要渠道,是美国债券市场的重要组成部分。从相对规模来看,20 世纪80 年代美国市政债在整个债券市场存量占比 20% 左右,随后逐年下降。近十年来,市政债的存量占比一直稳定在 10% 左右。从存量规模来看,市政债由 1980 年的 0.4 万亿美元增加至 2016 年的 3.84 万亿美元,35 年间增长了8.62 倍。以 2016 年数据计算,美国市政债存量规模占美国 GDP 的比重为21%(见图 10.2)。

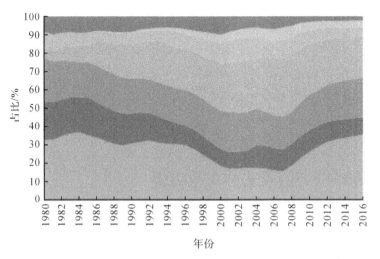

图 10.2　1980—2016 年美国债券市场券种类型占比
数据来源:SIFMA,本节余图同注。

（二）发行规模

2016 年,美国债券发行量为 7.38 万亿美元,其中市政债发行量为 0.45 万亿美元。2008 年金融危机之前,美国市政债发行量在全市场的占比始终稳定在 8% 左右(见图 10.3)。但是,由于一些地方政府(比如

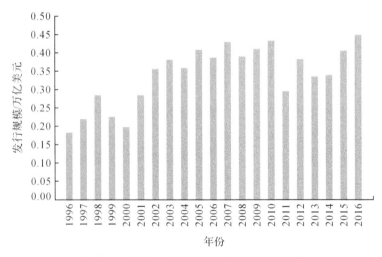

图 10.3　1996—2016 年美国市政债发行规模

底特律)在金融危机中破产、政府信用评级下调等因素,对市政债的发行产生了不利影响。因此,目前市政债的发行量占所有债券发行量的比重仅为 6%。

（三）交易规模

美国市政债大多在以经销商为中介的场外交易市场(OTC)进行交易。规模较小的市政债由区域性经纪公司、地方银行和投资公司提供交易服务,规模较大的市政债由大型经纪公司和银行提供交易支持。由于大多数市政债购买者选择持有到期,因此,美国市政债券的二级市场交易相对不活跃。2007 年金融危机时期,美国市政债的日均交易量达到最高峰,为 251.46 亿美元,随后下降至正常水平。以 2016 年为例,美国市政债的日均交易量为106.24 亿美元(见图 10.4)。

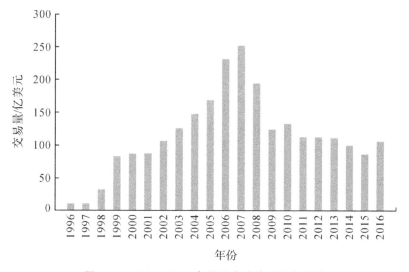

图 10.4　1996—2016 年美国市政债日均交易量

（四）发行主体

美国市政债券发行人包括两类:第一类是州、市、县、镇政府;第二类是政治实体的分支机构,包括住房中心、公共医疗、机场、港口等。美国市政债主要用于支持地方经济发展,为基础设施建设筹集资金,引导非政府私人投资项目等。同时,由于美国是联邦制国家,地方政府发行市政债具有独立的自主权,不需要联邦政府的批准或同意。以纽约市为例,不单纽约市政府可发行市政债,其下属各市政单位、公司也具有发行债券的权力。比如纽约市水务局便可发行债券为水利建设项目融资,政府也设立了哈德逊广场建设发展公司为基础建设筹措资金。

(五)债券类型

美国市政债以一般责任债券和收益债券为主,两者占美国市政债发行量的95%以上。一般责任债券是以地方政府的全部声誉和信用为担保,以地方政府财政税收为支持的债券。具体而言,州政府的税收主要有营业税、财产税、个人所得税、企业所得税及具有各州特色的特殊税种等,而地方政府的主要税收是财产税和营业税等。这种债券信用仅次于国债,安全性强。

收益债券一般是与特定项目或者部分税收相联系,以项目建成后取得的收入作为保证。例如,机场债券、大学债券、医院债券、收费公路和汽油税债券、自来水债券等。由于项目建设风险相对较小,收益债券的信用级别较高。

但因还款资金来源比较单一,风险仍高于一般责任债券。从发行量来看,一般责任债券在市政债发展早期占据主导地位,但后来逐渐被项目收益债券所取代。与一般责任债相比,发行收益债券所受的限制较少,而且更能体现"谁使用、谁付费"的原则。近几年,收益债券的发行量是一般责任债券的1.5倍左右(见图10.5)。

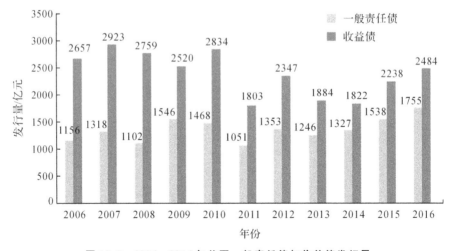

图10.5 2006—2016年美国一般责任债与收益债发行量

（六）期限结构

美国既有 1 年以内的短期票据,也有期限在 1 年至 30 年的长期债券。美国市政债中,短期票据多在 1 年之内到期,而中长期债券的发行期限多在 15 年以上 20 年以下。根据 SIFMA 数据,2016 年美国市政债的平均发行期限为 16.9 年(见图 10.6)。值得注意的是,美国各州宪法对其一般责任债券做出了发行期限的限制,而对于项目收益债券,其发行期限通常也不可超过所投向项目的"合理使用年限"。同时,美国市政债的票息基本可以免除联邦所得税。不过,无论何种类型的市政债,都必须上缴资本利得税(债券交易所取得的非利息收入)。

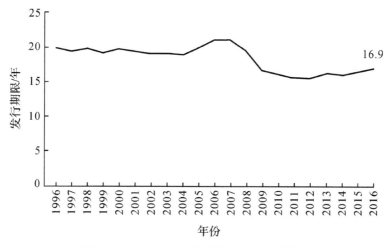

图 10.6 1996—2016 年美国市政债平均期限

（七）投资者结构

地方政府通过税收优惠政策鼓励居民持有当地政府的市政债券,因此,美国市政债的投资主体以个人投资者为主。2016 年底,美国居民持有市政债 1.68 万亿美元,占美国市政债券市场存量的 44%,此外,共同基金、银行、保险持有市政债的占比分别为 24%、15% 和 13%(见图 10.7)。

得益于税收优惠政策,美国市政债的第一大投资者是个人。加之,共同基金是美国市政债券的第二大持有者,实则基金背后的主要投资者也是个人,这进一步加大了个人持有美国市政债券的比重。我国的地方政府债券以银行等金融机构投资者为主,中美地方债对比详见表 10.1。

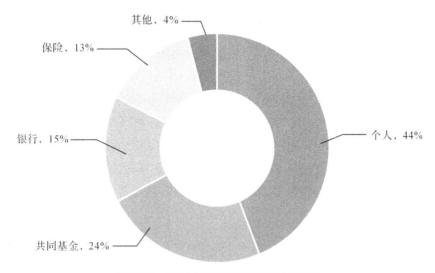

图 10.7　2016 年美国市政债投资者结构

表 10.1　中美地方债对比

	中国地方债	美国市政债
发行主体	地方政府	地方政府及其政治实体分支机构
发行方式	承销和招标	协议承销
额度管理	限额管理,全国地方政府债务限额确定过程中主要涉及国务院、财政部、全国人大、各省财政部门、各省人大常委会和省级政府	发行一般责任债券需要经过严格的预算审批程序,有时还需要全民公投
债券类型	一般债券和专项债券	一般责任债券和收益债券
利率类型	记账式固定利率	固定利率、可变利率和零息票
期限结构	一般债券有 5 种(包括 1 年、3 年、5 年、7 年和 10 年)确定的发行期限,且要求单一期限的债券发行规模不得超过一般债券全年发行规模的 30%;专项债券有 6 种确定的发行期限,比一般债券多了 2 年期的类型,且要求 7 年和 10 年期债券的合计发行规模不得超过专项债券全年发行规模的 50%	发行期限多元化,但主要以 15—20 年的中长期债券为主
评级方法	要从偿债资金充足性和稳定性来确定信用等级	发行人的总体债务水平及结构、财政收支状况、预算管理水平以及地区经济发展状况
评级机构	新世纪、大公国际、中债资信等	标普、穆迪、惠誉

续表

	中国地方债	美国市政债
监管体系	由财政部、地方财政局负责,建立了限额管理、预算管理、风险处置、日常监督等管理体系	以信息披露、反欺诈为监管重点,以市场自律机构一线监管为主、政府监管机构监管为辅的市政债券监管体系
信息披露	地方政府门户网站、中国债券信息网、交易所官网等	市政债券电子信息平台(EM-MA)
投资者结构	银行等金融机构投资者为主	个人投资者为主

第三节　公私合作制风险分担机制优化的浙江方案

一、公私合作制风险分担总体思路

　　坚持国有经济的实力、私营经济的活力和混合经济的效力"三力"合一。要站在所有制结构调整和功能优化的高度看待公私合作制的发展,研究和分析公私合作制风险分担机制问题。要认识到风险管理的本质是风险分担,只有将风险科学、公平地在公私合作制项目的参与主体间进行分配和共担,才能真正有效地降低和化解风险带来的负面影响,提高公私合作制在公共物品供求平衡中的效能。在未来的公私合作制发展中,还有高度重视公私合作制对政府投资冲动、民间投资蓝海、经济增长引擎三大作用的重视,不断优化公私合作制风险分担机制设计,提升公私合作制风险分担对经济社会发展的贡献水平。

二、政府投资冲动的有效约束机制

　　在公私合作制的风险体系中,居于风险承担核心地位的是政府本身,也就说尽管在政策设计逻辑上引进社会资本是为了降低政府财政负担压力、激发项目经营活力、提升公共物品供给效力,政府始终是公私合作制风险的聚焦点。公私合作制的发展就是要通过社会资本和公众的参与,发挥对政府在公共投资领域的硬约束作用,从而使政府亢奋的投资冲动能回归到理性的基准面。浙江省的公私合作制发展就像前述的现状中所说,项目数量不多,但大项目多,对区域经济社会发展支撑性功能的基础设施项目多,充分说明浙江省在公私合作制的应用上具有前瞻性、谨慎性和经济性的充分考量,这也成为政府投资冲动自律的模范样本。

三、民间资本广阔的蓝海投资市场

真正的市场经济主体参与公私合作制项目的投资与运营,不搞假的公私合作制项目运营模式。公私合作制制度的核心风险是主体风险,是所有制属性异质化的经济主体的组合、参与和制衡的风险。如果采取"公+公"的模式,必然会造成公私合作制项目的运行机制又回归到政府大包大揽的老路,从根本上否定了公私合作制制度存在的合理性和必要性。公私合作制制度创造的目的就是找到并达成一种准公共物品供求均衡的机制,在既不能让政府大包大揽,透支公共信用,又不能让社会资本垄断公权、侵占公益的双向约束条件下,通过"政府+资本+公众"的"三权制衡"机制设计,实现准公共物品供求的动态最优均衡目标。社会公众可以通过直接持股和间接持股的方式参与公私合作制制度运行和项目运营,通过股权增减变更的方式反馈准公共物品供求均衡的动态匹配情况,并通过公开发布公私合作制项目运行绩效信息的方式来实现有效的社会化监督。公私合作制的发展为民间投资开辟了新的蓝海,也为中国资本市场的逐步升级提供了新的可能性。

四、区域经济增长的高能储备引擎

浙江省公私合作制项目的规划和推进以大项目为主体,单体项目的金额都较大,项目的领域集中在城市基础设施和交通设施领域。这些领域的投资对于未来区域经济增长和社会发展具有极其重大的积极意义。在风险分担机制分析的典型案例中,不论是杭州地铁的初创期亏损问题,还是宁波杭州湾大桥的通行量未达可研标准问题,长期来看都不是根本性的问题。在长期的项目运行中,这些项目所提供公共交通服务都为所在地方的经济社会发展做出了重大的贡献,特别是杭州湾大桥项目成为全国跨海大桥系列工程的样板。在可预见的未来,公私合作制项目将通过满足公众日益增长的高品质公共物品需求,实现对浙江省的区域经济增长的强力推动,成为区域经济增长的高能储备引擎。

参 考 文 献

[1] Anderson S P，Coate S，2000. Market provision or public goods：a case of broadcasting[R]. NBER Working Paper.

[2] Aucoin，1991. The politics and management of restraint budgeting [A]//Blais A，Dion S. The budget-maximizing bureaucrat：appraisals and evidence[M]. Pittsburgh：University of Pittsburgh Press.

[3] Bartle J R，Korosec R L，1996. Are city managers greedy bureaucrats? [J]. Public Administration Quarterly，1996，20：89-102.

[4] Blais A，Dion S，1991. The budget-maximizing bureaucrat：appraisals and evidence[M]. Pittsburgh：University of Pittsburgh Press.

[5] Demsetz H，1970. The private production of public good[J]. Journal of Law and Economics(2)：293-306.

[6] Dunsire A，1987. Testing theories：the contribution of bureaucracies [A]//Lane，Jan-Reik. Bureaucracy and public choice[C]. London：Sage Publication，Inc..

[7] Dunsire A，Hartley K，Parker D，1991. Organizational status a performance：summary of the findings[J]. Public Administration，69：21-40.

[8] European Commission，2004. Resource book on PPP case studies[R]. 116-118.

[9] Godron H S，1954. The economic theory of a common property resource [J]. The Fishery Journal of Political Economy，62：124-142.

[10] Goldin K D，1977. Equal access vs. selective access：a critique of public goods theory[J]. Public Choice(1)：53-71.

[11]   Hardin G, 1968. The tragedy of the commons[J]. Science, 162: 1243-1248.

[12]   Kiewiet, 1991. Bureaucrats and budgetary outcomes:quantitative analy sis[A]//Blais A, Dion S. The budget-maximizing bureaucrat: appraisals and evidence[M]. Pittsburgh: University of Pittsburgh Press.

[13]   Lynn, 1991. The budget-maximizing bureaucrat: is there a case? [A]//Blais A, Dion S. The budget-maximizing bureaucrat: appraisals and evidence[M]. Pittsburgh: University of Pittsburgh Press.

[14]   Marmolo E A, 1999. Constitutional theory of public goods[J]. Journal of Economic Behavior & Organization,38(1):27-42.

[15]   Migué J-L et al., 1974 Towards a general theory of managerial discre-tion[J]. Public Choice,17:27-43.

[16]   Miller G J, Moe T M, 1983. Bureaucrats, legislators, and the size of government[J]. American Plitical Science Review,77:297-322.

[17]   NECO, 2006. Public-Private partnership options for the second genera-tion of motorway developments in poland.

[18]   Niskanen W A, 1971. Bureaucracy and representative government [M]. Chicago: Aldine-Atherton.

[19]   Niskanen W A, 1975. Bureaucrats and politicians[J]. The Journal of Law and Economics(3):617-643.

[20]   Niskanen W A, 1991. A reflection on 'bureaucracy and representative government'[M]. Pittsburgh: University of Pittsburgh Press.

[21]   Privatisation International, 2000. Building the infrastructure of a new world.

[22]   Rainovich S, 2012.《中国:绝境之路》[N]. 金融时报,2012-7-16.

[23]   Romer T, Rosenthal H, 1979. Bureaucrats versus voters: on the polit-ical economy of resource allocation by direct democracy[J]. The Quar-terly Journal of Economics,93:563-587.

[24]   Samuelson P A, 1954. The pure theory of public expenditure[J]. The Review of Economics and Statistics,36:387-389.

[25]   Treasury H M, 1998a. Step by step guide to the PFI procurement process[M]. London: Treasury.

[26] U. S. Department of Transportation, 2007. Case studies of transportation public-private partnerships around the world.

[27] Ver Eecke W, 1999. Public good: an ideal concept[J]. Journal of Socio-Economic, 28: 139-156.

[28] Wagner A, 1958. Three extracts on public finance[M]//Classics in the theory of public finance. London: Palgrave Macmillan.

[29] Young A, 1991. Learning by doing and the dynamic effects of international trade[J]. Quarterly Journal of Economics, 106: 309-405.

[30] 奥尔森, 1995. 集体行动的逻辑[M]. 陈郁, 译. 上海: 上海三联书店.

[31] 敖慧, 朱茜, 朱玉洁, 2020. 农村基础设施PPP项目的风险分担[J]. 统计与决策(8): 173-176.

[32] 敖慧, 朱玉洁, 2021. 农村基础设施PPP项目风险分担的博弈研究[J]. 华中农业大学学报(社会科学版)(2): 111-119, 180-181.

[33] 卜炜玮, 周振, 林雪, 2020. 城市基础设施PPP项目合同治理中的风险分担研究[J]. 建筑经济, 41: 224-227.

[34] 蔡素兰, 王国娜, 2020. 应用PPP模式建设养老服务业现状及优化探析——以山东省为例[J]. 西部财会(9): 62-64.

[35] 蔡显军, 吴卫星, 徐佳, 2020. 晋升激励机制对政府和社会资本合作项目的影响[J]. 中国软科学(3): 150-160.

[36] 车芳毅, 2020. PPP项目中SPV公司合同风险防范[J]. 财会学习(16): 203, 205.

[37] 陈波, 徐成桂, 2019. 城市轨道交通融资PPP模式的风险分配原则及框架[J]. 时代金融(18): 95-96.

[38] 陈海涛, 徐永顺, 迟铭, 2021. PPP项目中风险再分担对私人部门行为的影响——公平感知的多重中介作用[J]. 管理评论(8): 53-65.

[39] 陈海涛, 杨明珠, 徐永顺, 2019. PPP项目提前终止风险及传导网络研究[J]. 经济纵横(6): 68-75.

[40] 陈慧敏, 2020. 民营企业PPP项目融资的风险防范策略[J]. 中国产经(18): 83-85.

[41] 陈丽珍, 孙昱, 陈潘, 2019. 非对称信息下PPP项目风险管理研究[J]. 江苏商论(6): 106-109.

[42] 陈玲, 2020. 高校PPP融资模式困境与对策[J]. 新会计(11): 56-58.

[43] 陈民,陈非迟,2019.PPP 项目风险分担的改进[J].中国投资(中英文). (23):80-81.

[44] 陈秋月,王守清,2020.我国成功 PPP 项目特征分析:基于多案例的研究 [J].工程管理学报(6):61-65.

[45] 陈姗姗,熊伟,钟宁桦,等,2021.政府和社会资本合作项目异化为地方政 府明股实债融资的探讨[J].同济大学学报(自然科学版)(10): 1484-1493.

[46] 陈胜波,于洁,刘永平,等,2021.基于可持续发展的城市轨道交通 PPP 项 目风险管控机制研究[J].交通与运输,34:215-219,224.

[47] 陈士静,陈德鹏,吕忠,等,2021.基于 CiteSpace 图谱分析的 PPP 项目风 险演化[J].项目管理技术(10):1-8.

[48] 陈淑静,2021.智慧建筑背景下海绵城市建设的 PPP 融资模式应用对策 研究[J].智能建筑与智慧城市(3):70-71.

[49] 陈艳利,冯凯昕,2021.PPP 项目融资风险评价与防范对策研究——基于 S 市城市快速路网的案例分析[J].中国资产评估(9):48-55.

[50] 陈颖,2020.PPP 项目风险控制策略[J].合作经济与科技(13):60-62.

[51] 陈志鼎,程丛,2020.基于改进 Shapley 值的 PPP 项目利益分配研究[J]. 建筑经济(5):40-44.

[52] 程敏,刘亚群,2021.基于特许期调整的城市污水处理 PPP 项目再谈判博 弈研究[J].软科学(5):117-122,137.

[53] 程瑜,张学升,2020.生态补偿领域 PPP 模式的合作机制构建[J].中国财 政(14):58-61.

[54] 崔彩云,王建平,刘勇,等,2018.运用 AHP-EMATEL 的 PPP 项目 VFM 驱动因素重要性分析[J].华侨大学学报(自然科学版)(5):682-688.

[55] 崔晓艳,张蛟,杨凯旋,2020.基于博弈论的大型地铁项目 PPP 模式风险 分担研究——以青岛地铁一号线项目为例[J].建筑经济(3):87-91.

[56] 戴佳琰,2018.收益保证型 PPP 价值评估与风险分担研究[J].财会学习, 25:191,193.

[57] 邓义川,赖应良,王亚娟,等,2020.PPP 模式下产业扶贫项目风险分担框 架研究[J].项目管理技术(5):35-39.

[58] 丁文,2018.PPP 项目政策议程设置研究[J].湖北行政学院学报(4): 63-68.

[59] 董祥宇,2019.浅谈 PPP 模式在公路项目融资中的应用[J].大众投资指南(24):4-5.

[60] 董彦辰,李云,姜安民,等,2021.PPP 综合管廊项目风险的分担问题研究[J].工程技术研究(6):160-161.

[61] 杜亚灵,查彤彤,刘丹,2020.兼顾原则性与灵活性的 PPP 项目风险分担[J].工程管理学报(2):112-116.

[62] 杜亚灵,刘玲,王一敏,2020.综合管廊 PPP 项目中地质条件风险的分担问题研究[J].项目管理技术(5):25-29.

[63] 段世霞,李腾,2019.基于不对称 Nash 谈判模型的 PPP 项目收益分配研究[J].工业技术经济(8):137-144.

[64] 段世霞,李腾,2019.商业银行参与 PPP 项目风险分担研究——基于博弈模型[J].会计之友(20):87-92.

[65] 范文红,2021.PPP 工程项目合同管理问题及建议[J].合作经济与科技(22):120-122.

[66] 方平,2021.高校体育场馆运营 PPP 模式的 SWOT 分析[J].教育观察(6):35-37.

[67] 方烨,2020.PPP 机制在东莞社区居家养老服务中的应用研究[J].无锡职业技术学院学报(4):44-48.

[68] 冯健,2021.PPP 模式下城市轨道交通项目的风险管控研究[J].中国市场,32:28-29.

[69] 付锦宇,2021.PPP 项目融资模式风险分担研究[J].商业文化(1):90-91.

[70] 傅金平,张薇,2021.PPP 项目隐性债务风险审计架构应用分析[J].财会通讯(21):130-135.

[71] 高嘉华,2020.泉州市文旅型特色小镇 PPP 开发模式分析[J].对外经贸(5):66-68.

[72] 高金贺,许倩,王振华,2020.基于博弈模型的美丽乡村 PPP 项目风险分担机制研究[J].东华理工大学学报(社会科学版)(6):513-517.

[73] 高珊,韩凤,周莹,2021.PPP 模式风险分担管理研究综述[J].建设监理(5):44-47.

[74] 高武,2020a.PPP 项目公私主体如何公平分担风险[J].中国外资(21):92-93.

[75] 高武,2020b.基于合作博弈的 PPP 项目风险组合性均衡分担指数模型

研究[J].城市学刊(5):17-21.

[76] 葛新旗,杨延风,2020.PPP 模式在市政公路基础设施建设中的应用——国外公路建设融资模式借鉴[J].商业文化,27:75-77.

[77] 龚建备,龚泽瀚,2021.新时期电网项目应用 PPP 模式融资建设研究[J].工程经济(8):43-46.

[78] 龚菁昱,2020.PPP 项目财务管理的研究[J].财会学习(2):60,62.

[79] 龚坤,2019.县级城市污水处理项目 PPP 模式应用研究[J].建筑技术开发(19):81-83.

[80] 谷立娜,张春玲,吴涛,2021.基于云模型的重大水利 PPP 项目融资风险评价[J].人民黄河(11):116-121.

[81] 顾倩,2018.PPP 项目融资模式的应用研究[J].企业改革与管理(21):137-138.

[82] 顾湘,傅之子,颜妍,2020.基于 SNA 的基础设施建设 PPP 项目残值风险因素研究[J].建筑经济,41:126-131.

[83] 顾湘,施凯,2021.基于知识图谱的 PPP 风险管理研究综述[J].中国房地产(6),37-44.

[84] 郭毅,周咏梅,姜文琪,2020.PPP 项目地方政府隐性债务识别与风险防范[J].商业会计(4):114-117.

[85] 韩红霞,刘松,崔武文,2020.基于 Monte-Carlo 的城轨 PPP 项目投资风险评估[J].土木工程与管理学报(1):75-81.

[86] 韩华柳,2020.PPP 模式在高职院校实训基地建设中的应用[J].江苏经贸职业技术学院学报(6):51-54.

[87] 韩静,2021.国内外 PPP 项目风险管理的方法与经验借鉴[J].内蒙古科技与经济(2):23-26.

[88] 何韩煜,范金诚,2020.浅谈 PPP 模式下工程建设的前期管理[J].建设监理(1):21-22,26.

[89] 何玮,2021.中国企业开展境外 PPP 项目的思考[J].中国集体经济(22):13-14.

[90] 和洁琼,2021.PPP 模式在普通公路中的应用[J].黑龙江交通科技(2):252-253.

[91] 贺媛,2019.浅析 PPP 项目方案设计[J].价值工程,36:77-79.

[92] 胡华君,2019.PPP 项目绩效评价指标体系构建研究[J].现代商业(3):

115-116.

[93] 胡振,马樱瑞,2020.PPP 项目政府参股的风险:日本第三部门的改革经验及启示[J].现代日本经济(1):13-25.

[94] 胡振,张楠,刘华,2020.考虑政府风险偏好的 PPP 项目控制权配置模型[J].系统工程(3):123-131.

[95] 湖北省发展改革委,2016.英国赛文河第二大桥项目.[EB/OL].(2016-09-23)[-10-15].http://fgw. hubei. gov. cn/fgjj/ztzl/zl/2016/pppzt/dx-al/201609/t20160923_535569. shtml.

[96] 黄爱平,2019.基于 ISM 模型的城市地下综合管廊 PPP 项目融资风险管理研究[J].中国总会计师(12):100-103.

[97] 黄江玉,曹富国,2019.我国 PPP 模式的减贫效应研究:基于可持续生计理论[J].财政研究(11):102-114.

[98] 黄玲,2020.PPP 模式在城中村改造项目中的运用——以杭州市新文村改造项目为例[J].经济管理文摘(13):9-10.

[99] 黄茂林,2020.关于 PPP 模式下城市地下综合管廊投融资研究[J].低碳世界(5):193-194.

[100] 黄阳,韩文花,2021.基于 PSO 的垃圾焚烧发电 PPP 项目风险分担研究[J].广西节能(1):52-54.

[101] 纪岚,2021.公路工程项目运营中 PPP 与 BOT 两种投融资模式比较分析[J].中国乡镇企业会计(9):24-25.

[102] 贾康,吴昺兵,2020.PPP 财政支出责任债务属性问题研究——基于政府主体风险合理分担视角[J].财贸经济(9):5-20.

[103] 贾康,吴昺兵,2019.PPP 模式推动产业新城发展的问题与优化建议[J].经济纵横(12):25-32,2.

[104] 贾丽丽,和鑫,王辉,2018.城市轨道交通公私合作制融资模式风险评价研究[J]石家庄铁道大学学报(12):29-33.

[105] 贾钰森,2019.海绵城市建设中 PPP 模式应用研究[J].合作经济与科技,18:64-66.

[106] 简迎辉,崔志鹏,2021.基于 Fuzzy-EMATEL 的水环境治理 PPP 项目风险因素分析[J].水利经济(3):62-68,87-88.

[107] 姜影,周泉,2021.制度质量与晋升压力:我国基础设施 PPP 项目投资的影响因素分析[J].行政论坛(3):131-138.

[108] 姜影,2021.我国公私合作关系(PPP)研究热点与前沿趋势——基于国内文献的知识图谱可视化分析[J].项目管理技术(4):1-9.

[109] 蒋旻君,路子豪,张进银,等,2020.PPP模式在镇江海绵城市建设中的应用研究[J].城市建筑(13):192-194.

[110] 金长宏,郭德润,2020.风险偏好下 GRA-Shapley 值修正的 PPP 项目风险分担[J].厦门理工学院学报(5):60-67.

[111] 荆娴,杨阳,2016.中小企业平台风险分担机制研究.[J].国有资产管理(3):66-70.

[112] 柯洪,舒鸿科,2019.基于模糊 EMATEL 方法的 PPP 项目关键成功因素的实证研究[J].项目管理技术(11):25-30.

[113] 孔可莹,王志宏,2020.PPP 研究的热点和演进路径——以文献计量分析为线索[J].辽宁工程技术大学学报(社会科学版)(2):113-122.

[114] 孔庆磊,2019.基于 PPP 项目监管和效率视角的文献梳理的综述[J].经济研究导刊(8):135-136,164.

[115] 雷尚,2021.水利项目 PPP 模式风险管理探究[J].黑龙江水利科技(7):241-243.

[116] 李大光,2018.PPP 债务风险分析及防控[J].中国总会计师(9):82-83.

[117] 李行兵,2020.PPP 项目融资模式风险分担研究[J].财会学习(1):192-193.

[118] 李浩歌,吴贞瑶,赵峰,等,2020.城市轨道交通 PPP 项目盈利模式及风险分析[J].综合运输(1):31-37.

[119] 李红昌,崔金丽,聂琼,等,2020.自偿率在城市轨道交通 PPP 项目运作中的应用[J].长安大学学报(社会科学版)(2):71-82.

[120] 李建英,田基彪,黄嘉悦,2019.PPP 模式融入乡村振兴——基于文献综述的方法[J].河北金融(12):54-58.

[121] 李建英,田基彪,刘婷婷,2019.河北省 PPP 项目融入乡村振兴问题研究[J].河北经贸大学学报(综合版)(4):53-60,81.

[122] 李江涛,胡兴黎,2019.困境与出路:大学生体质健康测试 PPP 模式研究[J].体育科技(6):84-85,87.

[123] 李娟,李崇飞,2019.浅谈高速公路 PPP 项目财务风险管理[J].现代经济信息,15:257.

[124] 李璐璐,2020.PPP 项目全生命周期政企关键风险对比研究[J].项目管

理技术(12):12-16.

[125] 李明,2018.PPP 大型体育场馆项目契约治理路径及框架体系构建的实证研究[J].首都体育学院学报(5):414-417.

[126] 李明超,2020.PPP 立法的制度调适[J].行政与法(8):34-42.

[127] 李睿,张云华,2021.基于 CiteSpace 的建设项目风险研究热点与趋势分析[J].项目管理技术(8):78-83.

[128] 李停停,李良勇,起云凤,2020.PPP 模式下绿色金融发展的问题及对策分析[J].中国商论(22):33-35.

[129] 李同杰,侯阳阳,郭劲松,2018.PPP 项目融资模式研究综述[J].中国管理信息化(19):101-103.

[130] 李献林,王凌涛,周晓红,等,2018.PPP 项目融资风险指标体系及模糊综合评判方法的实证研究[J].创新世界周刊(7):108-126.

[131] 李献林,王凌涛,周晓红,等,2019.PPP 项目融资风险指标体系及模糊综合评判方法的实证研究[J].国企管理(16):74-103.

[132] 李香云,2020.我国农村供水发展与 PPP 模式适用性及相关影响因素分析[J].水利发展研究(1):43-48.

[133] 李新,2021.PPP 项目社会资本参与度低的原因及对策分析[J].对外经贸(3):116-119.

[134] 李旭,2020.论 PPP 项目融资的风险控制分析[J].中国市场,33:12-14.

[135] 李妍,刘颖,李吉栋,2021.制度环境与 PPP 项目风险分担结构影响研究——基于发展中国家 PPP 项目数据[J].金融与经济(9):24-31.

[136] 李妍,薛俭,2021.不完全信息视角下公私合作模式风险分担研究——基于参与主体的不同出价顺序[J].科研管理(6):202-208.

[137] 李旸,任旭,2020.城市轨道交通 PPP 项目运营风险评价[J].铁道标准设计(11):20-26,35.

[138] 李以所,2018.公私合作制(PPP):跨学科视角下的概念性分析——基于德国经验的研究[J].宁波大学学报(人文科学版)(6):90-97.

[139] 李翊涵,宋清,2018.我国公私合营(PPP)融资模式研究现状分析及启示——基于国内期刊文献的共词分析[J].武汉金融(11):45-49.

[140] 李永福,盛国飞,邢保壮,2021.乡村振兴战略下农村基础设施 PPP 项目风险研究[J].建设科技(10):17-20,28.

[141] 李卓君,2021.澳大利亚 PPP 模式的特点及经验借鉴[J].建筑经济(1):

53-56.

[142] 赵丽,谷旭敏,乔丽艳,2020.基于多元回归的 PPP 项目绩效影响因素研究[J].河北建筑工程学院学报(1):145-149,160.

[143] 梁军平,王丰,邵杰,等,2019.收费公路 PPP 项目存在问题及对策[J].交通工程(5):49-53.

[144] 廖剑南,2021.近年来国内学术界关于 PPP 模式养老项目投资决策的研究综述[J].老区建设(4):91-96.

[145] 廖韫琪,2019.可持续理念下绿色 PPP 模式的发展与建设[J].财政监督(13):87-92.

[146] 林菁菁,2020.PPP 模式下存在的工作难点及措施的分析研究[J].绿色环保建材(5):191-192.

[147] 林晶晶,2020.福州市内河 PPP 治理的践与思[N].福州日报,2020-06-15.

[148] 林丽,2018.基础设施 PPP 融资模式风险分担研究[J].财会通讯,35:107-110,129.

[149] 林楠,2019.基于 PPP 模式的轨道交通项目融资风险研究[J].项目管理技术(12):27-31.

[150] 林少培,2019.海外 PPP 项目风险管理初探(下)[J].项目管理评论(4):44-47.

[151] 林永民,史孟君,陈琳,2019.基于 PPP 模式的公共租赁性住房融资机制设计[J].华北理工大学学报(4):42-47.

[152] 刘畅,郭雪萌,王卓君,2020.中国式财政分权、财政透明度与地方政府选用 PPP 模式[J].经济问题探索(2):170-182.

[153] 刘畅,2019.浅谈社会资本投资 PPP 项目的风险把控[J].时代金融,32:17-19.

[154] 刘红勇,罗瑞,尹佳旭,等,2021.政府和社会资本合作(PPP)项目成功运作的智能预测模型研究——基于国内 PPP 案例分析[J].科技促进发展(2):317-324.

[155] 刘华,冯雪,2021.民营资本参与 PPP 项目关键影响因素研究——基于 SNA 的视角[J].会计之友(10):81-85.

[156] 刘骅,卢亚娟,2018.基于现金流视角的 PPP 项目财务风险预警研究[J].财经论丛(12):47-54.

[157] 刘欢,徐敏峰,2020.基于改进 Shapley 值模型的 PPP 项目收益分配研究[J].中国市场,20:12-15,34.

[158] 刘嘉婷,2020."一带一路"下 PPP 融资模式面临的问题及路径选择[J].经济研究导刊,30:59-60.

[159] 刘姣,2020.PPP 模式下某道路建设项目风险管理研究[J].经济研究导刊,31:66-67.

[160] 刘娟,2020.基于熵权 TOPSIS 法的农村垃圾资源化处理 PPP 项目风险分担研究[J].中国管理信息化(10):63-66.

[161] 刘俊,2020.PPP 模式下林业生态补偿创新机制研究[J].长江技术经济(1):170-172.

[162] 刘李福,杜敏瑞,2021.PPP 项目资金使用效率评价研究——基于全周期视角[J].商业会计(11):60-62.

[163] 刘莉莉,2019.PPP 模式成功关键因素分析[J].现代物业(中旬刊)(3):18.

[164] 刘伦,2021.基于公私博弈的高速公路 PPP 项目收益分配研究[J].散装水泥(4):42-44.

[165] 刘明,郑如东,刘梦婷,2021.公共政策视角下我国政府与社会资本合作困境机制研究[J].经济研究导刊,25:82-87.

[166] 刘倩,2021.PPP 模式在我国农业面源污染治理领域的应用研究[J].山东农业工程学院学报(4):36-42.

[167] 刘润楠,2021.PPP 模式在政府购买公共文化服务中的应用[J].学理论(1):72-74.

[168] 刘舒鹏,2020.公共体育场馆 PPP 模式改革的路径研究[J].四川体育科学(3):101-106.

[169] 刘用铨,2020a.PPP 项目政府"保底机制"一定等于隐性债务吗[J].财会月刊(20):119-122.

[170] 刘用铨,2020b.新基建领域推行 PPP 模式探析——以北京地铁四号线为例[J].财会月刊(13):145-151.

[171] 刘震涛,汤绍强,2019.广东省韩江高陂水利枢纽工程 PPP 试点模式研究[J].经济研究导刊(20):148-150.

[172] 罗书嵘,杨秀,2021.PPP 模式政府补贴机制研究[J].商业经济(3):124-126.

[173] 罗振军,于丽红,陈军民,2020.我国田园综合体PPP融资模式的运行机制、存在问题及改善策略[J].西南金融(7):38-46.

[174] 马辉敢,2021.基于PPP模式的市政道路工程风险管理研究[J].市政技术(6):162-165.

[175] 马杰,邓远,2021.我国公立医院PPP模式存在的问题及对策研究[J].会计之友(7):61-66.

[176] 马骏,周超,於莉,2005.尼斯坎南模型:理论争论与经验研究[J].武汉大学学报(5):674-679.

[177] 梅建明,张宽,2021.PPP项目风险合理分担影响因素的ISM-MICMAC研究[J].中南民族大学学报(1):132-140.

[178] 孟枫平,刘淑雯,2019.基于四方博弈模型的PPP项目风险分担研究[J].长春理工大学学报(1):106-113.

[179] 莫智杰,2019.PPP项目投资管控风险方法和措施[J].产业创新研究(6):60-61.

[180] 倪喆,赵广义,杨祖贤,等,2019.PPP＋EPC模式风险分配综述[J].价值工程,29:288-291.

[181] 宁靓,王凌歌,赵立波,2019.PPP与政府购买服务:概念辨析与异同比较[J].中共福建省委党校学报(6):76-84.

[182] 欧纯智,贾康,2018.PPP项目健康运行的风险分担研究[J].社会科学战线(9):56-60.

[183] 欧纯智,贾康,2020.构建PPP伙伴关系的政府与社会资本委托——代理博弈的制度约束[J].经济与管理研究(3):95-105.

[184] 欧亚PPP联络网,2010.欧亚基础设施建设公私合(PPP):案例分析[M].王守清,主译.沈阳:辽宁科学技术出版社.

[185] 潘文英,2018.浅析我国PPP项目融资及其发展[J].科技经济市场(6):70-73.

[186] 戚鑫,2020.浅析PPP项目的风险管理[J].财富时代(4):96.

[187] 祁玉清,2019.PPP项目"风险分担"与"隐性收益保证"的异同分析与政策建议[J].宏观经济研究(11):97-101,157.

[188] 秦宝宝,2019.PPP模式的起源、发展及信贷融资实践——基于银行视角的分析[J].财经界(22):62-63.

[189] 任志华,2021.城中村改造PPP项目风险管理机制研究[J].建筑经济

(3):64-69.

[190] 邵颖红,王嘉铭,邵思云,2021.心理距离、风险分担与 PPP 项目投资效果——基于"一带一路"39 国经验数据的研究[J].软科学(5):7-12.

[191] 邵宇,刘菁,2020.城市地下综合管廊 PPP 项目风险分担研究[J].工程管理学报(2):117-122.

[192] 沈俊鑫,郭佩瑜,2020a.国内 PPP 研究热点可视化分析及比对——基于大数据分析和文献计量法[J].项目管理技术(1):10-17.

[193] 沈俊鑫,李钦,梁武超,2020b.PPP 可融资性影响因素研究——基于信贷风险控制视角[J].技术经济与管理研究(12):82-86.

[194] 沈俊鑫,李钦,梁武超,2020c.科技创新领域 PPP 可融资性提升路径研究——基于 fsQCA 方法[J].科技管理研究(24):198-207.

[195] 盛松涛,符艳华,2020.准经营性水利 PPP 项目收益分配的 ANP 改进区间 SHAPLEY 值法[J].项目管理技术(5):47-53.

[196] 盛曦,姚惠芳,邱浩雯,2021.PPP 模式下污水治理项目的风险研究[J].工程经济(5):44-46.

[197] 施慧斌,刘修奇,许应成,2020.基于粗集理论的 PPP 项目风险评价研究[J].沈阳工业大学学报(社会科学版)(5):434-442.

[198] 石磊,李健军,2021.PPP 模式项目风险管理研究[J].安徽建筑(5):180-181.

[199] 石世英,傅晓,王守清,2019.PPP 项目伙伴关系维系对项目价值影响的实证研究[J].工程管理学报(3):58-62.

[200] 宋恒,刘柯彤,宋衍蕾,2020.农村机构养老 PPP 模式运行机制及路径探析[J].财政科学(10):71-81.

[201] 宋夏子,王言,2018.交通基础设施 PPP 项目中政府治理对社会资本参与的影响研究——基于世界银行 PPI 数据库的实证分析[J].河南科学(8):1281-1287.

[202] 宋子健,董纪昌,李秀婷,等,2020.基于委托代理理论的 PPP 项目风险成本研究[J].管理评论(9):45-54,67.

[203] 孙洪波,2019.拉美国家推行 PPP 模式的经验教训及政策启示[J].地方财政研究(12):106-112.

[204] 孙静,石银凤,2021.社会网络分析视角下我国 PPP 项目治理机制及其要素间关系研究[J].求是学刊(5):53-66.

[205] 孙儒群,2020.试谈 PPP 模式对民办高校基建财务管理影响[J].经济管理文摘(8):136-137.

[206] 孙伟.基础设施建设 PPP 模式融资的经验性规律及策略优化——基于两个典型案例的分析[J].经济纵横(7):120-128.

[207] 孙玉国,山珊,2019.契约治理对 PPP 项目管理绩效的影响研究[J].财经理论研究(5):64-76.

[208] 孙兆熙,王松江,2018.欠发达地区 PPP 项目引入民间资本公私博弈研究[J].经济研究参考,69:54-63.

[209] 谭克虎,杨荇,王永,2021.高铁 PPP 项目与商业银行风险——影响机理和博弈分析[J].金融论坛(7):17-26,38.

[210] 谭克虎,杨荇,王永,2020.国际高铁 PPP 融资模式及对我国的启示[J].现代金融导刊(6):47-52.

[211] 谭雅妃,2019.基于 FAHP-Shapley 值的水环境治理 PPP 项目风险分担研究[J].上饶师范学院学报(3):97-104.

[212] 谭志国,2019.社会资本面临的 PPP 融资困难与建议[J].中国财政(7):62-63.

[213] 唐启文,李央,唐钱龙,等,2018.PPP 项目风险识别与分担研究[J].经济师(12):69-70,73.

[214] 唐帅勇,李睿,于静,等,2019.PPP 模式下城市轨道交通项目风险协调机制——基于政府、社会资本、使用者三方的研究[J].今日财富(中国知识产权)(12):18-19.

[215] 唐莹,郭金,2021.政府和社会资本合作(PPP)缔约合作动力不足现象探析西北大学公共管理学院[J].经济研究参考(1):117-128.

[216] 田俊杰,2021.PPP 模式在城镇化发展进程中的作用分析[J].商业观察(5):37-39.

[217] 汪凯,2019.基于 PPP 模式的收费公路项目风险识别及其案例研究[J].企业改革与管理(11):50-51,67.

[218] 汪振双,孙剑书,周焱鑫,等,2021.建筑垃圾资源化处理 PPP 项目风险评价指标体系研究[J].工程管理学报(3):58-63.

[219] 王爱斌,2020.PPP 融资模式下项目投资风险控制研究[J].时代金融,20:156-157.

[220] 王贝贝,2020.关于 PPP 项目融资风险控制研究[J].中外企业家

(2):13.

[221] 王波,岳思佳,2020.我国绿色金融激励约束保障机制研究[J].西南金融(10):79-87.

[222] 王瀚洋,孙祁祥,2020.PPP 巨灾保险的理论评述[J].财政研究(11):115-128.

[223] 王建波,张娜,王政权,等,2020.基于 AHP-Shapley 值的城市轨道交通 PPP 项目风险分担研究[J].北方工业大学学报(5):15-20,29.

[224] 王军徽,王东波,杜亚丽,等,2021.基础设施 PPP 项目风险传递的作用机制——基于多案例的研究[J].工程管理学报(4):81-86.

[225] 王乐,2019.对当前 PPP 融资模式的环保项目风险分析[J].财会学习(8):196-197.

[226] 王明波,孙国栋,郄欣,2019.PPP 视角下的投资与成本控制[J].工程造价管理(6):46-51.

[227] 王明吉,董珂,2020.PPP 项目治理结构研究[J].合作经济与科技(18):71-73.

[228] 王明吉,李霞,2020.PPP 项目社会资本退出机制研究[J].山西农经(16):6-7,18.

[229] 王娜,盛丽颖,2019.渤海海峡跨海通道工程项目 PPP 融资模式风险探讨[J].鲁东大学学报(哲学社会科学版)(5):1-5.

[230] 王娜娜,2020.PPP 项目风险分担理论研究[J].中国集体经济(16):85-86.

[231] 王润泉,2020.论我国 PPP 模式可持续发展的理念[J].农业发展与金融(11):38-41.

[232] 王舒琪,竹隰生,倪燕翎,2020.我国大型体育设施建设 PPP 模式的利益分配研究[J].建筑经济(1):71-75.

[233] 王薇,戴大双,2018.基于多属性群决策的养老项目 PPP 模式选择模型研究[J].项目管理技术(9):13-17.

[234] 王文锐,2020.PPP 项目融资风险分担机制探讨[J].大众投资指南(22):16-17.

[235] 王小梅,2019.PPP 模式下建设项目财务管理问题及其改进[J].产业创新研究(12):91,123.

[236] 王晓彦,胡婷婷,胡德宝,2019.PPP 项目利益与风险分担研究——基于

PPP 项目利益主体不同利益诉求的分析[J]. 价格理论与实践(8):96-99.

[237] 王晓燕,2021. PPP 模式在我国发展的问题与解决措施探究——以国家体育场"鸟巢"PPP 项目的失败为例[J]. 公关世界(10):67-68.

[238] 王效东,2020. PPP 模式对工程造价管理的影响及需求研究[J]. 城市建设理论研究(14):30.

[239] 王秀芹,刘旸,张少波,2021. PPP 项目再融资收益分配的关键影响因素研究[J]. 天津大学学报(社会科学版)(5):414-422.

[240] 王亚磊,罗瑜萱,2020. 基于 Shapley 值的 PPP 项目客观因素超额收益分配[J]. 智能建筑与智慧城市(3):62-63.

[241] 王炎彬,2021. SNA 视角下的无锡市 PPP 项目风险因素研究[J]. 太原城市职业技术学院学报(3):11-15.

[242] 王亦虹,田平野,邓斌超,等,2021. 基于修正区间模糊 Shapley 值的"一带一路"PPP 项目利益分配模型[J]. 运筹与管理(5):168-175.

[243] 王盈盈,甘甜,郭栋,等,2021. 从项目管理到公共管理:PPP 研究述评与展望[J]. 管理现代化(6):67-74.

[244] 王永祥,戴金圣,2021. 基于 Shapley 值的特色小镇 PPP 项目收益分配研究——以吉安市遂川县红圩特色小镇项目为例[J]. 数学的实践与认识(11):70-81.

[245] 王玉霞,孟繁锦,2020. PPP 风险分担管理与民营企业参与度研究[J]. 经济问题(6):56-63.

[246] 王泽彩,王旖雯,2019. 政府与社会资本合作项目超限收益分配机制研究[J]. 经济研究参考(21):75-88.

[247] 韦翔,任达富,2020. 城市综合管廊 PPP 项目全生命期风险管理研究[J]. 中小企业管理与科技(上旬刊)(6):11-13.

[248] 翁珍燕,2021. PPP 模式下市政工程造价 SWOT 分析[J]. 中国招标(6):80-82.

[249] 吴婧,2020. 有关 PPP 与专项债结合的思考[J]. 中国乡镇企业会计(8):139-141.

[250] 吴立明,李龑,高青春,2021. PPP 模式在河道综合整治中的应用——以迁安市河道综合整治 PPP 项目为例[J]. 农业与技术(4):66-69.

[251] 吴仁超,2021. PPP 项目招投标阶段风险分担研究[J]. 绿色环保建材

(5):133-134.

[252] 吴若绮,陈慧,2018.浅析建筑 PPP 项目的投资风险[J].价值工程(21):48-50.

[253] 吴霞,熊婧颖,2020.PPP 项目财务风险与管理建议[J].湖北农业科学(1):455-458.

[254] 吴夏,2021.商业银行 PPP 项目的全流程风险管理策略研究[J].经济管理文摘(8):36-37.

[255] 吴洋晖,李莹,2019.潍坊特色农产品物流金融 PPP 模式实现途径研究[J].现代商业,27:19-20.

[256] 吴义东,陈卓,陈杰,2019.地方政府公信力与 PPP 项目落地规模——基于财政部 PPP 项目库数据的研究[J].现代财经(天津财经大学学报)(11):3-13.

[257] 吴宇,赵男,2021.公私合营项目风险分担机制探析[J].国际工程与劳务(2):63-65.

[258] 吴兆丹,嵇延,张闻笛,等,2021.中国大中型水利 PPP 项目资产运营机制关键问题及构建思路[J].水利经济(5):6-12.

[259] 伍自强,程媛,2020.医养结合 PPP 模式的发展现状及对策[N].中国人口报,2020-11-09.

[260] 夏萍,2018.试析我国 PPP 模式融资风险识别与分担[J].中国农业会计(7):26-28.

[261] 夏晓忠,周永利,侯艳玲,等,2020.新型智慧城市建设中利益分配影响因素的演化博弈分析与仿真[J].技术经济(4):59-65,85.

[262] 夏芸,2020.关于环保企业 PPP 项目风险应对的探讨[J].中国市场(1):63-64.

[263] 向曦,2021.利用 PPP 模式促进工业园区开发建设的研究[J].经济管理文摘(16):11-12.

[264] 肖瑞雅,刘延康,姚绩伟,等,2019.民办中学体育场馆引入 PPP 模式的 SWOT 分析及发展路径研究[J].工程经济(12):32-36.

[265] 肖诗琪,庄越,2020.基于激励机制的城市轨道交通 PPP 项目回报机制[J].现代商贸工业(8):217-218.

[266] 肖献文,2020.交通施工企业基础设施 PPP 项目风险管理研究[J].交通企业管理(3):98-101.

[267] 谢丹丹,张俭,李倩,2020.PPP 打包项目中最低需求风险由谁承担？——基于 H 市科学城 PPP 项目的案例研究[J].航空财会(2):58-61.

[268] 谢国胜,2020.基于熵权 TOPSIS 法的 PPP 项目风险分担研究[J].施工技术(1):1701-1705.

[269] 谢娜,2016.PPP 项目财政支出测算陷阱解析[EB/OL].(2016-08-04)[-12-20].https://www.doczhi.com/p-732513.html.

[270] 谢晓晓,2020.PPP 模式如何填补农村生活垃圾处理资金缺口——基于两个国家级示范项目的分析[J].武汉交通职业学院学报(2):58-63.

[271] 谢新敏,2019.我国 PPP 模式运行现状及问题研究[J].北方经贸(7):143-144.

[272] 谢艳芬,2018.PPP 项目管理模式风险分析[J].工程技术研究(7):133-134.

[273] 谢运慧,陈艳,柴访,等,2021.基于 Citespace 的城市轨道交通 PPP 项目风险研究发展分析[J].商丘师范学院学报(3):59-63.

[274] 熊伟,陈丹,姜早龙,等,2019.经营性公路桥梁 PPP 项目的利益调节和风险分担研究[J].公路工程(6):71-76.

[275] 宿辉,解轩,田少卫,2021.PPP 项目合同不可抗力条款的确定及其风险分担[J].项目管理技术(8):34-38.

[276] 宿辉,田少卫,冯天鑫,2021.参与方地位不对等条件下 PPP 项目风险分担博弈研究[J].人民长江(3):167-171.

[277] 徐灿,2018.运用 PPP 模式助推黄石海绵城市建设的研究[J].湖北理工学院学报(人文社会科学版)(4):39-42.

[278] 徐菲,王斯佳,冯燕飞,2019.公路基础设施 PPP 项目交通量风险分担策略[J].城市建筑(8):35-36.

[279] 徐刚,何文刚,马大来,等,2021.军民融合 PPP 模式的演化博弈及动态仿真研究[J].重庆理工大学学报(社会科学版)(1):25-34.

[280] 徐杰,李果林,2020.风险收益动态视角下政府与社会资本合作演化博弈分析[J].软科学(6):126-130.

[281] 徐莉莉,黄少伟,2020.运输服务与旅游融合发展中的 PPP 模式运用研究[J].现代营销(信息版)(6):132-133.

[282] 徐律,丁云霞,2018.公众健身设施需求分析及其对公共体育设施 PPP

项目的建设启示——以上海市为例[J].中国校外教育,27:1-4.

[283] 徐宁,2018.PPP发展存在的问题及对策分析——以兰州市为例[J].经济研究导刊,25:134-135.

[284] 徐庆阳,方桦,2019.PPP项目政府隐性债务风险的审计路径研究[J].审计月刊(8):12-15.

[285] 徐森,陈耀国,2020.政府与社会资本合作项目风险分担研究综述——基于2009—2018年文献的CiteSpace可视化分析[J].会计之友(16):67-74.

[286] 徐晓红,2018.轨道交通PPP模式应用研究[J].财经界,25:125-126.

[287] 徐艳艳,2019.浅谈PPP模式在公路项目融资中的应用[J].四川水泥(3):224.

[288] 徐永顺,陈海涛,迟铭,等,2019.PPP项目中合同柔性对项目价值增值的影响研究[J].管理学报(8):1228-1235.

[289] 薛菁,2021.生态补偿PPP模式有效性的归因分析[J].企业经济(9):99-104.

[290] 薛森,2019.PPP风险文献综述[J].广西质量监督导报(9):55.

[291] 薛燕,2021.经济环境、制度质量与PPP项目成败——基于"一带一路"沿线国家的研究[J].金融理论与教学(2):58-66.

[292] 闫文周,费伟,2021.组织韧性对PPP项目绩效影响研究——基于风险分担的中介作用[J].工程经济(3):42-48.

[293] 严伟鑫,徐敏,胡鹏,等,2021.基于系统动力学的垃圾焚烧发电PPP项目特许经营价格调整机制研究[J].浙江理工大学学报(社会科学版)(4):388-396.

[294] 严运楼,李静,2018.养老机构PPP社会资本回报机制研究[J].财会研究(7):5-9.

[295] 杨弘,2020.浅谈PPP模式下基础设施项目融资风险管理[J].商讯(5):78-79.

[296] 杨环,2020.安徽省保障性住房PPP模式风险分担研究[J].合作经济与科技(21):54-55.

[297] 杨建雄,段军,陈加楼,等,2019.基于界面理论的城市综合管廊PPP项目建设管理研究[J].城市道桥与防洪(10):151-155,20.

[298] 杨杰,桂丽,2021.农村基础设施建设的PPP模式选择及保障建议研究

[J].时代金融(18):49-52.

[299] 杨琳,汪婷,胡昕冉,2020.基于完全博弈的PPP模式下城市地下综合管廊项目风险分担比例研究[J].安全与环境学报(6):2261-2269.

[300] 杨玲,章蓓蓓,2020.基于Shapley值法的智慧城市PPP项目收益分配研究[J].安徽建筑大学学报(3):77-83.

[301] 杨明珠,陈海涛,2021.合作双方信任与PPP项目管理绩效[J].社会科学战线(1):256-260.

[302] 杨平,2020.PPP项目融资模式风险分担探析[J].居业(8):154-155.

[303] 杨平,2020.PPP项目融资模式风险分担探析[J].四川水泥(8):241,243.

[304] 杨树,杨海航,2021.基于PPP模式的西藏山地户外运动发展研究[J].合作经济与科技(18):68-70.

[305] 杨现庆,张会,2019.铁路PPP项目绩效评价指标研究[J].会计之友(20):93-100.

[306] 杨小红,2019.PPP模式下建设项目财务管理问题及其改进[J].中国市场,33:93-94.

[307] 杨盈,2018.水处理行业PPP项目风险思考[J].山西建筑,25:241-242.

[308] 杨兆廷,王海净,张若望,2021.雄安新区公租房PPP+REITs融资模式研究[J].金融理论与实践(3):1-6.

[309] 姚健,2019.商业银行参与PPP项目融资风险分担的博弈研究[J].低碳世界(8):304-305.

[310] 姚梦圆,2018.PPP项目的风险分析及对策建议——以福建泉州刺桐大桥为例[J].智富时代(9):16.

[311] 叶松,陈颖,张晖,2019.基于风险角度的保障房PPP项目价值链分析[J].邢台学院学报(3):114-118.

[312] 叶松,陈颖,2019.PPP模式在保障性住房建设中的适用性研究[J].黑龙江工业学院学报(10):76-81.

[313] 叶正祥,2020.基于PPP模式的建筑垃圾资源化产业发展研究[J].当代化工研究(16):101-102.

[314] 易达,尤完,2021.基于敏感性分析的某PPP项目投资风险管理研究[J].城市住宅(5):226-228,230.

[315] 尹月,2021.新基建领域PPP模式推行问题的研究——基于对新疆的调

研[J].市场周刊(4):143-145.

[316] 尤浩,杜云飞,2021.公路 PPP 项目风险分担研究——基于总风险上限的考量[J].管理工程师(5):32-41.

[317] 游宗君,张冰清,2020.物有所值评估方法中的定量分析:一个文献综述[J].贵州商学院学报(2):62-71.

[318] 有维宝,王建波,杨迪瀛,等,2018.城市轨道交通 PPP 项目融资风险管理研究[J].工程经济(9):77-80.

[319] 于超,2019.央企 PPP 业务风险解析与控制研究[J].全国流通经济(6):57-58.

[320] 于海纯,安然,2020.PPP 项目异化为地方融资平台的纠正及其法律路径[J].南京社会科学(4):80-86.

[321] 于宏晨,2018.基础设施建设 PPP 项目融资风险管理研究[J].财会学习,19:200.

[322] 于晓晨,刘伊生,2019.基于 ANP-Shapley 值的综合管廊 PPP 项目风险分担研究[J].建筑技术开发(11):111-113.

[323] 俞小芳,石道金,2018.林业 PPP 模式的应用探讨——以浙江省为例[J].绿色财会(7):29-33.

[324] 袁世喆,2018.新政策环境下的 PPP 融资解决方案[J].国际融资(12):19-23.

[325] 袁洋,2019.PPP 模式下的财务管理问题研究[J].产业创新研究(9):70-71.

[326] 曾鸿,2021.轨道交通 PPP 项目运营研究[J].科技风(2):128-129.

[327] 曾小芳,2020.PPP 模式下水库群大坝建设风险防控与风险分担模型研究[J].水利科学与寒区工程(3):121-124.

[328] 翟璐,李锋,2020.环保产业 3.0 下 PPP 供给模式的风险控制研究[J].中国市场,29:60-62.

[329] 张碧波,2021.共担风险视角下的 PPP 协同治理[J].中共山西省委党校学报(2):59-65.

[330] 张晨阳,2021.城市生活垃圾分类治理公私合作模式的法律思考[J].镇江高专学报(3):28-32.

[331] 张丛林,黄洲,郑诗豪,等,2021.基于赤水河流域生态补偿的政府和社会资本合作项目风险识别与分担[J].生态学报(17):7015-7025.

[332] 张福梅,2019.公共物品有效供给研究——基于供给侧结构性改革视角,时代金融(1),88-89.

[333] 张海库,2020.城市轨道交通 PPP 融资模式的应用难点与对策探究[J].财经界(8):99.

[334] 张恒,郑兵云,2019.PPP 模式下海绵城市建设试点城市投融资问题及改进路径研究[J].长春大学学报(7):14-19.

[335] 张静,2019.城市轨道交通 PPP 模式下财务管理策略研究[J].科技经济市场(12):28-30.

[336] 张静,2019.论 PPP 项目监管的国外经验及启示[J].中国政法大学学报(6):19-28,206.

[337] 张沛,王作文,2020.基于模糊理想解相似排序技术法的综合管廊项目在政府和社会资本合作模式下风险评价管理分析[J].科技促进发展(1):68-74.

[338] 张琦,2020.新形势下基建投资的导向重构、策略创新与政策优化[J].湖南财政经济学院学报(5):22-31.

[339] 张倩玉,2021.PPP 模式中我国地方政府风险防范管理研究[J].商业文化(11):36-37.

[340] 张婷,陈倩,2020.高速公路 PPP 项目合作双方信任对项目绩效的影响研究[J].西安财经大学学报(3):85-94.

[341] 张婷,尹伟洁,2018.PPP 项目评价的研究进展与述评[J].江西社会科学(11):86-93.

[342] 张显华,2020.PPP 项目中合同设计对绩效的影响[J].会计之友(16):95-101.

[343] 张献彤,2020.试论 PPP 项目的投资分析及财务管理的探讨[J].财会学习,34:22-23.

[344] 张昕,2018.PPP 模式建设项目风险评价和分担机制研究[J].经贸实践(14):202,204.

[345] 张艺馨,李丽,2021.高速公路建设 PPP 融资模式的研究综述[J].中国市场(5):48-49.

[346] 张雨馨,2021.加速提质增效更好助力构建新发展格局[N].中国财经报,2021-09-28.

[347] 张玉宝,2019.央行国库管理视角下的 PPP 项目风险分担机制研究[J].

金融理论与实践(10):83-87.

[348] 张悦,上官绪红,杨志鹏,2020.公私合作和衷共济:PPP 模式发展格局及资本风险管理综述[J].征信(6):71-78.

[349] 张越剑,曹志鹏,2020.苏州乡村旅游开发 PPP 模式应用研究[J].旅游纵览(18):145-147.

[350] 张云宁,李叶钦,欧阳红祥,等,2020.博弈视角下农民参与田园综合体PPP 项目风险分担的研究[J].工程管理学报(1):75-80.

[351] 张智,2021.PPP 模式下公路工程造价的控制与管理[J].黑龙江交通科技(3):190-191.

[352] 章少英,2020.水利工程 PPP 项目融资方案设计探讨[J].当代会计(20):9-11.

[353] 赵春雷,2020.铁路 PPP 投资风险管控[J].当代会计(11):139-140.

[354] 赵福昌,2019.PPP 模式的财政功能、本质及风险防范[J].地方财政研究(11):62-66.

[355] 赵国富,王守清,2021.城市地下综合管廊 PPP 项目回报结构案例研究[J].清华大学学报(自然科学版)(2):9.

[356] 赵娜,2021.PPP 项目财务管理问题研究[J].财会学习(9):65-66.

[357] 赵楠,萧彤,2020.基于 PPP 模式的农村生活垃圾处理问题研究——以河南省为例[J].企业经济(4):155-160.

[358] 赵倩,2018.城镇基础设施建设 PPP 融资模式风险管理及防范[J].管理观察,26:57-58,61.

[359] 赵全厚,2018.PPP 中隐匿的财政风险[J].经济研究参考,39:3-25.

[360] 赵晔,2015.我国公私合作制项目失败案例分析及风险防范[J].地方财政研究(6):52-56.

[361] 赵勇智,李建平,李俊杰,等,2019.农业项目运用 PPP 模式的困境及对策研究[J].中国农业资源与区划(9):212-217.

[362] 郑凯伦,倪筱楠,2021.环保企业 PPP 项目应用瓶颈及路径研究[J].商业文化(9):114-115.

[363] 郑丕甲,2020.南阳市 PPP 模式发展现状及路径探究[J].现代营销(经营版)(1):44-45.

[364] 郑绍羽,周婷婷,2020.公租房 PPP 项目三阶段动态收益分配模型及应用[J].工程管理学报(1):81-86.

[365] 郑世刚,2019.中国PPP领域研究现状及述评:一个文献计量分析[J].湖北经济学院学报(1):83-90.

[366] 郑喜瑞,2019.浅谈我国政府和社会资本合作(PPP)模式[J].纳税,29:221.

[367] 钟颖,2021.PPP模式在医养结合型养老机构建设中的创新应用研究——基于风险分担、收益分配和政府监管的视角[J].重庆科技学院学报(1):45-52.

[368] 钟玉英,陈蔚,苏晓舟,2020.治理现代化与交易成本:临床实验室PPP项目的交易困境及治理对策[J].中国软科学(10):65-73.

[369] 周春梅,覃贵鹏,柴伟,2020.特色小镇PPP项目主体行为风险研究[J].项目管理技术(5):30-34.

[370] 周光权,张双庆,2019.文化自信下江西红色文化产业项目PPP模式研究[J].项目管理技术(6):43-46.

[371] 周华,2020a.PPP模式下环保项目融资问题探究及对策分析[J].当代会计(23):127-129.

[372] 周华,2020b.PPP模式下项目财务管理的问题及其改进[J].中国商论(23):164-165.

[373] 周蜀国,2020.基础设施PPP项目风险分担研究[J].项目管理技术(6):112-115.

[374] 周雪松,2016.专家称经济阶段企稳投资机遇隐现[N].中国经济时报,2016-03-20.

[375] 朱琛,申建红,贾格淋,等,2021.关键风险因素作用下的综合管廊PPP项目投资可行性分析[J].财政科学(8):101-114.

[376] 朱琛,申建红,王迪,等,2021.基于改进熵权-EMATEL的综合管廊PPP项目风险因素权重分析[J].辽宁工业大学学报(5):342-346.

[377] 朱立博,朱与墨,曹颖燕,2019.基于PPP项目整体收益最大化的风险分担研究——以S县城乡环卫一体化PPP项目为实证检验[J].湖南第一师范学院学报(3):6.

[378] 庄凯云,2019.PPP模式下的财务监管问题分析与研究[J].财会学习(19):34-35.

[379] 邹红艳,2018.我国PPP融资模式发展现状及存在问题探析[J].中小企业管理与科技(7):65-66.

[380] 邹加怡,2019.规范协同创新推动 PPP 事业高质量发展[J].中国财政(22):4-5.

[381] 蔡显军,2020.政治激励与政府和社会资本合作[D].北京:对外经济贸易大学.

[382] 陈骅,2020.城市基础设施建设 PPP 模式的风险及防控研究[D].湘潭:湘潭大学.

[383] 陈诗章,2020.J 市会展中心 PPP 项目风险评价研究[D].上海:东华大学.

[384] 褚颖捷,2020.基于 PPP 模式的大型体育场馆项目风险评价研究[D].杭州:浙江大学.

[385] 邓小利,2019.HY 县城乡一体化建设 PPP 项目风险控制研究[D].长沙:长沙理工大学.

[386] 丁颖,2019.X 公司湖州市织里镇文体中心 PPP 项目运营阶段风险评价和对策研究[D].镇江:江苏大学.

[387] 董博,2020.政府经济效率和金融深化对 PPP 落地率影响研究[D].大连:大连理工大学.

[388] 方业翔,2020.基于 AHP-密切值法的城市轨道交通 PPP 项目综合效益研究[D].南宁:广西大学.

[389] 高若兰,2020.PPP 项目投资者承诺升级的契约设计及控制研究[D].成都:西南交通大学.

[390] 何明明,2020.吉林市 HW 区域海绵城市建设项目风险控制研究[D].长春:吉林大学.

[391] 胡安骐,2018.养老行业 PPP 模式有关风险分担机制的研究[D].杭州:浙江大学.

[392] 黄洁,2020.白银市地下综合管廊 PPP 项目融资风险管理研究[D].兰州:兰州财经大学.

[393] 黄彦菲,2020.公共文化 PPP 建设项目风险分析及财务评价[D].广州:华南理工大学.

[394] 霍广晨,2020.TZ 市域铁路 S1 线 PPP 项目融资风险研究[D].北京:北京交通大学.

[395] 汲予楠,2020.龙穗高速公路 PPP 项目投资风险评价与控制[D].阜新:辽宁工程技术大学.

[396] 贾满作,2019.基于公平偏好的 PPP 项目公私合作机制研究[D].武汉:中南财经政法大学.

[397] 姜丹丹,2020.PPP 养老地产项目风险因素分析与控制策略研究[D].杭州:浙江大学.

[398] 蒋海婷,2020.城市污水处理 PPP 项目后评价的研究[D].北京:北京交通大学.

[399] 柯永建,2010.中国 PPP 项目风险公平分担[D].北京:清华大学博士学术论文.

[400] 李洁,2020.基于蒙特卡洛模拟的产业新城 PPP 项目风险管理研究[D].绵阳:西南科技大学.

[401] 李青玻,2020.PPP 项目社会资本方的投资风险管理研究[D].昆明:云南财经大学.

[402] 廖丽琼,2019.X 市轨道交通四号线 PPP 项目投资风险管理研究[D].长沙:长沙理工大学.

[403] 林嘉祁,2019.Y 公司环卫 PPP 项目风险管理研究[D].广州:暨南大学.

[404] 刘欢,2020.PPP 模式下污水厂项目投资风险动态管理研究[D].广州:华南理工大学.

[405] 刘佳琦,2019.南昌市棚户区改造项目融资风险分担及应对策略[D].南昌:华东交通大学.

[406] 刘琨,2021.加拿大基础设施 PPP 模式研究[D].长春:吉林大学.

[407] 刘小慧,2020.T 市体育公园 PPP 项目政府风险识别及评价研究[D].镇江:江苏科技大学.

[408] 卢硕,2020.养老服务 PPP 模式中的政府职能研究[D].西安:长安大学.

[409] 罗昊昱,2020.去杠杆对参与 PPP 项目民企的融资影响研究[D].广州:广东外语外贸大学.

[410] 倪文洁,2019.高铁建设 PPP 项目中的投资回报设计研究[D].南昌:南昌大学.

[411] 祁鸿,2020.云南 M 高速公路 PPP 项目风险控制研究[D].昆明:昆明理工大学.

[412] 邱锋,2019.成都市轨道交通 18 号线 PPP 模式实施效果调查研究[D].

成都：电子科技大学.

[413] 任静，2020. A 区水厂建设项目 PPP 模式应用研究[D].昆明：云南师范大学.

[414] 石李晓坚，2020. PPP 项目社会资本方财务风险识别、评估及控制研究[D].昆明：云南财经大学.

[415] 宋栋梁，2019. S 市有轨电车 PPP 项目融资风险管理案例研究[D].北京：中国财政科学研究院.

[416] 万晓晗，2020.基于绩效评价的城市综合管廊 PPP 项目补偿研究[D].武汉：武汉科技大学.

[417] 王思宇，2018. L 市中心城区路网完善工程项目物有所值应用研究[D].成都：西南交通大学.

[418] 王莹，2020.企业应用 PPP 模式的财务效应研究[D].南昌：华东交通大学.

[419] 邢皓，2019.施工企业投资 PPP 项目的决策研究[D].天津：天津大学.

[420] 徐立凯，2020.基于规范地方政府债务背景下农发行 PPP 项目风险管控研究[D].石家庄：河北地质大学.

[421] 徐佩铭，2020.临空经济区 PPP 项目绩效评价体系研究[D].北京：清华大学.

[422] 许嘉敏，2020. PPP 视角下社区图书馆服务运营模式创新研究[D].广州：华南理工大学.

[423] 杨琪瑶，2019. Techan Ecology PPP 项目融资优化研究[D].广州：华南理工大学.

[424] 曾颖，2020.基于 PPP-ABS 的城市轨道交通项目融资风险研究[D].武汉：武汉工程大学.

[425] 张国锋，2019. EB 公司水环境综合治理 PPP 项目经营对策优化研究[D].昆明：云南财经大学.

[426] 张梦茹，2019.基础设施领域 PPP 模式的跟踪审计研究[D].北京：北京交通大学.

[427] 张庆，2020. PPP 项目社会资本方选择机理研究[D].济南：山东建筑大学.

[428] 张晓玲，2019.商业银行 ppp 项目融资风险控制研究[D].昆明：云南财经大学.

［429］ 张燕,2019.PPP 模式在古城景区开发中的应用研究［D］.济南:山东大学.

［430］ 赵起超,2019.商业银行参与 PPP 项目融资的风险管理［D］.包头:内蒙古科技大学.

［431］ 郑璐薇,2020.PPP 项目风险评估以及防范对策研究［D］.南昌:江西财经大学.

［432］ 周洋,2020.Q 市地铁 1 号线 PPP 项目融资风险管理研究［D］.济南:山东大学.

［433］ 朱琳,2020.兰州市地下综合管廊有限公司管廊项目 PPP 模式应用难点及对策研究［D］.兰州:兰州大学.

［434］ 庄宏腾,2020.石狮市公共基础设施建设中的 PPP 模式研究［D］.泉州:华侨大学.

［435］ 庄奇伦,2018.政府和社会资本合作(PPP)合同的法律问题研究［D］.泉州:华侨大学.

附录

附录1　财政部关于推广运用政府和社会资本合作模式有关问题的通知

财政部关于推广运用政府和社会资本合作模式有关问题的通知

财金〔2014〕76号

各省、自治区、直辖市、计划单列市财政厅(局),新疆生产建设兵团财务局:

为贯彻落实党的十八届三中全会关于"允许社会资本通过特许经营等方式参与城市基础设施投资和运营"精神,拓宽城镇化建设渠道,促进政府职能加快转变,完善财政投入及管理方式,尽快形成有利于促进政府和社会资本合作模式(Public-Private Partnership,公私合作制)发展的制度体系,现就有关问题通知如下:

一、充分认识推广运用政府和社会资本合作模式的重要意义

政府和社会资本合作模式是在基础设施及公共服务领域建立的一种长期合作关系。通常模式是由社会资本承担设计、建设、运营、维护基础设施的大部分工作,并通过"使用者付费"及必要的"政府付费"获得合理投资回报;政府部门负责基础设施及公共服务价格和质量监管,以保证公共利益最大化。当前,我国正在实施新型城镇化发展战略。城镇化是现代化的要求,也是稳增长、促改革、调结构、惠民生的重要抓手。立足国内实践,借鉴国际

成功经验,推广运用政府和社会资本合作模式,是国家确定的重大经济改革任务,对于加快新型城镇化建设、提升国家治理能力、构建现代财政制度具有重要意义。

(一)推广运用政府和社会资本合作模式,是促进经济转型升级、支持新型城镇化建设的必然要求。政府通过政府和社会资本合作模式向社会资本开放基础设施和公共服务项目,可以拓宽城镇化建设渠道,形成多元化、可持续的资金投入机制,有利于整合社会资源,盘活社会存量资本,激发民间投资活力,拓展企业发展空间,提升经济增长动力,促进经济结构调整和转型升级。

(二)推广运用政府和社会资本合作模式,是加快转变政府职能、提升国家治理能力的一次体制机制变革。规范的政府和社会资本合作模式能够将政府的发展规划、市场监管、公共服务职能,与社会资本的管理效率、技术创新动力有机结合,减少政府对微观事务的过度参与,提高公共服务的效率与质量。政府和社会资本合作模式要求平等参与、公开透明,政府和社会资本按照合同办事,有利于简政放权,更好地实现政府职能转变,弘扬契约文化,体现现代国家治理理念。

(三)推广运用政府和社会资本合作模式,是深化财税体制改革、构建现代财政制度的重要内容。根据财税体制改革要求,现代财政制度的重要内容之一是建立跨年度预算平衡机制、实行中期财政规划管理、编制完整体现政府资产负债状况的综合财务报告等。政府和社会资本合作模式的实质是政府购买服务,要求从以往单一年度的预算收支管理,逐步转向强化中长期财政规划,这与深化财税体制改革的方向和目标高度一致。

二、积极稳妥做好项目示范工作

当前推广运用政府和社会资本合作模式,首先要做好制度设计和政策安排,明确适用于政府和社会资本合作模式的项目类型、采购程序、管理、项目监管、绩效评价等事宜。

(一)开展项目示范。地方各级财政部门要向本级政府和相关行业主管部门大力宣传政府和社会资本合作模式的理念和方法,按照政府主导、社会参与、市场运作、平等协商、风险分担、互利共赢的原则,科学评估公共服务需求,探索运用规范的政府和社会资本合作模式新建或改造一批基础设施项目。财政部将统筹考虑项目成熟度、可示范程度等因素,在全国范围内选择一批以"使用者付费"为基础的项目进行示范,在实践的基础上不断总结、提炼、完善制度体系。

(二)确定示范项目范围。适宜采用政府和社会资本合作模式的项目,具有价格调整机制相对灵活、市场化程度相对较高、投资规模相对较大、需求长期稳定等特点。各级财政部门要重点关注城市基础设施及公共服务领域,如城市供水、供暖、供气、污水和垃圾处理、保障性安居工程、地下综合管廊、轨道交通、医疗和养老服务设施等,优先选择收费定价机制透明、有稳定现金流的项目。

(三)加强示范项目指导。财政部将通过建立政府和社会资本合作项目库为地方提供参考案例。对政府和社会资本合作示范项目,财政部将在项目论证、交易结构设计、采购和选择合作伙伴、安排、合同管理、运营监管、绩效评价等工作环节,为地方财政部门提供全方位的业务指导和技术支撑。

(四)完善项目支持政策。财政部将积极研究利用现有专项转移支付资金渠道,对示范项目提供资本投入支持。同时,积极引入信誉好、有实力的运营商参与示范项目建设和运营。鼓励和支持公私合作制项目机构为示范项目提供、保险等公私合作制项目服务。地方各级财政部门可以结合自身财力状况,因地制宜地给予示范项目前期费用补贴、资本补助等多种形式的资金支持。在与社会资本协商确定项目财政支出责任时,地方各级财政部门要对各种形式的资金支持给予统筹,综合考虑项目风险等因素合理确定资金支持方式和力度,切实考虑社会资本合理收益。

三、切实有效履行财政管理职能

政府和社会资本合作项目从明确投入方式、选择合作伙伴、确定运营补贴到提供公共服务,涉及预算管理、政府采购、政府性债务管理,以及财政支出绩效评价等财政职能。推广运用政府和社会资本合作模式对财政管理提出了更高要求。地方各级财政部门要提高认识,勇于担当,认真做好相关财政管理工作。

(一)着力提高财政管理能力。政府和社会资本合作项目建设周期长、涉及领域广、复杂程度高,不同行业的技术标准和管理要求差异大,专业性强。地方各级财政部门要根据财税体制改革总体方案要求,按照公开、公平、公正的原则,探索项目采购、预算管理、收费定价调整机制、绩效评价等有效管理方式,规范项目运作,实现中长期可持续发展,提升资金使用效益和公共服务水平。同时,注重体制机制创新,充分发挥市场在资源配置中的决定性作用,按照"风险由最适宜的一方来承担"的原则,合理分配项目风险,项目设计、建设、财务、运营维护等商业风险原则上由社会资本承担,政策、法律和最低需求风险等由政府承担。

(二)认真做好项目评估论证。地方各级财政部门要会同行业主管部门,根据有关政策法规要求,扎实做好项目前期论证工作。除传统的项目评估论证外,还要积极借鉴物有所值(Value for Money,VFM)评价理念和方法,对拟采用政府和社会资本合作模式的项目进行筛选,必要时可委托专业机构进行项目评估论证。评估论证时,要与传统政府采购模式进行比较分析,确保从项目全生命周期看,采用政府和社会资本合作模式后能够提高服务质量和运营效率,或者降低项目成本。项目评估时,要综合考虑公共服务需要、责任风险分担、产出标准、关键绩效指标、支付方式、方案和所需要的财政补贴等要素,平衡好项目财务效益和社会效益,确保实现激励相容。

(三)规范选择项目合作伙伴。地方各级财政部门要依托政府采购信息平台,加强政府和社会资本合作项目政府采购环节的规范与监督管理。财政部将围绕实现"物有所值"价值目标,探索创新适合政府和社会资本合作项目采购的政府采购方式。地方各级财政部门要会同行业主管部门,按照《政府采购法》及有关规定,依法选择项目合作伙伴。要综合评估项目合作伙伴的专业资质、技术能力、管理经验和财务实力等因素,择优选择诚实守信、安全可靠的合作伙伴,并按照平等协商原则明确政府和项目公司间的权利与义务。可邀请有意愿的公私合作制项目机构及早进入项目磋商进程。

(四)细化完善项目合同文本。地方各级财政部门要会同行业主管部门协商订立合同,重点关注项目的功能和绩效要求、付款和调整机制、争议解决程序、退出安排等关键环节,积极探索明确合同条款内容。财政部将在结合国际经验、国内实践的基础上,制定政府和社会资本合作模式操作指南和标准化的政府和社会资本合作模式项目合同文本。在订立具体合同时,地方各级财政部门要会同行业主管部门、专业技术机构,因地制宜地研究完善合同条款,确保合同内容全面、规范、有效。

(五)完善项目财政补贴管理。对项目收入不能覆盖成本和收益,但社会效益较好的政府和社会资本合作项目,地方各级财政部门可给予适当补贴。财政补贴要以项目运营绩效评价结果为依据,综合考虑产品或服务价格、建造成本、运营费用、实际收益率、财政中长期承受能力等因素合理确定。地方各级财政部门要从"补建设"向"补运营"逐步转变,探索建立动态补贴机制,将财政补贴等支出分类纳入同级政府预算,并在中长期财政规划中予以统筹考虑。

(六)健全债务风险管理机制。地方各级财政部门要根据中长期财政规划和项目全生命周期内的财政支出,对政府付费或提供财政补贴等支持的项目进行财政承受能力论证。在明确项目收益与风险分担机制时,要综合考虑政府风险转移意向、支付方式和市场风险管理能力等要素,量力而行,减少政府不必要的财政负担。省级财政部门要建立统一的项目名录管理制度和财政补贴支出统计监测制度,按照政府性债务管理要求,指导下级财政部门合理确定补贴金额,依法严格控制政府或有债务,重点做好平台公司项目向政府和社会资本合作项目转型的风险控制工作,切实防范和控制财政风险。

(七)稳步开展项目绩效评价。省级财政部门要督促行业主管部门,加强对项目公共产品或服务质量和价格的监管,建立政府、服务使用者共同参与的综合性评价体系,对项目的绩效目标实现程度、运营管理、资金使用、公共服务质量、公众满意度等进行绩效评价。绩效评价结果应依法对外公开,接受社会监督。同时,要根据评价结果,依据合同约定对价格或补贴等进行调整,激励社会资本通过管理创新、技术创新提高公共服务质量。

四、加强组织和能力建设

(一)推动设立专门机构。省级财政部门要结合部门内部职能调整,积极研究设立专门机构,履行政府和社会资本合作政策制订、项目储备、业务指导、项目评估、信息管理、宣传培训等职责,强化组织保障。

(二)持续开展能力建设。地方各级财政部门要着力加强政府和社会资本合作模式实施能力建设,注重培育专业人才。同时,大力宣传培训政府和社会资本合作的工作理念和方法,增进政府、社会和市场主体共识,形成良好的社会氛围。

(三)强化工作组织领导。地方各级财政部门要进一步明确职责分工和工作目标要求。同时,要与有关部门建立高效、顺畅的工作协调机制,形成工作合力,确保顺利实施。对工作中出现的新情况、新问题,应及时报告财政部。

附录2　浙江省财政厅关于推广运用政府和社会资本合作模式的实施意见

浙江省财政厅关于推广运用政府和社会资本合作模式的实施意见

浙财金〔2015〕5号

各市、县（市、区）财政局（宁波不发）：

根据国务院、财政部关于推广运用政府和社会资本合作（Public Private Partnership,简称公私合作制）模式有关精神和《浙江省人民政府办公厅关于推广运用政府和社会资本合作模式的指导意见》（浙政办发〔2015〕9号）要求,现就推广运用政府和社会资本合作模式提出如下意见：

一、充分认识推广运用政府和社会资本合作模式的重要意义

政府和社会资本合作模式是指政府和社会资本为建设基础设施、提供公共服务而建立的长期合作关系和制度安排。推广运用政府和社会资本合作模式,有利于创新投机制,拓宽社会资本投资渠道;有利于发展混合所有制经济,增强经济增长内生动力;有利于深化财税体制改革,发挥财税在适应和引领经济新常态中的重要作用。

推广运用政府和社会资本合作模式,是财政部门贯彻落实十八届三中全会精神,深化财政体制改革的重要抓手,也是实现公共财政职能,创新财政管理的重要途径。各地财政部门要充分认识推广运用政府和社会资本合作模式的重要意义,大力宣传政府和社会资本合作模式的理念和方法,积极做好本地区政府和社会资本合作的综合协调工作,切实履行财政管理职责,推动政府和社会资本合作规范有序开展。

二、规范政府和社会资本合作操作模式

为保证政府和社会资本合作项目实施质量,各地财政部门要按照财政部《政府和社会资本合作模式操作指南（试行）》（财金〔2014〕113号）要求,规

范项目识别、准备、采购、执行、移交各环节流程。重点做好以下工作：

(一)项目识别

1.项目范围。价格调整机制相对灵活、市场化程度相对较高、投资规模相对较大、需求长期稳定的基础设施和公共服务项目，应积极采用政府和社会资本合作模式进行建设和运营，包括高速公路、铁路、港口码头、民用机场、城市轨道交通、城市公交及场站等交通设施，跨流域引调水、水资源综合利用等水利设施，地下综合管廊、供水、供气、供热、污水和垃圾处理等市政公用设施，教育、文化、旅游、医疗、养老、体育等社会公共事业，公共租赁住房等保障性安居工程以及资源和环境保护等项目。

2.项目征集。财政部门应向交通、住建、环保、教育、水利、医疗、文化、民政、体育等行业主管部门征集潜在的政府和社会资本合作项目，支持社会资本以项目建议书的方式向财政部门推荐潜在项目。财政部门应会同行业主管部门对潜在项目进行评估筛选，确定备选项目，制定项目年度和中期开发计划。

3.项目评估。列入年度开发计划的项目，财政部门应会同行业主管部门组织开展项目定性、定量物有所值(Value for money，简称 VFM)评估和财政承受能力论证。定性物有所值评估应重点关注项目采用政府和社会资本合作模式与政府传统采购模式相比，能否增加有效供给、优化风险分配、提高服务质量和运营效率、促进创新和公平竞争等。定量物有所值评估要判断政府和社会资本合作模式能否降低项目全生命周期成本。定量评价工作各地可根据实际情况开展。财政承受能力论证应重点关注项目全生命周期内的政府付费或补贴等支出占当年财政收入的比例，确保财政的中长期可持续性。

4.项目储备。各地财政部门应建立本地区项目库，将通过物有所值评估和财政承受能力论证的项目，纳入项目库管理，并及时报送省财政厅备案。省财政厅根据项目情况，建立全省政府和社会资本合作项目库，定期或不定期向社会公布推荐项目清单。浙江省首批政府和社会资本合作推荐项目清单见附件。

(二)项目准备

1.实施方案编制。通过物有所值评估和财政承受能力论证的项目，可进行项目准备。各地确定的项目实施机构应编制项目实施方案。项目实施方案应包括项目概况、风险分配基本框架、项目运作方式、交易结构、合同体系、监管架构、采购方式选择等内容。项目运作方式根据项目收费定价机制、投资收益水平、风险分配框架、需求和期满处置等因素确定,主要包括建设—运营—移交(BOT)、建设—拥有—运营(BOO)、转让—运营—移交(TOT)、改建—运营—移交(ROT)等。

2. 实施方案审核。财政部门应对项目实施方案进行物有所值和财政承受能力验证,通过验证的,报经同级政府批准后实施;未通过验证的,可在实施方案调整后重新验证。

(三)项目采购

1. 采购方式。项目实施机构应当按照政府采购法律法规及《政府和社会资本合作项目政府采购管理办法》(财库〔2014〕215号)等规定,根据项目采购需求特点,采取适宜的采购方式,选择信誉好、实力强的社会资本参与项目建设运营。项目采购方式包括公开招标、邀请招标、竞争性谈判、竞争性磋商和单一来源采购等方式,其中采用竞争性磋商采购方式的,按照《政府采购竞争性磋商采购方式管理暂行办法》(财库〔2014〕214号)等规定执行。

2. 信息发布。项目采购应通过省财政厅指定媒体发布项目信息、项目采购信息、项目需求信息、项目采购结果信息、项目合同文本等应公开内容,但涉及国家机密、商业秘密的内容除外。

3. 合同签署。项目采购完成后,项目实施机构或政府授权机构应与中选社会资本签署项目合同,明确项目经营内容、范围及期限,责任风险分担,产品和服务标准,价格、收费标准、补贴及调整机制,违约责任和争议解决程序等关键内容。各地要按照财政部《公私合作制项目合同指南(试行)》(财金〔2014〕156号)要求制订合同文本,确保合同合理分配项目风险、明确划分各方义务、有效保障各方合法权益。

(四)项目执行

1. 设立项目公司。项目公司可以由社会资本出资设立,也可以由政府和社会资本共同出资设立,政府在项目公司中的持股比例应当低于50%。项目实施机构和财政部门应监督社会资本按照采购文件和合同约定,按时足额出资设立项目公司。项目公司成立后,项目实施机构或政府授权机构应与项目公司重新签署项目合同,或签署关于承继项目合同的补充合同。

项目采购时,政府或项目实施机构已完成立项、初步设计审查等程序的,政府及项目实施机构可在项目公司成立后履行必要程序,将项目的立项以及各种审批资料变更或移交至项目公司。

2.项目合同执行。社会资本和项目公司要严格按合同约定组织项目建设和运营,确保项目质量,提供安全、优质、高效、便利的公共服务。项目实施机构或行业主管部门要根据项目合同约定,监督社会资本或项目公司履行合同义务,定期监测项目产出绩效指标,编制季报和年报。政府有支付义务的,应按合同约定和绩效指标向社会资本或项目公司支付费用,并执行约定的奖励条款或惩处措施。设置超额收益分享机制的,社会资本或项目公司应及时足额向政府支付超额收益。

(五)项目移交

项目经营期满或发生合同提前终止情况时,项目实施机构或政府指定部门应组建项目移交工作组,按照合同约定的移交形式、补偿方式、移交内容和移交标准,及时组织开展项目性能测试、验收及资产交割等工作,妥善做好项目移交。项目移交完成后,财政部门应会同有关部门组织对项目产出、成本效益、监管成效、可持续性、政府和社会资本合作模式应用等进行绩效评价,并按相关规定公开评价结果。评价结果作为政府开展政府和社会资本合作管理工作的决策参考依据。

三、切实履行财政管理职能

政府和社会资本合作项目建设周期长、涉及领域广、复杂程度高,对财政管理提出了更高要求。各地财政部门要进一步提高认识,勇于担当,认真做好相关财政管理工作。

(一)加强项目预算管理。对项目收入不能覆盖成本和合理收益,但社会效益较好的政府和社会资本合作项目,地方财政可通过政府付费等方式给予适当补贴。各地应以项目运营绩效评价结果为依据,综合考虑产品或服务价格、建造成本、运营费用、实际收益率、财政中长期承受能力等合理因素,建立动态补贴机制。除最低需求风险外,政府补贴原则上不得承诺社会资本回报水平。各地财政部门要将财政补贴等支出分类纳入同级政府预算,在中长期财政规划中予以统筹考虑,并逐步按照权责发生制政府综合财务报告制度改革的要求,将项目的政府补贴与政府资本投入、土地使用以及配套设施等进行统筹管理。

　　(二)加强项目政府采购监管。各地财政部门要切实履行政府采购监管职责,会同项目实施机构及行业主管部门,严格遵照《政府采购法》、《政府采购货物和服务招标投标管理办法》(财政部令第 18 号)、《政府采购非招标采购方式管理办法》(财政部令第 74 号)、《政府采购竞争性磋商采购方式管理暂行办法》(财库〔2014〕214 号)、《政府和社会资本合作项目政府采购管理办法》(财库〔2014〕215 号)以及《政府和社会资本合作模式操作指南(试行)》(财金〔2014〕113 号)等规定执行,规范项目政府采购行为,维护国家利益、社会公共利益和政府采购当事人的合法权益。

　　(三)加强政府债务风险管理。各地财政部门要按照国务院和省政府有关加强地方政府性债务管理的要求,切实防范和控制财政风险。对政府付费或提供财政补贴等支持的项目,财政部门要根据中长期财政规划和项目全生命周期内的财政补贴等支出,严格进行财政承受能力论证。加强项目中政府承诺管理,政府对社会资本或项目公司除按约定规则依法承担合理定价、财政补贴等相关责任,不承担社会资本或项目公司的偿债责任。除法律另有规定外,地方政府及其所属部门不得以任何方式提供担保。要将推广运用政府和社会资本合作模式与化解政府债务风险相结合,积极做好地方政府平台公司在建公益性项目的梳理,对符合要求的项目要大力推广政府和社会资本合作模式,并做好政府平台公司在建公益性项目向政府和社会资本合作项目转型的风险控制工作,防止企业债务向政府转移。

　　(四)加强政府和社会资本合作合同管理。合同是政府和社会资本长期友好合作的重要基础,也是政府和社会资本合作项目顺利实施的重要保障。各地财政部门要高度重视,充分认识合同管理的重要意义,会同行业主管部门加强政府和社会资本合作合同的审核和履约管理工作,确保合同内容真实反映各方意愿、合理分配项目风险、明确划分各方义务,有效保障合法权益。各地财政部门要组织加强对当地政府相关部门、社会资本以及项目其他参与方的法律和合同管理培训,提升各方的法律意识、契约观念以及对项目合同核心内容和谈判要点的把握能力,充分识别、合理防控项目风险。

　　(五)扎实开展项目绩效评价。各地财政部门应会同行业主管部门,加强对公共服务质量和价格的监管,建立政府、服务使用者共同参与的综合性评价体系,对项目的绩效目标实现程度、运营管理、资金使用、成本费用、公共产品和服务质量等进行绩效评价,并将结果依法公开。根据评价结果,依据合同约定对价格或补贴等进行调整,激励社会资本通过管理创新、技术创新提高公共产品服务的质量和效率。

四、加大推广应用政府和社会资本合作模式的保障力度

(一)加强组织领导。省财政厅会同省级有关部门,加强沟通协调,做好政府和社会资本合作模式的政策制定、项目储备、业务指导和信息管理等工作。各级财政部门要积极向本级政府和相关部门大力宣传政府和社会资本合作模式,建立工作协调推进机制,加强部门配合,形成工作合力。要结合财政内部职责分工,落实工作责任部门,强化组织保障,切实履行财政对推广运用政府和社会资本合作模式的管理职能。

(二)加大政策支持。政府和社会资本合作项目按规定享受各项税收优惠和行政事业性收费减免政策,在安排各类财政专项资金和政府性补贴时,享受与政府投资项目同等的财政扶持政策。支持项目公司利用外国政府、国际公私合作制项目组织贷款和清洁发展委托贷款。鼓励银行、证券、保险等公私合作制项目机构以及公私合作制项目积极开发适合项目的公私合作制项目产品,创新公私合作制项目服务,积极争取保险资金、专业投资机构资金等参与,支持公私合作制项目机构及早介入项目前期准备工作,参与项目的策划、建设和运营。积极支持符合条件的政府和社会资本合作项目申报财政部示范项目,争取中央转移支付资金、政府和社会资本合作支持基金的扶持。对推广运用政府和社会资本合作工作富有成效的市县,省财政给予综合奖补支持。

(三)加强能力建设。各地财政部门要着力加强政府和社会资本合作模式实施能力建设,注重培育专业人才。同时,大力宣传培训政府和社会资本合作的工作理念和方法,加强舆论宣传引导,增进政府、社会和市场主体共识,营造推广运用政府和社会资本模式的良好氛围。要充分借助、积极运用法律、投资、财务、保险等专业咨询顾问机构的力量,提升政府和社会资本合作管理工作的科学性、规范性和操作性。

浙江省财政厅

2015 年 2 月 10 日

附录3 浙江省首批政府和社会资本合作推荐项目清单

浙江省首批政府和社会资本合作推荐项目名单（2015年2月）

序号	项目所在地	项目名称	投资额（亿元）
1	杭州市	轨道交通5号线一期、6号线一期工程项目	538.95
2	杭州市建德市	垃圾填埋场梅城处理中心项目	1.68
3		杭州市第二工业固废处置中心（一期）项目	2.38
4		城市生活垃圾处理厂项目	1.80
5		建德市中医院改扩建项目	2.80
6	杭州市富阳市	杭州—富阳城际铁路项目	70.95
7	温州市	温州市综合材料生态处置中心工程	5.03
8	嘉兴市海宁市	杭州—海宁城市轻轨工程	138.14
9	绍兴市	绍兴市城市轨道交通1号线建设项目	200.00
10	绍兴市嵊州市	嵊新污水处理厂一期提标改造工程项目	1.67
11	衢州市江山市	江山市第二福利院项目	1.50
12		江山市第二污水厂项目	0.82
13	衢州市常山县	常山县污水处理厂二期扩容工程项目	0.57
14	台州市	金台铁路项目	150.00
15		椒江污水处理二期扩建工程项目	4.53
16	台州市温岭市	台州第一技师学院项目	4.55
17		温岭市城区污水处理二期工程项目	2.88
18	台州市玉环县	玉坎河水系水环境综合整治项目	6.60
19	丽水市	丽水机场及空港园区项目	36.65
20	丽水市松阳县	全民健身中心项目	4.60
		合计	1176.10

附录4 浙江省第二批政府和社会资本合作推荐项目名单

浙江省第二批政府和社会资本合作推荐项目名单(2015 年 10 月)

序号	项目所在地	项目名称	总投资(亿元)
1	杭州市	杭州市九峰能源项目	19.25
2		杭州市文一路地下通道工程项目	47.6
3		杭州市七格污水处理厂一二期工程提标改造项目	4.3
4	杭州市拱墅区	拱墅区运河大剧院项目	2.8
5	杭州市萧山区	铁路杭州南站综合交通枢纽东西广场工程项目	40
6		杭州市钱江世纪城沿江公园项目	16
7	杭州市桐庐县	桐庐县污水处理项目	1.90
8	温州市	温州机场交通枢纽综合体及配套工程和市域铁路机场段项目	58.58
9			
10		温州市中心片污水处理厂迁扩建工程项目	21
		温州市鹿城区瓯江绕城高速至卧旗山段海塘工程项目	18.95
11	温州市洞头区	洞头城北污水处理厂项目	3.28
12		洞头区状元南片市政基础设施工程项目	15
13	温州市乐清市	乐清市磐石及翁？污水收集处理项目	15
14	温州市瑞安市	瑞安市江南污水处理厂厂网一体化工程项目	4.2
15	永嘉县	永嘉县黄田、江东污水处理厂一期及黄田配套管网建设工程项目	3.6
16	湖州市长兴县	长兴县太湖图影湿地公园景区基础设施项目	30
17	嘉兴市	嘉兴市望吴门广场地下空间(人防工程)项目	5.3
18		嘉兴市城市道路照明系统 LED 改造项目	0.55
19	嘉兴市海宁市	海宁市餐厨废弃物处理项目	1.2
20		海宁市建筑废弃物循环利用项目	0.6

续表

序号	项目所在地	项目名称	总投资（亿元）
21	嘉兴市海盐县	海盐县城乡污水处理厂项目	5.24
22	嘉兴市嘉善县	嘉善县社会福利中心（惠民街道社区医疗服务中心）项目	2.3
23	绍兴市	绍兴市城市轨道交通2号线一期工程项目	138.95
24		绍兴市餐厨垃圾处理厂项目	2.00
25		绍兴市再生资源发电厂项目	15.00
26		杭绍台高速公路工程绍兴金华段项目	286.03
27		绍兴滨海新城智慧管网项目	1.5
28		绍兴市保障性住房（鹅境地块）建设工程项目	9.1
29	绍兴市柯桥区	杭州至绍兴城际铁路项目	108
30	绍兴市新昌县	浙江馨馨养老家园项目	13.14
31		新昌县生活垃圾医疗填埋场及污水处理厂项目	4.41
32	绍兴市诸暨市	诸暨市浣东再生水厂项目	5.5
33	金华市	金华市人民医院整体迁建工程项目	15
34	金华市东阳市	东阳市第二污水处理厂项目	1.65
35	金华市磐安县	磐安县石坑里安置房一期项目	3.15
36	金华市浦江县	浦江县污水处理项目	2.8
37	金华市武义县	武义县第二污水处理厂（一期）项目	0.9
38	金华市义乌市	义乌江水环境综合治理项目	21.4
39		义乌市怡乐新村"公建民营"项目	3.4
40	衢州市江山市	江山市峡口水库引水工程项目	2.37
41		江山市城北第二中学项目	1.2
42	衢州市开化县	开化县城市污水处理项目	1.2
43	衢州市常山县	常山县康复护养中心项目	2.00
44	舟山市	舟山市大陆引水三期工程项目	24.00
45		舟山市污水处理项目	9.64
46	舟山市普陀区	舟山普陀螺门新渔港配套通道工程项目	7.8
47	台州市	杭绍台高速公路台州段项目	86.3

续表

序号	项目所在地	项目名称	总投资（亿元）
48	台州市黄岩区	黄岩江口污水处理厂（二期）改扩建项目	2.5
49	台州市路桥区	路桥区滨海污水处理厂二期工程项目	1.8
50	台州市临海市	临海市城市污水处理厂扩（迁）建一期公私合作制项目	1.96
51	台州市温岭市	温岭市单轨一期示范线项目	24.5
52		温岭市看守所、拘留所迁建工程项目	4.23
53		温岭市档案馆项目	1
54	丽水市	丽水盆地易涝区防洪排涝好溪堰水系整治工程项目	2.89
55			
56		丽水市丽阳溪水系综合整治工程项目	7.51
57		丽水市人口健康信息化项目	1.41
58		丽水市地下空间开发利用项目	2.79
		金丽温高速公路丽水北互通项目	2.79
59	丽水市缙云县	缙云县潜明水库一期工程项目	12.7
60	丽水市松阳县	松阳县保障住房项目	1.52
61		松阳县黄南水库工程项目	13.6
62	丽水市遂昌县	遂昌县清水源综合水利枢纽工程项目	5.37
63		遂昌县污水处理厂二期工程项目	0.65
64	丽水市龙泉市	龙泉市溪北污水处理厂二期及提标改造项目	0.54

附录5　浙江省第三批政府和社会资本
合作推荐项目名单

浙江省第三批政府和社会资本合作推荐项目名单(2016 年 10 月)

序号	项目所在地	项目名称	总投资(亿元)
1	杭州市西湖区	蒋村单元 D-04、21 地块广场、社会停车场及配套服务设施公私合作制项目	2.28
2		翠苑单元西溪商务城地区 FG04-R21/C2-02 地块农转非拆迁安置房项目	9.00
3	杭州市建德市	浙西国际心脏中心建设工程(一期)	6.00
4		浙西数据中心	1.24
5		洋安小学及幼儿园建设工程	1.07
6	杭州市桐庐县	桐庐县会展中心公私合作制项目	9.03
7	温州市	温州教师院洞头分院	2.70
8		温州市奥体中心项目	27.00
9		杭温高铁一期工程	320.66
10	温州市鹿城区	104 国道温州西过境永嘉张堡至瓯海桐岭段改建工程(鹿城段)	29.24
11		温州市鹿城区生活垃圾转运作业市场化项目	2.01
12	温州市洞头区	洞头区新城二期景观绿化工程	1.80
13		洞头区本岛海洋生态廊道整治修复工程	8.00
14		洞头区南片交通基础设施提升工程	12.63
15		洞头区大小门岛环岛公路工程	6.75
16		洞头区社会民生工程	3.87
17		温州市洞头区大门片区一体化建设	68.59
18	瑞安市	瑞安市东新产城道路工程公私合作制项目	12.60
19		瓯飞工程瑞安垦区与南金公路连接线道路公私合作制项目	7.95
20		瑞安市东新产城片区开发公私合作制项目	68.58

续表

序号	项目 所在地	项目名称	总投资 （亿元）
21	瑞安市平阳县	平阳县文化中心二次装修及运营	3.50
22		平阳县南雁景区创建国家5A旅游景区公私合作制项目	30.60
23	瑞安市文成县	G322(56省道)文成樟台至龙川段公路改建工程	12.00
24	嘉兴市	嘉兴市城东再生水厂工程公私合作制项目	4.27
25		嘉兴市长水塘、长盐塘水文化生态长廊建设工程公私合作制项目	8.63
26	嘉兴市海盐县	浙江省海盐滨海国际度假区公私合作制项目	270.00
27	嘉兴市嘉善县	嘉善高铁新城新型城镇化项目	80.00
28		嘉善县姚庄镇卫生院扩建工程公私合作制项目	1.10
29	嘉兴市平湖市	平湖市东片污水处理厂及配套管网公私合作制项目	7.20
30	湖州市吴兴区	吴兴区文商综合体公私合作制项目	15.00
31	湖州市南浔区	南浔善琏湖笔小镇片区开发运营公私合作制项目	21.44
32		南浔申苏浙皖至练杭高速公路连接线工程公私合作制项目	10.49
33	湖州市德清县	德清经济开发区污水处理厂一、二期工程	2.11
34	湖州市安吉县	安吉县灵峰度假区浒溪生态治理二期公私合作制项目	3.70
35		安吉县建设优雅竹城第一批公私合作制项目	10.55
36		浙江自然博物园核心馆区项目政府与社会资本合作建设(公私合作制)项目	6.17
37		安吉经济开发区新型城镇化建设政府与社会资本合作(公私合作制)项目	49.00
38	湖州市长兴县	长兴县湖滨路工程等公私合作制项目	15.09
39	绍兴市诸暨市	诸暨市环城东路延伸段(环城南路～三环路)工程	3.66
40		诸暨智能综合物流产业基地项目	24.00
41		浙江农林大学暨阳学院教师公寓公私合作制项目	1.75
42	绍兴市新昌县	新昌高新园区沃西大道至三花路接线工程	2.80

续表

序号	项目所在地	项目名称	总投资（亿元）
43	绍兴市嵊州市	嵊新污水处理厂二期扩建工程	3.60
44	绍兴市金华市	婺文化博览园	10.00
45	金华市义乌市	义乌垃圾焚烧发电厂提升改造公私合作制项目	13.05
46		义乌市佛堂全民健身中心建设工程	1.90
47		义乌市道路路灯节能改造工程	0.80
48		义乌市商城大道下穿工程	30.00
49		义乌第二人民医院迁建工程	5.00
50	金华市兰溪市	兰溪市扬子江海绵城市生态综合整治工程	1.85
51		（金华市）S313(45省道)婺城至兰溪段改建工程(兰溪段)	12.15
52		浙江师范大学行知学院拆迁安置、教师宿舍（一期）公私合作制项目	9.66
53	金华市磐安县	磐安县中医院整体搬迁及中医药养生园项目	15.00
54		磐安玉山台地生猪定点屠宰场	0.16
55	台州市	浙江省台州市台州湾循环经济产业集聚区路桥桐屿至椒江滨海公路工程（现代大道）公私合作制项目	44.60
56		浙江省台州市浙江大学台州研究院（科技城综合区）公私合作制项目	17.59
57		杭绍台铁路工程	440.20
58	台州市温岭市	温岭市智慧城市一期公私合作制项目	13.34
59		温岭市牧屿污水处理厂（泽国、大溪、铁路新区）改扩建及管网工程公私合作制项目	7.81
60		温岭市北城污水处理厂（城北、新河）改扩建及管网工程公私合作制项目	2.15
61	台州市三门县	三门县职业中等专业学校新校园迁建工程	2.70
62	台州市天台县	天台县教育幼儿园项目	2.10
63		天台县苍山污水处理厂项目（一期）	0.63
64	台州市岱山县	岱山县山外风景湾隧道工程公私合作制项目	0.98

续表

序号	项目 所在地	项目名称	总投资 （亿元）
65	台州市江山市	江山市幼儿成长中心公私合作制项目	1.50
66		江山经济开发区江东工业园热电联产公私合作制项目	1.71
67	衢州市衢江区	衢江区农村环境卫生设施及垃圾清运BOT特许经营项目	0.22
68	衢州市龙游县	龙游县生活垃圾热解气化处理项目	1.40
69		龙游湖镇至童家公路工程	6.80
70		龙游县大南门历史文化街区保护及拆迁安置工程	9.00
71	衢州市开化县	开化火车站站前片区基础设施配套工程公私合作制项目	7.82
72		开化县西渠景区提升及凤凰山景区复建公私合作制项目	6.52
73		开化县根缘小镇基础设施及配套公私合作制项目	16.30
74	丽水市	华东药用植物园（丽水植物园）项目	7.93
75		丽水市公安局警务技能训练基地项目	1.89
76		丽水市瓯江文苑（民间博物馆）公私合作制项目	3.82
77		丽水市桐岭路（北三路—溪口大桥）公私合作制项目	10.80
78	丽水市莲都区	莲都区丽龙高速公路南山互通至丽新公路建设工程（南山至高溪段）	3.50
79	丽水市龙泉市	浙江龙泉工业园区芳野（五虎垟）地块标准厂房项目	1.01
80		龙泉市龙渊公园建设公私合作制项目	3.92
81		龙泉市瑞垟引水工程	3.64
82		龙泉市宝剑文化创意基地	5.55
83		龙泉火车站站场工程（一期）	8.60
84	丽水市缙云县	水南操场改造停车场工程	0.50
85	丽水市遂昌县	遂昌县客运中心及配套工程公私合作制项目	2.80
86		遂昌县农村电商创业小镇智慧园公私合作制项目	17.00

附录6 浙江省第四批政府和社会资本合作（公私合作制）推荐项目名单

浙江省第四批政府和社会资本合作（公私合作制）推荐项目名单（2017年10月）

序号	项目所在地	所属行业	项目名称	投资规模（亿元）
1	杭州市萧山区	体育类	杭州奥体中心主体育馆、游泳馆、综合训练馆公私合作制项目	45.22
2	杭州市淳安县	医疗卫生	浙江省杭州市淳安县公共医疗服务公私合作制项目	3.37
3	杭州市富阳区	城镇综合开发	浙江富春药谷小镇综合配套工程（一期）	3.50
4	温州市本级	水利水电	龙湾二期（瓯飞起步区）2♯围区农业造地及农业生态旅游开发公私合作制项目	10.83
5	温州市苍南县	交通运输	228国道苍南龙港至龙沙段公私合作制项目	26.92
6	温州市泰顺县	水利建设	泰顺县樟嫩梓水库及供水工程公私合作制项目	5.18
7	温州市瑞安市	污水处理	瑞安市江北污水处理厂扩容和提标工程公私合作制项目	3.06
8	温州市瑞安市	污水处理	瑞安市江南污水处理厂提标改造工程公私合作制项目	0.31
9	温州市瑞安市	垃圾发电	瑞安市垃圾焚烧发电厂扩建工程公私合作制项目	4.29
10	温州市瑞安市	普通高中	瑞安市东新产城高级中学公私合作制项目	3.77
11	温州市瑞安市	二级公路	322国道瑞安高楼段抢险救灾通道工程公私合作制项目	4.16
12	温州市瑞安市	市政道路	瑞安市市区部分道路整治提升工程公私合作制项目	4.13

续表

序号	项目所在地	所属行业	项目名称	投资规模（亿元）
13	温州市瑞安市	市政道路	瑞安市丁山二期围垦区市政道路及附属配套公私合作制项目	11.37
14	温州市瑞安市	一级公路	温州瓯江口产业集聚区龙湾至瑞安公路瑞安段工程公私合作制项目	20.87
15	温州市乐清市	水利	乐清市乐柳虹平原排涝一期工程公私合作制项目	16.98
16	嘉兴市本级	高速公路	浙江省嘉兴市钱江通道及接线工程北接线段公私合作制项目	24.52
17	嘉兴市嘉善县	养老业	罗星街道社会养老服务中心公私合作制项目	0.77
18	嘉兴市嘉善县	保障性住房	嘉善县保障性安居工程及绿化公园公私合作制项目	21.00
19	嘉兴市海盐县	市政工程	浙江山水六旗基础设施配套工程	20.00
20	湖州市菱湖镇	医疗卫生	南浔区菱湖人民医院异地新建公私合作制项目	3.17
21	湖州市吴兴区	市政工程	湖州市东部新区污水处理厂二期公私合作制项目	2.35
22	湖州市南浔区	园区开发	南浔产业新城公私合作制项目	450.00
23	湖州市德清县	园区开发	德清县雷甸产业新城公私合作制项目	174.00
24	湖州市长兴县	综合整治	浙江湖州南太湖产业集聚区长兴分区废弃矿地综合治理	4.80
25	绍兴市新昌县	市政道路	新昌高新园区沃西大道至三花路接线工程	2.80
26	绍兴市新昌县	交通行业	常（熟）台（州）高速公路增设新昌南互通立交工程	5.16
27	金华市义乌市	垃圾处理	义乌市再生资源利用中心	2.64
28	衢州市本级	垃圾发电	衢州市区生活垃圾焚烧发电项目	9.00
29	衢州市本级	污水处理	衢州市东港污水处理厂（二期）公私合作制项目	2.98
30	衢州市本级	一级公路	351国道龙游横山至开化华埠段公路工程	37.12

续表

序号	项目所在地	所属行业	项目名称	投资规模（亿元）
31	衢州市常山县	市政道路	常山县城区道路白改黑及人行道改造公私合作制项目	1.65
32	衢州市常山县	交通行业	常山县美丽公路（一期）工程公私合作制项目	10.44
33	衢州市开化县	垃圾发电	开化县绿色能源发电生活垃圾及生物质焚烧厂项目	2.18
34	衢州市龙游县	水库	龙游县高坪桥水库建设工程	9.05
35	衢州市江山市	学前教育	江山市幼儿成长中心项目	1.50
36	衢州市江山市	交通枢纽	江山市客运枢纽项目	3.41
37	衢州市江山市	一级公路	兰溪至江山公路江山清湖至凤林段公路工程和江山市淤头至衢州绿色产业集聚区贺村姜家公路工程公私合作制项目	13.57
38	舟山市岱山县	交通运输	县526国道岱山段改扩建工程公私合作制项目	44.60
39	台州市本级	轨道交通	浙江省台州市域铁路S1线一期工程公私合作制项目	228.00
40	台州市本级	管网	浙江省台州市地下综合管廊一期工程公私合作制项目	24.68
41	台州市本级	交通运输	浙江省台州湾循环经济产业集聚区路桥至椒江沿海公路工程及市政配套项目公私合作制项目	34.10
42	台州市椒江区	市政工程	浙江省台州市椒江区太和山隧道工程	4.35
43	台州市椒江区	市政工程	浙江省台州市椒江区环卫一体化公私合作制项目	0.87
44	台州市椒江区	市政工程	浙江省台州市椒江区两口两路一都工程	12.35
45	台州市天台县	文化旅游	浙江省台州市天台县天台山和合小镇公私合作制项目	55.28
46	台州市天台县	交通运输	嘉善至永嘉公路天台段改建工程公私合作制项目	14.23

续表

序号	项目所在地	所属行业	项目名称	投资规模（亿元）
47	丽水市本级	文化	浙江省丽水市图书馆新馆建设公私合作制项目	3.04
48	丽水市本级	教育	浙江省丽水市丽水学院体育综合训练馆公私合作制项目	1.26
49	丽水市本级	交通运输	浙江省丽水市水东综合客运枢纽公私合作制项目	11.43
50	丽水市本级	市政工程	浙江省丽水市餐厨废弃物处置中心项目	0.87
51	丽水市遂昌县	综合治理	遂昌县小城镇环境综合整治项目	3.65
52	丽水市遂昌县	一级公路	温岭至常山公路遂昌湖山至黄沙腰段工程公私合作制项目	13.60
53	丽水市庆元县	文化场馆	庆元县公共文化服务中心、庆元县广播电视制作中心、庆元县体育中心公私合作制项目	5.14
合计				1423.50

附录7 进一步做好基础设施领域不动产投资信托基金(REITs)试点工作的通知

关于进一步做好基础设施领域不动产投资信托基金(REITs)试点工作的通知

发改投资〔2021〕958号

各省、自治区、直辖市及计划单列市、新疆生产建设兵团发展改革委：

为贯彻落实党中央、国务院决策部署，按照《中华人民共和国国民经济和社会发展第十四个五年规划和2035年远景目标纲要》(以下简称"'十四五'规划《纲要》")，以及我委与中国证监会联合印发的《关于推进基础设施领域不动产投资信托基金(REITs)试点相关工作的通知》(以下简称"40号文")等要求，进一步做好基础设施领域不动产投资信托基金(以下简称"基础设施REITs")试点工作，现就有关事项通知如下：

一、不断深化认识，加强支持引导

(一)充分认识基础设施REITs的重要意义。"十四五"规划《纲要》提出，推动基础设施REITs健康发展，有效盘活存量资产，形成存量资产和新增投资的良性循环。开展基础设施REITs试点，对推动形成市场主导的投资内生增长机制，提升资本市场服务实体经济的质效，构建投资领域新发展格局，具有重要意义。各地发展改革委要把基础设施REITs作为一项重点工作，高度重视、积极推动，盘活存量资产，促进形成投资良性循环。

(二)结合本地实际加大工作力度。各地发展改革委要充分发挥在发展规划、投资管理、项目建设等方面的经验，做好项目储备，加强协调服务，帮助解决问题，促进市场培育，充分调动各类原始权益人的积极性。鼓励结合本地区实际情况，研究出台有针对性的支持措施，促进基础设施REITs市场健康发展。

（三）加强政策解读和宣传培训。采取多种方式加强政策解读，总结推广典型经验，宣传推介成功案例，推动有关方面充分认识基础设施 REITs 的重要意义和积极作用。组织开展多种类型的业务培训，帮助有关部门、地方政府、原始权益人、基金管理人、资产支持证券管理人、中介机构等，掌握和了解与基础设施 REITs 相关的政策法规、管理要求，进一步熟悉基础设施 REITs 的操作规则，不断提升参与试点的意愿和能力。

二、加强项目管理和协调服务

（四）加强项目储备管理。及时梳理汇总本地区基础设施 REITs 试点项目，将符合条件的项目分类纳入全国基础设施 REITs 试点项目库，做到应入尽入，未纳入项目库的项目不得申报参与试点。督促有关方面适时更新项目信息，动态掌握入库项目进展，及时剔除不符合要求的项目，切实保障入库项目质量。

（五）推动落实项目条件。对纳入项目库的意向项目，要结合发展需要和项目情况，推动做好相关准备工作。对储备项目，要及时掌握项目进展，与中国证监会当地派出机构、沪深证券交易所、有关行业管理部门、有关行政审批部门等加强沟通，依法依规办理相关手续，帮助落实发行基础设施 REITs 的各项条件。

（六）充分发挥政府投资引导作用。用好引导社会资本参与盘活国有存量资产中央预算内投资示范专项，支持回收资金投入的新项目加快开工建设，促进形成投资良性循环。在安排中央预算内投资、地方政府专项债券时，对使用回收资金投入的新项目，以及在盘活存量资产方面取得积极成效的项目单位，可在同等条件下优先支持，充分调动盘活存量积极性。

三、严把项目质量关

（七）规范编制申报材料。督促指导项目原始权益人、基金管理人、资产支持证券管理人、律师事务所、会计师事务所、资产评估机构等有关方面，严格落实本通知规定，按照统一的申报要求，认真编制项目申报材料。项目申报材料应真实、完整、有效，不得存在虚假记载、误导性陈述、重大遗漏等情况。

（八）切实保障项目质量。严格按照试点有关政策规定、项目条件、操作规范和工作程序，坚持标准、宁缺毋滥，认真把关申报项目质量，成熟一个、申报一个。项目申报工作要对各种所有制企业、本地和外埠企业一视同仁、公平对待。优先支持贯彻新发展理念,有利于促进实现碳达峰碳中和目标、保障和改善民生、推动区域协调发展、推进县城补短板强弱项、增强创新能力等的基础设施项目。

(九)提高申报工作效率。各地发展改革委要在严格防范风险前提下,切实承担责任,优化工作流程,及时向我委申报项目,不符合试点条件和要求的项目不得申报。如相关省级发展改革委向我委申报明显不符合要求且情况比较严重的项目,我委一定时间内将不再受理该省级发展改革委项目申报。我委将持续完善工作程序,进一步提高工作效率,及时将有关项目推荐至中国证监会、沪深证券交易所。

四、促进基础设施 REITs 长期健康发展

(十)引导回收资金用于新项目建设。引导原始权益人履行承诺,将回收资金以资本金注入等方式投入新项目建设,确保新项目符合国家重大战略、发展规划、产业政策等要求。加强跟踪服务,对回收资金拟投入的新项目,协调加快前期工作和开工建设进度,尽快形成实物工作量。对原始权益人未按承诺将回收资金投入到相关项目的,要及时督促落实。

(十一)促进存续项目稳定运营。推动基金管理人与运营管理机构健全激励约束机制,提高运营效率,提升服务水平,保障基金存续期间项目持续稳定运营。引导运营管理机构依法合规运营,处理好基础设施项目公益性和商业性关系,切实保障公共利益,防范化解潜在风险。

(十二)加强投融资机制创新。鼓励重点领域项目原始权益人用好基础设施 REITs 模式,开展投融资创新,打通投资合理退出渠道,形成投融资闭环,推动企业长期健康发展。探索结合本地区实际,加强项目和行业优化整合,提升原始权益人资产规模和质量。深化投融资体制改革,多措并举吸引社会资本参与盘活存量资产,促进"两新一重"和补短板项目建设。

五、加强部门协作和政策落实

(十三)加强与相关部门沟通合作。各地发展改革委要与中国证监会当地派出机构、沪深证券交易所密切协作配合,加强信息共享,共同稳妥推进试点相关工作。加强与本地区行业管理、城乡规划、土地管理、生态环境、住房城乡建设、国资监管等部门沟通交流,协调解决项目推进过程中存在的问

题,促进形成工作合力。

（十四）抓好政策贯彻落实。严格落实 40 号文,以及国家发展改革委、中国证监会相关工作要求,确保试点工作稳妥推进。不得出台不符合 40 号文等精神的配套文件,不得违反 40 号文等明确的规则、规范、条件和程序推荐项目。对向不符合 40 号文等精神的项目提供发行基础设施 REITs 相关服务的中介机构,及时进行提醒和约谈。

自本通知发布之日起,基础设施 REITs 试点项目申报等有关工作依照本通知执行。